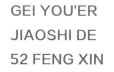

GEI YOU'ER
JIAOSHI DE
52 FENG XIN

ZHUANJIA
WEI NI JIEDA
JIAOYU NANTI

# 给幼儿教师的52封信

## 专家为你解答教育难题

安颖 主编

1

教育科学出版社
·北京·

出 版 人　郑豪杰
责任编辑　王　娓
版式设计　锋尚设计　吕　娟
责任校对　贾静芳
责任印制　李孟晓

## 图书在版编目（CIP）数据

给幼儿教师的52封信：专家为你解答教育难题.1 /
安颖主编. —北京：教育科学出版社，2024.4
　　ISBN 978-7-5191-3596-6

　　Ⅰ.①给…　Ⅱ.①安…　Ⅲ.①幼儿教育—教育研究
Ⅳ.①G61

中国国家版本馆 CIP 数据核字（2024）第 078966 号

给幼儿教师的 52 封信
——专家为你解答教育难题 1
GEI YOU'ER JIAOSHI DE 52 FENG XIN
——ZHUANJIA WEI NI JIEDA JIAOYU NANTI 1

| | | | | |
|---|---|---|---|---|
| 出 版 发 行 | 教育科学出版社 | | | |
| 社　　　址 | 北京·朝阳区安慧北里安园甲 9 号 | 邮　　编 | 100101 | |
| 总编室电话 | 010-64981290 | 编辑部电话 | 010-64989445 | |
| 出版部电话 | 010-64989487 | 市场部电话 | 010-64989009 | |
| 传　　　真 | 010-64891796 | 网　　址 | http://www.esph.com.cn | |
| 经　　　销 | 各地新华书店 | | | |
| 制　　　作 | 北京锋尚制版有限公司 | | | |
| 印　　　刷 | 保定市中画美凯印刷有限公司 | | | |
| 开　　　本 | 720 毫米 ×1020 毫米　1/16 | 版　　次 | 2024 年 4 月第 1 版 | |
| 印　　　张 | 25.25 | 印　　次 | 2024 年 4 月第 1 次印刷 | |
| 字　　　数 | 350 千 | 定　　价 | 89.00 元（共 2 册） | |

# 编　委　会

主　编：安　颖
副主编：程　洁　张月红
编　委：张亚利　陈淑琴
　　　　陈　蕾　李　原
　　　　郭彩霞　阳创业

# 序　一

　　《学前教育》杂志"教育诊断"栏目陆续刊发的文章，以《给幼儿教师的52封信——专家为你解答教育难题》为名结集出版之际，重新翻阅打理编务期间经手的文稿，睽违既久的热心读者，尊敬的师长，一一浮现在眼前，那种以文会友似曾相识的感觉煞是奇妙。

　　栏目定位一度被戏谑为一言堂的"教育诊断"，一如之前以群言堂样式深受读者喜爱的"每月话题"，试图传递的，都是《学前教育》杂志拉近理论与实践距离的办刊态度，它们共同标识了学前教育领域理论与实践相互激励、彼此成全的一段黄金岁月。

　　文集书名颇有几分苏霍姆林斯基《给教师的100条建议》的意味。我想应该是追慕先贤之风，所指涉的，既是大学教授念兹在兹的尊重和关注幼儿成长需要，教育指导顺应幼儿游戏意愿，也是特级教师现身说法的从尊重幼儿年龄特征入手，在幼儿需求与教育需求之间找到平衡，更是高校、教科研机构的学者专家们，以悲悯的情怀，商榷的口吻，经由柔软的书信，与亲爱的老师们隔空对话，自觉践行科学研究顶天立地，把论文写在祖国大地上的学人担当。

　　不过，我倒是觉得，提出问题还是要比解决问题更重要一些。"教育诊断"栏目引人关注之处，不仅仅是专家为你解答教育难题，更重要的是记录下了教师在一日生活教育情境中纠结于诸多两难问题时的专业觉醒和卓越追求。

　　课程研究转往教师研究，以及随之而来的教师经验碎片化，教师学科知识薄弱，早已是课程与教学研究不争的事实。但非常值得关注的是，在这一冰冷的理性判断背后，教师专业觉醒与主动脱困的求索。故事教学走向何方，"畅快表达"与"发音正确"能否齐头并进，如何发展幼儿的创编能力，如何有效开展诗歌创编活动；如何排序、分类，如何在生活中感受科学，而"探究兴趣与呵护生命发生冲突时如何取舍"真正发起的，不仅是对幼儿科学教育生态反思的倡议，更是对教育伦理问题的终极拷问；幼儿的美术活动中如何支持幼儿大胆表现，美术欣赏活动前教师如何做足功课，如何让幼儿对美术欣赏感兴趣，如何让幼儿喜欢线描画，舞蹈教学是否需要规范；"冷暴力""偷拿"与集体活动中的"问题行为"如何应对，好奇心与规则意识如何两全其美，表扬与奖励怎么做更有价值，等等，同样也是不争的事实。系列问题背后，是我们的读者，那些来自一线的学前教育工作者，不为模式框定，亦不为声名所累，有的只是凭着一腔热血对高质量教学不曾稍歇的探索。

学前教育改革的步伐不曾稍歇。文集中的话题，如活动区价值何在，幼儿的"游荡"行为该如何看待，深度学习就是只玩一个游戏区吗，新学期如何布置区角，如何将区域活动中的个体学习与主题活动的团（集）体学习连接，对应的初始场域，还是传统意义上的幼儿园课程实施途径，包括一日生活活动、区域活动、集体活动、节庆活动等并非非此即彼亦无轻重优劣之分的活动类型，所问与所答，或多或少都包含着教师应该学会"弹钢琴"，在活动类型上不拘一格的潜台词。显然，幼儿园课程实施途径，幼儿活动的类型，在时间上解决了碎片化分割，在空间上实现了室内外融通，新时期的新困惑和新讨论，已经生成迥然不同的问题域，于是文集话题也便有了常说常新的意味。

与此同时，不仅高校与科研机构的科研氛围发生了深刻变化，教师成为研究者的口号也已然响彻寰宇。随着更多系统接受过高等教育的专业人才进入教育一线，传统意义上的自上而下课程改革架构已经发生了深刻的制度性变化。来自高校和科研机构的教科研专家，与一线实践智慧，有了更为广阔的观点交锋平台和智慧碰撞空间。在此意义上，《给幼儿教师的 52 封信——专家为你解答教育难题》不仅承载了理论与实践平等对话和真诚交流的过往，传达了幼儿园课程与教学不可忘却的历史意蕴，更指示和开启了前景广阔、注定以浓墨重彩描绘的未来。

北京师范大学教育学部学前教育研究所（系）

# 序　二

　　《给幼儿教师的 52 封信——专家为你解答教育难题》这本书的内容来源于《学前教育》杂志的一个特色栏目——"教育诊断"（后更名为"诊断"）。

　　该栏目始于《学前教育》2006 年第 1 期。2006 年《学前教育》杂志改版，按惯例，杂志改版内容会有一些新的面貌，"教育诊断"就是一个新创栏目。

　　之所以创办这个栏目，在策划改版的时候，编辑部进行了广泛的调研，了解到读者在教育实践中遇到的难题，很需要专家的点拨。自 2001 年《幼儿园教育指导纲要（试行）》颁布以来，幼教界上至专家学者下至一线工作者，全都投身于教改之中，这个进程虽已有几年，但知易行难，从观念改变到内化为行为要走很长的路。教师们虽然接受了新的观念，但在实际行动中却经常难以付诸实践。这主要是因为观念尚未内化为个人的信念和习惯，遇到具体问题时，容易受固有思维模式和行为惯性的影响，导致知行相脱节。要突破旧观念的樊篱，需要不断反思和调整自己的行为，培养将新观念运用到实践中的能力。此时专家从理论高度指点，对教师是一种强有力的支持。于专家，这也是将理论付诸实践，通过实践不断丰富和发展理论的通道。于是，"教育诊断"栏目应运而生。

　　十几年来，该栏目筛选了教育实践方方面面的内容，策划出诸多选题，呈现了鲜活具体的教育现场。读者朋友在此看到了许多幼教界熟悉又备受尊敬的专家们表达真知灼见，诊断了一个又一个问题，在深入浅出的辨析中，在理论与实践的对接中，明晰了理念，改变了行为。这样一种形式的交流是研究者和实践者的对话，促进了理论和实践的融合，通过杂志这样一个平台展现在更多幼教工作者面前，从而发挥了更大作用。

　　学前教育在改革中不断前行，理论和实践的融合也在循环往复，所以"教育诊断"这个栏目一直很受读者欢迎，在《学前教育》杂志上延续至今。

　　感谢本书的责任编辑王娓老师，她曾在《学前教育》编辑部工作多年，深知坚持了多年的"教育诊断"栏目内容的来之不易，于是再次挖掘了栏目价值，精选了 52 封信成书，让这些专家与教师之间的循循善诱、娓娓道来再次发挥作用。

　　未来，希望更多的研究者和实践者加入到这样的对话中，我们愿意一如既往地为大家搭建平台。

安颖

《学前教育》杂志主编

# 目　录

### 让幼儿体验到最充分的行为自主性

游戏是幼儿对已有经验的反映活动，幼儿的游戏水平和在游戏中的创造性，很大程度上取决于他们有多少自由表现的机会。教师对幼儿游戏的支持力度，就体现为能否为幼儿创设一个宽松自由的游戏环境，让幼儿体验到最充分的自主性。

——华爱华

### 为每一个幼儿的成长搭建他们所需要的脚手架

　　教育是一项"慢活儿"，任何一蹴而就的期待都是不适宜的。适宜的做法应该是更多、更真切地关注有特殊表现幼儿的理由，为每一个幼儿的成长搭建他们所需要的脚手架。

——刘晶波

# 引领和激励幼儿满足自己的需要

　　在设计、实施和调整教学活动时的主要考虑思路是：了解、理解和设法激发幼儿全方位的合理需要，引领和激励幼儿努力去满足自己的需要，最后会看到幼儿需要不断满足所带来的"游戏快乐"和继续游戏的积极投入！

——许卓娅

# 01

## ✉ 设计让幼儿感兴趣的活动的要领是什么?

老师:

您好!

这天中班进行的是一次半日公开活动,执教的张老师是大学本科音乐专业的毕业生,钢琴演奏和音乐鉴赏力有相当的水平,这让我们前来看课学习的老师们有无限期待,都想看看她为幼儿带来了一次怎样难得的音乐体验。

活动开始了,伴随着一支悠扬的钢琴曲,张老师环视四周的幼儿没有说话,只是指了指耳朵,乐声在轻柔后随即急转而上,节奏顿时变得急促而宏伟,幼儿也跟着音乐躁动起来。但张老师只是微笑着看幼儿随着音乐手舞足蹈的样子,轻轻地点住自己的嘴巴,示意幼儿可以表达,但是不要打扰别人。音乐欣赏完了,张老师请幼儿想象这首钢琴曲是在表达一个怎样的故事。由于是刚刚上中班的幼儿,能说的不多,有的说是小白兔在跑,有的说是大象在走路,有的说是在打仗。张老师没有过多地评价,而是出示了课件,边让幼儿看精心准备的图片边给幼儿讲故事。幼儿越听越激动,原来张老师讲述的是一个大海妈妈的故事,还准备了各种各样的大海的照片。在音乐舒缓的时候,大海是平静的,"大海妈妈高兴的时候,就会和海底的小动物们做游戏,让他们随着大海妈妈的浪花漂到左边,漂到右边";音乐高潮的时候,大海就卷起了滔天的巨浪,"大海妈妈生气了,卷起了几十米高的巨浪,把小鱼、小海龟吓坏了,到处钻来钻去,不知道该往哪里躲"。

随着音乐的结束,张老师拿出了已经准备好的蓝色纱巾和小鱼、小海龟头饰给幼儿戴上，请幼儿选择喜欢的道具，随着音乐来扮演故事中的角色，并按照自己喜欢的方式表演。音乐又响了，张老师讲着故事，幼儿开始拿着道具在教室里开心地玩了起来。在音乐的前半段，幼儿还能够随音乐的节奏挥舞手中的蓝色纱巾，在戴头饰的小朋友旁边摇来摇去。随着音乐高潮的来到，幼儿兴奋地尖叫起来，并在教室里四处跑动，有的幼儿甚至争抢别人的纱巾，有几个调皮的幼儿还故意跌倒在地上。直到音乐结束，幼儿还意犹未尽，张老师费了好大的功夫才把幼儿安稳下来。幼儿这种浮躁的情绪直到喝水休息时还是无法完全平静下来。

课后研讨时，张老师反思自己在活动中也很想让幼儿发挥想象力，感受音乐的旋律，了解音乐的节奏，但是在活动中幼儿除了第一遍完整欣赏音乐以外，一直没有办法坐下来真正表达自己的想法。而我们这些听课的老师对张老师的活动有着很多不同的见解，有的老师认为让幼儿感兴趣的基础是抓住幼儿的兴奋点，张老师能够让每个幼儿都动起来，兴奋起来；有的老师却认为《幼儿园教育指导纲要（试行）》（以下简称《纲要》）中把活动的游戏性放在重要的位置，但被老师们误解为是用一些夸张的语言、肢体动作、精心制作的多媒体等众多让人目不暇接的手段吸引幼儿的注意力，只是为了让幼儿快乐而快乐，殊不知这些手段虽然很容易让幼儿产生愉悦的感受，却无法让幼儿对活动产生持久的专注力。

幼儿活动设计与实施的背后反映的是教师的理念。幼儿园教学通过一系列活动的设计与实施，旨在促进幼儿的发展。那么，如何通过教育性的活动有效地促进幼儿的发展？设计让幼儿感兴趣的活动的要领是什么？如何才能让幼儿体验活动本身的乐趣？如何才能帮助幼儿继续去追寻更高更深的发现乐趣？希望能够得到专家的指点。

程碧卉

# 尊重幼儿的成长需要
## ——提高教学活动游戏性水平的前提

亲爱的老师：

　　您好！

　　首先衷心感谢您的提问。因为这种现象在目前已经成为困扰广大一线幼儿教师的重要问题，所以，我也非常乐意与您分享我和我的团队在最近一两年努力思考、反复实践后的点滴认识。

　　大家都知道，游戏这种活动的"特质"就在于：因为它能够在过程中不断提供快乐体验，因而成为活动主体自觉选择从事，而且可以较长时间乐此不疲地沉浸其中的活动。所以，通俗地讲，人们就是因为要追求快乐才进行游戏的。那么，这些快乐又究竟是怎样产生的呢？换句话说，各种所谓教学游戏的快乐又是怎样被生产出来的呢？

　　当提出了这样的问题之后，我们就不得不将自己非常熟悉的一些传统幼儿游戏拿出来做一些分析，看看这些游戏中究竟有哪些因素，通过了怎样的心理机制最终成为我们的快乐来源。

　　心理学告诉我们，人的快乐或者不快乐的基本机制，就是需要的激发和满足。美国人本主义心理学家马斯洛为人们更清楚地认识自己的需要提供了一个思考的模型（见图1）。我们看到，在这个模型的顶端，是"自我实现"的需求。这种需要的内涵是，人们通过自己的实践活动不断认识到自己是有能力的，自己的能力又是在不断发展的，因而不断提升自己对自己的认可和赞赏水平，进而又不断提升自我完善的需求这样一种内心体验。

图1 马斯洛需求层次理论图

下面来看看我们常见的一种所谓的"输赢游戏"，如"石头剪刀布"。我在许多教师培训的过程中请参与的教师谈谈为什么会高兴，回答是非常一致的：赢了还想玩就是想继续证明自己有能力，输了还想玩也是想证明自己有能力。

另外一种常见的游戏被称为"领袖游戏"，如"请你像我这样做"。在培训的过程中请参与者谈谈为什么会高兴，回答也是非常一致的：这是我自己想出来的主意，被别人接受，甚至被别人喜欢，当然非常值得自豪。

第三种常见游戏可以被叫作"逗乐游戏"，如"挠痒痒游戏"。参与者一致认为：被人信任和信任别人，被人喜爱和表达对别人的喜爱，都能够使人在心灵上直接获得非常愉悦的感受。

当我们将这三种游戏联合起来编排到同一个律动组合中，请老师一起来活动的时候，伴随着音响效果丰富饱满、节奏鲜明、情绪欢快的录音音乐，欢乐的笑声此起彼伏，那种从心底里迸发出来的欢乐又更进一步激发了在场人员的快乐体验。我们问：音乐好听吗？激发和满足了大家的审美需要了吗？做动作过瘾吗？激发和满足了大家运动的需要了吗？听出来音乐的节奏和结构是怎样的了吗？激发和满足了大家认识和理解音乐的需要了吗？答案自然又是不言而喻的。

所以，我们现在对游戏性活动的新认识是：最大限度地、尽可能全方位地激发学习者潜在的合理需要，并尽可能充分地引导、鼓励甚至激励学习者去追求需要的满足，是游戏化教学最重要的设计思路。

这样，我们可以回到前面程老师提出疑问的具体案例。假设这首音乐是一个ABC三段体的音乐，音乐的音响是非常丰富饱满和动听的，段落之间的界限是非常鲜明的，各段落的音响性质是非常接近教师提供的故事场景的情绪体验性质的，第一、第二段落的节奏是清晰且易于幼儿辨别的，那么，对于音乐经验不是太丰富的、刚刚进入中班的幼儿来说，下面的做法可能是比较适宜的。

先看影像讲故事，提取相应的情绪体验和动作表达经验，然后由教师坐在座位上听着音乐、看着影像进行动作表现（同时也是使用动作对音乐进行进一步的感知）。第一段主要表现夜晚各种海洋生物在大海妈妈的怀抱中被轻轻摇晃的那种幸福温馨的感觉；第二段主要表现在温暖的月光下各种海洋生物和大海妈妈一起愉快嬉戏的欢乐情境。如果第一段是让幼儿自由表现，第二段也许可以做一些统一性的类似集体舞蹈的上肢动作。这样安排既可以满足动静交替相统一的需求、独立与归属集体相统一的需求，也可以满足自由创造和模仿榜样相统一的需求；避免不能即兴创造出更多新动作的尴尬，以及避免过长时间持续做相同的事情，或过长时间的放松或抑制而造成的疲劳和"兴奋扩散"（因不能够明确自己的合理需要和集体活动的合理目标，而产生一些发泄性的、可能损人不利己的行为，常见的如尖叫、四处乱跑、争抢玩伴和物品、故意推搡他人或故意自己跌倒等）。

第三段落，假设音乐的音响是比较强烈的，易让幼儿产生恐惧和慌乱感觉的，我们的看法可能会更倾向于说海上刮起了大风暴，各种海洋生物的确非常紧张害怕，但大海妈妈在努力保护自己的孩子，奋力抵抗风暴对孩子们的伤害，最后终于风平浪静，孩子们安全了。这个段落的表演可以先是自由表现害怕慌乱的心情，然后是在妈妈的保护下抑制不动……

我们在这里主要考虑的是：第一，幼儿生理、心理的兴奋和抑制发展的水平和活动的动静交替安排如何匹配（满足其现实的舒适安全需要）和挑战（激发其自我完善追求的新需要）这种基础出发点；第二，幼儿人格以及社会性的发展水平和活动中师幼、同伴交往（以实际生活经验为基础的想象中的角色间交往）如何匹配和挑战这种出发点；第三，幼儿认知、审美实践能力的发展水平和活动认知、审美任务难度水平如何匹配和挑战这种基础出发点。以上第一点针对需要的第一、第二层次，第二点针对需要的第三、第四层次，第三点针对需要的第五、第六层次。如果我们的考虑不仅在宏观上是合理的，而且在微观细节上也是适宜的，那么，我们就能够基本保证幼儿在活动中能够获得较全方位的、较高水平的快乐，这些快乐将最终引发自我实现的"高峰体验"——我们更愿意把这种体验称为"成长快乐"！

　　为了能够更进一步澄清问题的症结，我们尝试再换一个角度来分析上例中的问题。第一，刚刚升入中班的幼儿生活经验、想象力和语言表述能力还相当有限，海洋生物的相关知识经验也相对贫乏，如果要求他们独立使用语言表达，其丰富性、准确性是不能够奢望的。重点是，幼儿表演时能够表现出不同海洋生物的独特性已经不太能够奢望，那么只有睡觉、嬉戏、害怕的经验还是可能被利用来与故事和音乐相对照的。但是，教师上来就要求幼儿倾听完整音乐，并要求幼儿独立描述对音乐的完整认识，这样的任务远远超出了这个年龄幼儿的实际能力，这样教师就只能对幼儿低水平的答案不置可否，幼儿也就不可能从教师的认可和指导中获得成就感。第二，在幼儿没有机会充分认识海洋生物特点、音乐性质特点和道具性质特点的情况下，就让幼儿选择他们喜欢的头饰、道具，按照他们喜欢的方式随音乐自由表演，这种所谓的自主选择是非常盲目的——幼儿基本不太知道自己到底要追求哪怕是大约什么样的表演境界。没有期望、没有追求的努力，还有什么成功的体验可言呢？第三，音乐的前半段，音乐性质还比较柔和，因此活动刚开始，扮演海浪的幼儿还比较明确任务是摇动蓝色纱巾，在戴头饰的小鱼、小海龟扮演者旁边摇来摇去。但随着时间的推移，表演本身的无变化感、无追求感和无成就感越来越积累为一种压抑和烦躁，再随着音乐的音响越来越强烈，诱导着幼儿"挣脱"枯燥无味的教学任务所造成的束缚，转而采取自选的发泄行为来满足自己对"不能得到的快乐"的渴望！这正是因为，幼儿不清楚应向着什么样的目标经过怎样的努力才能够得到怎样的快乐！

　　我不能够肯定，是否经过上面的分析，您大致已经可以了解问题的症结在哪里了。最后再小结一下：正常的游戏快乐应该是一种成长快乐！成长快乐的来源是人的合理需要较全方位、较高水平、持续不断地激发和满足的过程。人的需要的最高境界是自我实现的需要，这种需要的激发和满足必然与下位较低层次的需要的激发和满足相互密切联系。我们做教师的，在设计、实施和调整教学活动时的主要考虑思路是：了解、理解、设法激发幼儿全方位的合理需要，引领、激励幼儿努力去满足自己的需要，最后会看到幼儿需要不断满足所带来的"游戏快乐"和继续游戏的积极投入！

南京师范大学　许卓娅

# 02

## ✉ 幼儿转变背后是怎样的心理活动？

老师：

您好！我碰到了下面这样一个问题。

在一次绘画活动中，幼儿都在聚精会神地画小鸟，并且根据自己的想象进行添画。为了给大家营造良好的氛围，电脑里还播放了名曲。突然，一个声音打破了这个气氛："老师，希希的小鸟在吐泡泡！"循声望去，是菲菲。我走近一看，只见希希的画面上两只可爱的、鹅黄色羽毛的小鸟栩栩如生，用两个圆组成的身体胖嘟嘟的着实可爱，而一串串泡泡排列成抛物线的形状正从小鸟的嘴巴里"飞"出来。见状，我问希希："咦，你的小鸟怎么在吐泡泡呢？"希希不假思索地告诉我："因为它们喝了洗洁精。"听了希希的回答，我先是一愣，心想，这孩子也太调皮了，和我们大家开这么一个玩笑。为了不影响其他幼儿画画，我没有马上和希希进一步交流。绘画活动结束后，我找到了希希，问他："你怎么会想到小鸟喝了洗洁精呢？"他摸了摸脑袋说："我是随便想的，就画了。""小鸟为什么喝洗洁精呢？"我试图进一步听听他的想法。这次希希脱口而出："哦，对了，老师，不是因为喝了洗洁精，洗洁精是不能随便喝的，是因为小鸟刷了牙，是牙膏的泡泡。"希希突然换了另外一种解释。

从"喝了洗洁精"到"牙膏泡泡"的转变，我很想知道希希这一转变的背后是怎样的一种心理活动，该如何评价像希希这类幼儿的作品。

卢燕

# 关注幼儿的成长需要　支持幼儿的成长努力

亲爱的老师:

您好!

感谢您和我们分享您和孩子们有趣的故事。从故事里我学习到了许多,这些宝贵的东西总是能够激发我的童心和想象力,也总是能够不断提升我对幼教事业投入的激情。下面,我将很高兴地与您分享在您故事启发下我的一些思考。

## 从关注结果到关注过程

首先,我觉得,希希在小鸟的周围画出许多圆圈,应该是他的认知、审美以及自我实现三种成长需要的综合性表现。也许最初他在直觉水平上就是觉得需要画些圆圈,否则就不完美了,或者没有事情干就没有意思了。但在同伴所谓"告状"的评论的启发下,他也许突然意识到:这些圆圈也可以是作为"泡泡"来理解的。于是,紧接着在您的询问下,他便不假思索地告诉您:"因为它们喝了洗洁精。"

我们接着再来看您的故事。绘画活动结束后,您又找到了希希,问他:"你怎么会想到小鸟喝了洗洁精呢?"他摸了摸脑袋说:"我是随便想的,就画了。"从这段故事中似乎可以看出,他前面的回答是他在同伴的启发下预先想过的,因此他能够不假思索地给您一个他自认为满意的答案。但当您再次追究这个问题的时候,他就产生了新的思考问题的需要。

当您试图进一步听听他的想法:"小鸟为什么喝洗洁精呢?"这时候希希可能已经迅速完成了新的思考,因此才能够脱口而出:"哦,对了,老师,不是因为喝了洗洁精,洗洁精是不能随便喝的,是因为小鸟刷了牙,是牙膏的泡泡。"

　　从整个故事中，我们似乎可以看到这样一条线索：老师给予幼儿一个绘画任务，幼儿开始思考，并将自己初步形成的想法画下来；希希完成了任务，但他不愿意闲着没事干，而且画面只有两只小鸟也显得不够丰满，于是希希在小鸟周围加了一些圆圈；当同伴告状"定义"那些圆圈是"泡泡"的时候，希希根据同伴的这一定义继续进行思考，于是产生了"泡泡"——"肥皂泡泡"——"洗洁精泡泡"——小鸟因为喝了洗洁精才吐出"洗洁精泡泡"的推理；当老师第一次询问时，希希可以不假思索地告诉老师已经思考好的答案；当老师第二次询问时，希希在老师的激发下突然意识到自己先前的推理是有漏洞的，需要重新思考，于是才有了"摸了摸脑袋"的思考外化行为，而且希希还同时承认"我是随便想的，就画了"，这说明希希也认为"随便"就是"没有认真想"，因此也就需要重新认真地想一想——根据希希的现实生活经验，洗洁精是不能够喝的，因此希希需要一个新的更合理的理由；当老师第三次进一步深入追问"小鸟为什么喝洗洁精呢？"时，希希已经有了新思考的动机和时间，于是，希希另外的生活经验被唤醒，从"嘴巴里的泡泡"到"牙膏泡泡"，直至他最终才能够脱口而出："哦，对了，老师，不是因为喝了洗洁精，洗洁精是不能随便喝的，是因为小鸟刷了牙，是牙膏的泡泡。"

　　以上，是我个人对希希可能的思考路径的推理。我的推理基于我个人的生活经验、专业学习和工作经验。不管您或者其他读者认为我的这个推理是否仍旧存在漏洞，或者是否还有其他同样或者更加合理的推理，至少我个人在您和希希的激发下完成了一次非常有意思的思考历程，获得了应用认知、审美和自我实现三方面的需要满足。如果有可能，我实际上还是期待能够获得其他人对这个故事的不同思考结果，以便能够再次经历一个重新思考的历程，重新体验这样的历程带给我的思考快乐和成长快乐！

　　因此，我非常希望和您以及大家分享的第一个心得是：美丽小鸟的图画可能是我们以前比较看重的幼儿"审美学习或工作的结果"，现在已经被发现并非那么重要了；"小鸟喝了洗洁精"一说可能是后来我们曾经特别看重的幼儿"幻想和创造的结果"，现在也已经被发现并非那么重要了；关于小鸟到底吐的是什么泡泡可能是最近我们开始看重的幼儿"科学学习或思考的结果",现在又已经被发现并非那么重要了。那么,有什么是需要我们更加看重的结果呢?

那就是,"在过程中"学习者或者活动主体的身体、头脑不断活动,能力不断成长,不断体会到的活动和成长的快乐!正是这种快乐,才是他们不断主动投入新学习的可持续发展的动力!"生产快乐=生产成长=生产学习动力",这才是我们需要更加看重的可持续发展的结果。

## 关注幼儿的成长需要,支持幼儿的成长努力

在您给我们提供的故事中,我看到的不是希希的问题,而是希希的努力。尽管这种努力可能会被认为"稀松平常"。但如果作为教师,能够换一种眼光,就会使幼儿的平凡行为在我们眼中变得"闪闪发光"。

假如没有希希的同伴"告状"时下的定义,也许希希的思考就会停滞在无意识或下意识的圆圈添加那里。尽管这种"无意识或下意识的圆圈添加"本身,就是一种成长的努力。

再假如没有您的第一次询问,也许希希的思考就会停滞在这些圆圈原来可以是一些"泡泡"的象征那里。尽管这种"接受他人启发后产生想象"本身,也是一种成长的努力。

再假如没有您的第二次追问,也许希希的思考就会停滞在这些泡泡原来可以是一些"从小鸟嘴里吐出来的洗洁精泡泡"那里,尽管这种"应对他人质疑而提供理由"本身,也是一种成长的努力。

再假如没有您的第三次追问,也许希希的思考就不可能会通过进入自我质疑最终转入"小鸟因刷牙才吐出来的牙膏泡泡"那里,当然这种"应对他人不断质疑而不断自我质疑"本身,更是一种成长的努力。

这样,我就可以看到另外一条线索:希希这一思考推进的整个过程都是不能够"忽视"社会建构理论告诉我们的外力推动作用的。希希的所有这些成长努力,与同伴和老师的启发、激励、挑战是分不开的。尽管同伴和老师并不一定明确自己的行为对希希的进一步努力所起到的支持作用究竟有多么

珍贵！

因此，我非常希望和您以及大家分享的第二个心得是：对幼儿发展需要和学习努力的支持，更重要的途径是提供不同看法和提供质疑。过去我们曾经主张过提供正确答案，后来又曾经主张提供接纳性反馈。但今天我们再次向自己提出了不同看法和质疑：如果我们仅仅提供唯一的所谓正确答案和接纳性反馈，而没有同时提供不同的可能答案和质疑性问题的话，最大的损失是否会是"思考就此终止"呢？这是否就是"过分注重所谓唯一结果"的问题所在？

## 与幼儿相互支持，和幼儿共同成长

其实，所谓注重结果的思维方式还有一个藏在背后的立场，那就是：教师是教育幼儿的人，正确的知识是掌握在教师手中的，教师的职责就是告诉幼儿什么是好的结果，然后监督、帮助幼儿去追求教师设定的结果。

但从上面的分析可以看出：无论是纯粹装饰性的圆圈，还是洗洁精泡泡、牙膏泡泡，从审美想象的角度都是非常有创意的、令人惊讶和令人愉悦的！无论是从圆圈到泡泡，从泡泡到洗洁精泡泡，还是从洗洁精泡泡到牙膏泡泡，其思考过程都是将视觉符号形象与生活经验之间建立意义联系的过程。无论是从洗洁精泡泡到小鸟喝洗洁精，还是从洗洁精不能喝到牙膏泡泡可以从嘴里吐出来，其思考过程都是生活经验和生活经验之间建立联系的过程。尽管从生活经验的角度，"小鸟刷牙"可能更合理，但从审美的角度，"小鸟喝了洗洁精"可能更幽默，更具有审美震撼力！

因此，我们也许不能够简单评论，哪一种想法更合理更有价值，而应该关注一种新的想法：不断地思考，不断地想象，不断地相互分享、相互质疑本身，可能就是一种过去被忽视了的重要价值。而且，过去我们不仅忽视了这种不断"动脑筋"本身获得的成长以及获得成长快乐的价值，而且还忽略了：这种和幼儿一起分享不同的看法，与幼儿在思考问题时相互支持，不断从幼儿处获得启发获得激励，与幼儿共同成长的价值！

记得十多年前，我在一次假想泡泡糖律动游戏快结束时，关于废弃的泡泡糖应该怎么处理的讨论中听到如下幼儿的不同看法：包起来拿回家放进漂亮的盒子里，留着明天再玩；放进橡皮泥盒子当橡皮泥玩；包起来扔进垃圾箱；等等。但是许多老师事后都承认自己实际上就是等着幼儿说要扔进垃圾箱的。但经过平心静气的讨论和分享，全体老师一致认同自己的思维方式和价值体系得到了拓展：泡泡糖游戏好玩，因此要珍惜泡泡糖，包起来藏进漂亮盒子就是表示珍爱的意思，表示以后还想再玩的意思（注重审美情感体验描述）；泡泡糖在性质上有许多地方与橡皮泥类似，所以应该和橡皮泥放在一起（注重科学认知评价）；泡泡糖如果不包起来，就会粘连在垃圾箱壁上，清洁工人想弄干净就会很费劲（注重社会道德评论）。讨论中，上课教师在陈述自己的体验时特别谈到第一种看法对自己的启示时说："我发现自己竟然已经缺少这样的童心了！"这句感慨激发了许多教师的共鸣，甚至好几个教师还激动地流下了眼泪。不瞒大家说，我也是当时流眼泪的教师之一。因此，我真的非常感谢那些幼儿，成长真的是相互支持的，成长也真的是需要共同努力的！

南京师范大学　许卓娅

# 03

## ✉ 让幼儿走一些"弯路"，对他们会更有帮助吗？

老师：

　　您好！

　　我是一名幼儿园新教师，目前在幼儿园小班执教，在实践中对于如何指导幼儿开展区域游戏还存在一定的困惑。在区角环境创设时，我的搭班老师（也是我的师傅陈老师）非常了解小朋友们的喜好，开设了高架桥这片区域，高架桥前果然门庭若市。材料投放时，陈老师和我投入了各式各样、大小不同的玩具汽车，这些玩具汽车有的能在高架桥上开而有的不能，我们希望幼儿在自主游戏的过程中，不断去尝试、探索，在自我探索的过程中获得"大大"和"小小"的概念，知道大车无法在高架桥上开。

　　一天早上，天天一来就跑到高架桥区域去玩。他把玩具汽车开到高架桥时，突然大声叫起来："老师，老师，你快来呀，高架桥有问题！"我闻声走了过去，问道："高架桥有什么问题？你告诉管老师好吗？"他指着高架桥说："你看，这辆车开不过去。"我朝他指的方向望过去，原来他把我和陈老师特意投放到游戏中的一辆大大的玩具货车放到了高架桥窄窄的车道上。我笑了笑，说："可管老师觉得高架桥没有问题呀！你看你手边还有公共汽车，你试试看，它能开到高架桥上来吗？"天天歪着脑袋想了想，把公共汽车放到高架桥上，果然，小小的公共汽车在高架桥上能顺利行驶。他拍着手说："看，能开呢！"我笑着附和道："是呀！"接着，我抛下问题："为什么这辆公共汽车能在高架桥上开，而刚才的大货车开不了呢?"天天又歪着脑袋想了一下,他好像豁然开朗,说:"我知道了,我知道了!因为那辆车太胖了!"说完,他颇为得意地看着我。我又问:"汽车能说胖吗?"这时,另一名幼儿在一旁说:"应该是大!"我说:"是啊,刚才那辆是大货车,所以啊,它开不上高架桥。那为什么这辆公共汽车能开呢?"天天立刻回答道:"因为它小,小小的汽车。"

同时,我发现大部分幼儿拿着玩具汽车在高架桥上"呼"地开过来,"哗"地开过去,不亦乐乎。即使是无法在高架桥上开的大车,也"呼"地滑下来。有个别幼儿,比如天天,会在玩的过程中注意到并思考:为什么都是车,这辆车能开上高架桥,而那辆却不能?并会提出这个问题,经过老师的引导,能够自己得出结论,初步构建大小的概念。

但是我又想,如果没有我的介入与参与,而是让幼儿自己去提问,通过别的途径,如与其他幼儿商量讨论等,是否效果会更好,得出的结论会让幼儿的记忆更加深刻呢?授人以鱼不如授人以渔,让幼儿走一些所谓的"弯路",这样的方式会不会对幼儿更有帮助呢?

管佳玮

# 找到教育要求与幼儿需求的结合点

亲爱的老师：

您好！

看了您提供的教学案例和困惑的问题，感到您虽是一名新教师，却在教学方面有着许多闪光点。第一，作为新教师您能如此细致地观察幼儿，并能依据幼儿的行为，反思自己，提出困惑，实属难能可贵。第二，您和班上的陈老师能关注幼儿的兴趣，通过创设游戏情境和问题情境，让幼儿"能在自我探索的过程中获得'大大'和'小小'这样的概念"，这一想法和做法不无意义。第三，您能在游戏中发现幼儿间的差异，进行自己的思考，由此看出您是一名具有强烈教育意识与教育责任感的教师。

面对幼儿的不同表现和自己的教育行为，从教育适宜性上，您困惑于自己是否需要介入，是否需要让幼儿自己去发现问题，并走"一段弯路"，这样对幼儿才更有帮助。

我想，怎样的教育行为更适宜，取决于我们对教育对象的了解。由于我们面对的是一个个有着众多差异的幼儿，为此，我们的教育不能脱离具体的情境以及幼儿的年龄特点、个性特点和当前的需要。下面就这个问题谈谈我个人的一些想法。

## 解读幼儿的游戏行为——了解幼儿的想法与愿望，满足幼儿游戏的第一需要

从案例中我们了解到，您非常关注幼儿的兴趣和需要，创设了高架桥的游戏区域，为物化教育目标，投放了大大小小不同的玩具汽车，以期待幼儿能在开车的过程中，自主发现桥面宽窄与车辆大小之间的关系，从而初步建

立大小的概念。

教师良好的初衷、巧妙的设计，在小班幼儿面前却没有发挥应有的作用。教师发现，虽然高架桥前门庭若市，但绝大多数幼儿只满足于在桥上开车的动作，根本不关注汽车的大小。只有个别幼儿，比如天天，会在玩的过程中注意到并思考：为什么都是车，这辆车能开上高架桥，而那辆却不能？为什么教师创设的问题情境，没有引发幼儿对问题的关注和后续行为？如何看待幼儿的游戏行为，这些行为又表达了幼儿哪些心理需求呢？

## 解读游戏中幼儿的第一需要

活动区里高架桥的出现，无疑激发了幼儿开车的愿望，让喜欢玩车的小朋友有了用武之地。试想：小班幼儿走进区域，面对新建的高架桥，他们最感兴趣、最想做的事情是什么？我想恐怕不会像教师所期待的那样，去关注汽车的大小，而是会选择自己喜欢的汽车，并让汽车在桥上开过。也就是说，在桥上开车的动作和开车的过程，是幼儿游戏和心理的第一需要。

从幼儿游戏的第一需要出发，就不难理解无论汽车与桥面是否匹配，为何绝大多数幼儿不亦乐乎地满足于"在高架桥上'呼'地开过来，'哗'地开过去"，而忽视了对汽车大小的关注；为何有的幼儿对"即使是无法在高架桥上开的大车，也'呼'地滑下来"；为何像天天这样的幼儿即便发现了车不能在桥上开，也会立刻认为是桥的问题。

以上表现不仅反映出幼儿游戏的第一需要，同时，也体现了小班幼儿的游戏特点。当幼儿发现现实场景不能满足自己的需要时，就会利用自己象征性的动作和假想来满足自己的愿望和需求。很显然，教师期望通过桥的设立和开车过程，来引发幼儿对汽车大小的关注和选择，它与幼儿当前的心理需要不够吻合。

事实上，幼儿的游戏行为是他们游戏需要和原有经验的反映，对于小班幼儿来说，只有在满足了他们自身的第一需要后，才有可能去关注汽车的大小以及与桥面的匹配。同时，幼儿的思维来源于动作，幼儿也只有在不断的重复动作中，才能逐渐发现行为的意义，发现开车动作和桥面的关系。为此，教师应尊重幼儿游戏的特点与需要，为幼儿提供自主游戏的时间与空间，让他们充分获得游戏的体验，享受游戏的过程。

从案例中可以看到，您虽然对幼儿的游戏行为有着自己的期待，但值得肯定的是，您注意观察幼儿各自的游戏行为，没有急于把天天的问题变成大家的问题，而让幼儿有机会满足心理的第一需要，同时，您反思中意识到应该等待幼儿的自主发现。

### ✍ 解读游戏中幼儿的不同需要和个体差异

通过案例我们还可以看到幼儿在游戏中的不同表现与差异。天天善于用语言表达和交流自己的发现与问题，而有的幼儿善于用行动表达自己的需要与发现。就如班上绝大多数幼儿，他们虽然没有像天天那样，明确表达自己的发现和提出问题，但并不等于他们对桥的宽窄没有感受。也许有的幼儿正是出于与天天相同的原因，他们才会用象征性的方法让车在桥上行驶；也许有的幼儿出于情感的需要，一定要让自己喜欢的车在桥上驶过，而不顾及桥的宽窄；有的幼儿则只满足于动作的重复，而忽视了桥与车的匹配关系。为此，我们说幼儿有一百种语言，语言表达只是其中的一种。基于小班幼儿的年龄特点，他们更乐于用行动来表达自己的感受。因此作为教师，就不能仅凭语言的表达对幼儿做出判断，而应在多种活动中进行观察，看他们喜欢玩什么，是怎么玩的，在什么地方有热情、有经验，在什么地方有问题、有困难，遇到问题是怎么解决的，听一听他们的想法和愿望，进而才能深入地解读幼儿行为背后的原因，了解幼儿的差异和各自的发展需要。

为此，教师应关注、尊重、呵护幼儿游戏的第一需要和不同需要，不应急于用教育要求干扰和泯灭幼儿的游戏兴趣。

## 解读教师的教育行为——把握与幼儿互动的适宜性，
## 找到教育要求与幼儿需求的结合点

很高兴您能够在案例中详细描述与天天的互动过程，并能反思这一互动方式，质疑自己介入的适宜性。

作为教师，如何把握教育的适宜性，我想应关注幼儿的两个需要，一是关注幼儿当前的心理需要，二是关注幼儿的发展需要，即幼儿的最近发展区在哪里。如何把握这两个需要，决定着教育行为的适宜性。事实上，教育的要求与幼儿自身的需要越吻合、越融合，教育的适宜程度就会越高。也就是说，当我们把教育的要求融入幼儿当前的需求中，或将教育的要求转化成幼儿的需要时，教育的效果也就会更好。为此，在教育中我们应当把握教育要求与幼儿需求的结合点，并以此对案例中所体现的师幼互动过程以及您所想到的同伴互动等方面尝试进行分析。

### 关于教师与天天的互动

事实上您对自己的质疑不无道理。高架桥的创设和问题情境的提供，其目的就是要引发幼儿自主发现，而当天天发现大货车在桥上无法行驶并认为桥有问题时，面对天天的自主发现，教师没有及时肯定、接纳和顺应他的发现，给天天以积极的回应，而是从教师原有的想法出发，为了引导天天关注汽车的大小，选择了否定天天的发现。为了证明教师的观点，直接让天天把公共汽车放到高架桥上，以便引导天天发现和讨论教师所关心的大车与小车的问题，即使天天用了"太胖了"一词来形象地表达自己对事物关系的理解时，教师仍然没有表现出一丝对幼儿的理解与接纳，而通过否定性引导，让天天自始至终地跟随教师的指引去获得答案。教师的急于干预和负面性的干预，无疑使天天失去了自我发现事物之间关系和自我调整的机会。

《纲要》要求我们：关注幼儿在活动中的表现与反应，敏感地察觉他们的需要，及时以适当的方式应答，形成合作探究式的师幼互动。当天天主动与教师交流自己的发现时，说明天天已经开始关注汽车与桥面的匹配关系，教师应敏感地抓住这一契机，并在天天的关注点上给予积极回应，努力与天天形成合作探究式的师幼互动。

要形成合作探究式的师幼互动，需要教师在幼儿的经验点和需求点上寻找适宜的介入点，以及适宜介入的时机、方式，方能引发和支持幼儿的自主发现和自主解决问题的过程。例如，教师可赞赏和接纳天天的发现："你说得真对！这辆大货车真的不能在桥上开！"并顺应天天的发现和他展开讨论："看来这座桥真的是有问题，我们看一看它有什么问题呢。"在此基础上也可通过问题引导天天思考或尝试:"其他的车能不能在桥上开呢?""这辆车为什么不能在桥上开?"这样做的价值在于给天天自主发现与表达的空间，鼓励他能在已有发现的基础上，通过思考与尝试，发现桥与车的关系、大车与小车的关系，并能依据自己的发现，做出行为上的调整。教师也可以在与天天的讨论和尝试中，更深入地了解幼儿的原有经验，思考和生成自己的教育对策。

教师关注幼儿的发现并对其发现所持有的欣赏态度，以及站在幼儿的视角上平等地探讨他们所关心的问题，对幼儿来说至关重要。幼儿能从教师的态度中获得对"自我"的发现和肯定，由此会更乐于去发现和发表自己的想法与观点，更敢于按照自己的想法进行尝试，也更有益于进行平等的、合作探究式的师幼互动。为此，作为教师应善于发现幼儿的点滴发现，珍视和鼓励幼儿的发现行为。

### ✍ 关于幼儿之间的互动

您希望利用同伴资源引发幼儿的相互学习，这对幼儿来说是一种极有意义的学习方式。然而同伴互助的方式很多，讨论只是其中一种。由于小班幼儿自我意识强、思维具体形象，讨论能否真正引发大家对问题的关注，并能听得进、听得懂、有参与，取决于幼儿自己游戏的第一需要是否得到了满足、是否对问题能理解并有与他人讨论问题的愿望，以及教师对现实情境的有效利用等因素。从另一个角度说，如果教师急于将问题拿出来讨论，有可能会通过同伴的经验，使更多的幼儿失去自我发现的机会。为此，对于小班幼儿，需要教师把握讨论的目的、时机与方法，目的不同，讨论的时机与方法就会有所不同。

例如，教师可利用同伴的"问题资源"展开讨论，以引发幼儿新的关注点和新的游戏行为。结合这一案例，教师可在幼儿玩的第一需要满足后，将天天的问题抛给大家，让大家在游戏中帮着去找一找:为什么有的车不能在桥上开? 有哪些车不能在桥上开? 由此，引发幼儿游戏中探索的兴趣与行为。

教师还可利用同伴的"经验资源"展开讨论，以拓展幼儿的思维与经验。在幼儿经验或各自探索的基础上，通过对问题情境的讨论，实现幼儿的经验互补，帮助幼儿在讨论与交流中习得他人的经验和方法。

## 引发幼儿与环境的互动

基于小班幼儿不太善于用语言表达自己的认识与感受的特点，教师可创设丰富的游戏情境，让幼儿在自然的游戏体验中，在与环境材料的互动中，丰富和积累相关的经验。

例如，教师可增设停车场和大小不同的停车位，引导幼儿在停车场内找到与所有汽车大小匹配的停车位。这一情境的提供不仅可以丰富游戏情节，更能具体形象地帮助幼儿识别、选择和建立大与小以及大小对应的概念，静态结果的呈现便于幼儿观察与调整行为。又如，教师可基于幼儿的兴趣点，投放两座宽窄不同的高架桥，让幼儿自己去发现、尝试什么样的车更适于在哪座桥上行驶。通过游戏内容的丰富，丰富幼儿的选择，丰富幼儿的思维空间和视角，丰富幼儿解决问题的方法。同时，更好地发挥已有资源的作用。

总之，更好的教育，更适宜的教育，来自教师对幼儿原有经验、兴趣需要与发展需要的了解与把握。"幼儿是脚，教育是鞋"，每个人因脚的大小、肥瘦不同，对鞋的需求也会不同，只有最适合的鞋才最舒适，最能支持幼儿走得长远。

北京市西城区教育研修学院　沈心燕

# 04

## ✉ 教师如何适时适宜地介入幼儿游戏?

老师:

　　您好!

　　开学初,我和幼儿一起创设了游戏角——烧烤店,幼儿可喜欢烧烤店的游戏了。为了丰富游戏角材料,我和幼儿制作了许多"食品",如玉米、鱼、鸡翅、年糕等。烧烤店刚开张时,不管小客人吃多少,都只要付1元钱。我感觉这样的"消费"制度对于大班幼儿来说太简单了,于是在烧烤店里投放了一张价目表:蔬菜1元,荤菜2元。但通过几次游戏,我有点困惑了:有的幼儿不喜欢在烧烤店里当老板了,有的幼儿不去光顾烧烤店了。下面就来看看烧烤店里的两次游戏情况吧。

　　一次游戏,琪琪是烧烤店的老板,有许多小客人来吃烧烤了,她热情地招呼大家:"大家不要挤,要排好队,谁不排好队谁就没得吃。"小客人们一听都乖乖地排好了队。优优排在第一,琪琪问:"优优,你要吃什么?"优优看了看价目表说:"我要吃鸡翅和玉米。"琪琪看着价目表说:"鸡翅2元,玉米1元,2+1=3,一共3元。"优优从钱包里拿出3元钱,拿着烧烤走了。辰辰排在优优的后面,他看了看自己的钱包,里面有好多钱,于是他对琪琪说:"给我来3个鸡翅,我快要饿死了。"琪琪看着价目表说:"3个鸡翅,多少钱呀?"辰辰说:"你是老板,你自己算呀!"琪琪摸着脑袋算不出来了,她马上说:"你不可以买这么多鸡翅的,后面的小朋友该没有了,只能买1个。"辰辰说:"我有钱呀,为什么不能买?我太饿了,快饿死了!"琪琪说:"你快饿死了,那就再买点其他的呀,鱼也很好吃的呀!"辰辰接受了琪琪的建议,琪琪看着价目表说："一个鸡翅2元，一条鱼2元，2+2=4……"琪琪正在算的时候，辰辰说："是4元钱呀，我早就算出来了，你算得也太慢了吧！"琪琪难为情地看了看辰辰。或许是被辰辰"打击"了，琪琪在接下来招待小客人时都向他们推荐1元钱的食品，而且不允许他们多买。为此，有的小客人还跟琪琪发生了争执。

又一次游戏，这次开开当烧烤店的老板，可游戏已经开始一段时间了，烧烤店里一个客人也没有，开开非常着急，就来问我怎么办。我也觉得很奇怪，烧烤店生意一直是很好的啊，今天怎么会没有生意了呢？我找了几个小朋友，问他们为什么不去烧烤店吃烧烤，他们告诉我："烧烤店的东西太贵了，以前我们吃一大堆只要1元钱，现在要好几元钱。太贵了，我们只有一点点钱，不舍得都花掉。"

从上面两次游戏的情况，我发现幼儿不再留恋烧烤店了。其一是幼儿不会算价钱，其二是烧烤店里有了价目表后，幼儿发现去吃烧烤很贵，宁愿去其他地方消费。所以我很困惑，烧烤店的价目表适合幼儿游戏吗？应该如何来给食品定价格？请专家指点和帮助，谢谢！

朱晓燕

# 对游戏的指导应顺应幼儿的游戏意愿

亲爱的老师：

您好！很高兴就您提出的问题谈谈我的看法。

看得出来，您非常重视幼儿游戏的教育作用，您的游戏指导策略是将教学要求融入幼儿的游戏环境，以实现游戏的教育功能，于是您为烧烤店定了价目表。您的出发点很好，但是效果却并不理想，反而使幼儿对本来非常喜欢的游戏主题不再感兴趣了。实际上，这里涉及的是教师如何适时适宜地介入幼儿游戏的问题，我尝试结合案例从以下三个方面来探讨这个问题。

## 理解幼儿的游戏：发展，还是教育

尽管游戏是幼儿自主的活动，但是作为幼儿园课程实施的重要途径，教师在幼儿游戏中仍然应当有所作为。但问题是我们的教师往往出于教育的目的而过于作为，总是将自己的意图强加于幼儿，致使幼儿的游戏行为与教师的指导意图产生矛盾，终不能达到教师的预期目的。就如本案例中，您投放价目表的目的是要求幼儿通过游戏来学习计算，结果使幼儿因这个不得不执行的规则而远离了这一游戏。

在此，我们有必要重新认识一下什么是幼儿的游戏。

首先，游戏是幼儿已有经验的自我表现活动。根据皮亚杰的观点，游戏水平与幼儿的发展水平是同步的。幼儿喜欢游戏，就是因为他们能用自己力所能及的方法表达自己的意愿，每个幼儿都能在自己的水平上表现，所以游戏能让幼儿体验一种胜任感和控制感。幼儿之所以不厌其烦地重复着某一种游戏行为，就是这个道理，这种重复对他们的发展很重要，客观上起到了巩固已有经验的作用。如果教师在游戏中加入了必须让幼儿付出较大努力才能学会一些什么的要求，那么幼儿就体验不到游戏的乐趣了。这时，他们就会回避和放弃。

其次，幼儿在游戏中能小步递进地自我发展。幼儿对游戏行为的重复不是无限的，当某种行为重复到一定的程度，他们就会不满足于原来的行为，而要变换花样地玩了。根据维果茨基的观点，这种变换了花样的玩法，往往略高于原来的行为水平，这个"略高于"就是幼儿自己创造的最近发展区，他们最清楚自己能做什么，不能做什么，每个幼儿都能在自己的水平上发展。也正因为这个略高于原来水平的游戏行为是幼儿自己创造的，而不是教师创造的，所以幼儿很容易胜任。

具体从角色游戏来说，每个主题都有一个从新鲜到熟悉再到玩腻的过程，每个具体的游戏行为也有个从生疏到熟练再到不满足的过程。但是这个过程的长短取决于在这个主题中幼儿自己能创造出多少新的玩法，新玩法不尽，该游戏的兴趣就不止。相反，如果某个游戏已经玩不出新花样了，那么这个游戏就会逐渐被幼儿放弃。烧烤店刚开始的玩法是"不管小客人吃多少都只要付1元钱"，后来就有了新的玩法——根据价目表付钱。只可惜这个新的更高水平的行为，不是幼儿在不满足于原来水平的基础上自己创造的，因此不一定是他们的最近发展区。而烧烤的食品，诸如鱼、鸡翅、玉米、年糕等，如果做得过于逼真而固定的话，也会限制幼儿变换新玩法的空间。

理解了幼儿游戏的两个特点，我们就能端正对游戏指导的态度，那就是关注发展，而不是教育。具体地说，教师首先要关注幼儿是如何游戏的，而不是首先思考想让幼儿如何游戏。

## 解读幼儿的游戏行为：支持，还是要求

正因为游戏既是幼儿已有经验的表现活动，也是幼儿不断自我挑战已有水平的过程，所以游戏可以成为教师观察和了解幼儿发展现状以及发展需求的窗口，这就为教师介入和指导游戏提供了依据，而关键是如何解读幼儿游戏行为所蕴含的发展信息。

烧烤店刚开张时，幼儿可喜欢了，说明这个主题与幼儿的生活经验非常贴近。但我想问的是，您感到"无论吃多少都只要付1元钱"的玩法"太简

单了"，这个判断的依据是什么？是否有幼儿在游戏中曾提出过异议，或者有过想要改变此规则的想法，或者买卖的兴趣开始下降？如果是，您确实可以与幼儿一起讨论投放价目表的问题。如果不是，而且幼儿还在热衷于1元钱的买卖行为的话，那您不必着急。或许从计算的角度来看，这个行为对大班幼儿确实是太简单了，但是从游戏的角度来看，就未必了。因为这一买卖行为的游戏过程不只体现了计算，仔细观察和分析一下的话，或许对幼儿还有其他多种发展的可能性呢，比如买卖中产生的社会交往和社会常识问题，只要幼儿还在兴致勃勃地玩，就说明这个行为对他们仍有发展上的挑战。

我们看到，当烧烤店投放价目表后，您的观察非常仔细，所以才发现了幼儿"不会算价钱"的问题，您也一定发现了谁的计算能力更强或更弱一些。其实，您还需要对幼儿"不会算价钱"的问题做出进一步的分析，看其难度所在，那样才能根据幼儿游戏行为所体现的发展水平给予适宜的支持。

从案例可以看出，价目表对烧烤店的老板是一种挑战，老板的计算能力必须高于顾客，他要算出总价，顾客只需付钱。这张价目表上的价格虽然只是1元和2元，但实际上已经不是简单的加法了，每个顾客都在给老板出一道需要连加的应用题，甚至还涉及倍数的问题，所以没有一定计算能力的幼儿就不敢当老板了。案例中的老板琪琪计算处于简单加法水平，且计算速度较慢，对辰辰要买3个鸡翅需要多少钱的难题，她不会用2乘以3计算，也没有3个2连加的策略，这就遇到了尴尬。但我们发现她有自己解决问题的机智，以限卖的方式回应顾客，或推荐顾客买的东西都是便于她计算的，如推荐1元商品。这里提示我们：对琪琪而言，或许加数全部为1的价目表是比较合理的；如果琪琪代表的只是一种水平，还有比琪琪更高或更低水平的，那么价目表可以有多种，取决于烧烤店游戏的老板的选择。

总之，教师对幼儿游戏的介入应当是一种支持，而不是要求。

## 在幼儿的游戏中验证：问题的求解

教育实践的过程，就是不断遇到问题和解决问题的过程，您还会在游戏中遇到类似幼儿为什么对某个游戏主题不感兴趣的问题，其实您只要将求解的过程作为您自己的一种研究，通过反思性实践的过程，自己就能找到答案。

　　以后遇到这类问题，您可以这样做。一方面对问题的原因进行分析，做出一种假设性的判断，就像您已经做的那样。另一方面您得反省一下自己，在为幼儿创设的这个游戏环境中是否有过多限制性的行为要求，从而导致了一种固定的行为模式（比如材料不具有可转换性），或者附加了需要幼儿付出较大努力的学习行为（外在要求高于现有水平），然后去除任何限制，给幼儿充分的自由，让他们意识到可以随便怎么玩。这时，您可根据您的假设进行试探性介入，同时再进一步观察，看看游戏发生了哪些变化。所有的答案都在其中。

　　仍以烧烤店为例。去除一些限制，如果您提供的只是空白的价目表，您或许会发现，有时幼儿会使用价目表，有时幼儿不使用；不同幼儿写出的价格五花八门，有的价格便于计算，幼儿会根据价目表买卖，不同计算能力的幼儿在游戏中能相互模仿学习，如当幼儿要算出3个2元的鸡翅要多少钱时，计算能力高的老板会说2加2等于4，再加2等于6，这一计算方法实际上会影响其他幼儿；有的价格计算难度很大，但算价钱却只是一种假装行为，对错无所谓，就像小班幼儿在游戏中给病人测出的体温是100度一样。

　　如果您提供的食品没有那么逼真而是更多替代物，或许您会发现，烧烤店里随时会变换花样地卖出新的品种，甚至可能将烧烤店变成火锅店又变成点心店，从这些变换的花样中，幼儿会将自己的生活经验反映得淋漓尽致。

　　如果幼儿游戏中所用的"钱"具有更大的可获得性，您或许会发现，有的幼儿"嫌贵"只是不愿意去烧烤店游戏的托词，因为幼儿一般不会因商店里的东西"贵"而放弃游戏，游戏毕竟是一种假装行为；有的幼儿"嫌贵"则可能是因为"钱"的数量受制于可选择的消费机会（比如游戏中还有除了烧烤店之外的其他买卖需要用钱），那说明该幼儿已有了一定的经济意识。

　　给幼儿的自由度越大，您在游戏中的发现就会越多，您对幼儿的游戏行为也就越来越懂。一般来说，游戏中的幼儿会将玩法的难度调节到自己胜任的程度，您只需支持与配合他们的行为，必要时提供材料或建议即可。教师不用太介意游戏中的错误，幼儿喜欢游戏就是因为不必像在课堂上那样担心对错，这就给了您了解幼儿真实水平的机会，给了您游戏之后进行教学的依据。

华东师范大学　华爱华

# 05

## ✉ 怎样帮助幼儿园里"特殊"的幼儿?

老师：

　　您好！

　　最近在幼儿园里发现了一个幼儿，名字叫豆豆，之所以他会引起我的注意，那是因为据他的班主任老师说，他进幼儿园后（现在是中班了）从来就没有说过一句话，没有问过"老师早"，点名的时候没有说过"到"，和小朋友也没有语言交流，几乎就是一个不会说话的孩子。可他在家里却能与父母交流得很好，这说明他的语言功能并没有障碍。那是什么原因导致豆豆在幼儿园一言不发呢？

　　为此，我们老师伤透了脑筋，查阅了很多资料，想了很多办法，尝试进行干预，但就是不见效果。我一直以为由自己负责的教育教学工作是踏实的，是有成效的，获得了同行乃至市区专家的认同，但豆豆却成了我心中的痛。教育教学工作到底该怎么做？我不是一个十全十美的老师，但我想我绝不是一个不负责任的老师，于是我对豆豆进行了观察记录。现在提供几个案例，想请专家帮助我们，让豆豆在幼儿园开口说话。

　　案例一：

　　当我第一次知道豆豆时，十分诧异，为什么天真的孩子能忍住好奇的心，在幼儿园快乐的游戏生活中一言不发？于是我尝试去接近他。

　　当时豆豆班里的小朋友正在玩"捉小鱼"的游戏，我满脸喜悦地参与到他们的活动中去。（因为刚入园不久，幼儿对我还不熟悉）班主任很热情地向小朋友介绍我："这是夏老师。"我走到豆豆跟前蹲下，从他的眼神里我看到了恐惧，他在躲我。过了一会儿，我试图与他交流。

"听说在中四班有一个叫豆豆的小朋友，是你吗？"

豆豆脸上毫无表情，微微地点了下头。这是一个好的开始，我暗自喜悦。

"豆豆，能叫我夏老师吗？我想和你做朋友。"

豆豆拼命地摇头，想从我的身边跑开，他已经表现出不愿意和我继续交流的情绪。既然豆豆能和爸爸交流，那我就从爸爸入手。

"豆豆，我认识你爸爸，爸爸说你最爱吃鱼了，是吗？"

豆豆点了点头。

"豆豆，我们握握手好吗？我们一起玩。"

豆豆又是摇头，彻底从我身边走开了。

我们的交流中断了。我想是我太着急了。

豆豆是一个长相很帅气的孩子，单单看面相，你不会发现他的问题。班主任和他的父母也交流过，爸爸说是因为豆豆小时候寄宿在其他幼儿园，大便弄在身上，被老师骂了，后来他在幼儿园就再也没有说过话。最近豆豆的父母又生了一个小弟弟，他们家庭条件非常好，父母对于豆豆在幼儿园的情况似乎也没有进一步的关注和干预。（老师跟父母沟通过，他们不认为幼儿在语言交流上有障碍）

案例二：

为了减少豆豆的恐惧，今天我在他上课的时候站在一个角落里，对他进行了观察，他不会察觉到我的存在。

活动中，豆豆基本游离在教学活动之外，他的眼神和表情都说明他没有跟随老师很好地参与到活动中去。老师也非常关注豆豆，给了他很多机会，这次又请豆豆和其他几个小朋友一起上去表演儿歌。豆豆上去的时候很痛快，但只是上去而已，等小朋友们朗诵完儿歌以后，他又下来了。对他来说，这只是一个上去和下来的动作。在一个互动找朋友的环节中，豆豆很大方地找到了朋友，主动地拥抱，开心的时候会发出叫声，但也只是"啊""呀"等类似于孩子疯狂时发出的声音。

游戏的时候，豆豆玩得也很开心，他能积极地参与到活动中去，并能听清楚老师的要求和口令。

豆豆与同伴有情感交流，他会主动拥抱，主动拉手，和他们一起做游戏，领悟力也还可以，就是在他的交往方式中，缺少了语言这个关键要素。我一直疑惑，为什么豆豆能和爸爸妈妈畅所欲言，一到学校就闭上了嘴巴呢？我问班主任，是否可以借助爸爸的力量，爸爸、老师、豆豆三个人面对面交流呢？班主任老师说，曾经有一次，爸爸来接他，老师在隔壁洗手，清楚地听到豆豆对爸爸说："我们去春游了。"并且爸爸还告诉老师，豆豆回家会朗诵儿歌。但是只要有外人在，他就不说话了。究竟是哪里出了问题呢？我还是不甘心，又尝试接近豆豆。

案例三：

班主任："豆豆，你跟着夏老师去拿一个东西好吗？"班主任的介入，让我很自然地拉到了豆豆的小手。（因为我过几天就会去看豆豆，所以他对我没有之前的那种陌生感了）

我问："豆豆，想看动画片吗？我这里有一个很好看的动画片。"

豆豆没有抗拒，我抱着他，让他坐在我的腿上，我用很温柔的声音配合课件给他讲了《小鱼的故事》，我想让我们的交流有一个温馨、安全的环境氛围。很高兴，豆豆没有排斥我。

我又问："豆豆，我请你看了动画片，还给你吃了你最爱吃的糖，你应该对我说什么呢？"我想，和豆豆的交流不可能是长篇大论，哪怕他能对我说一个字也行。我希望让他感受到我的善意，打开他心灵的大门。然而，即便是我对着豆豆耍小孩子脾气，对着豆豆用孩子的话交流，反馈给我的仍只是点头和摇头。

持续了十多分钟，我觉得，我的干预必须停止，不能给幼儿带来另外的恐惧和伤害。临走时我问豆豆："明天我再来，你还愿意和我一起玩吗？"他的点头让我很欣慰。

这样的干预持续了一段时间毫无起色，我们十分焦急，衷心期盼专家能给我们提供一些线索，帮助豆豆在幼儿园里能开口说话。谢谢！

夏吉

# 诊断，分析，对症下药

亲爱的老师：

您好！

看到您提出的问题，我感到非常高兴和欣慰，为那些曾经由于自身缺陷而被无意忽视的幼儿，也为"全纳教育"在中国幼儿园的真正实施。下面我将与您一起来诊断、分析豆豆的问题，并提出一些解决问题的建议。

## 诊断问题：豆豆到底怎么了

从您的三次观察记录以及您对豆豆情况的描述中，我认为豆豆的情况基本符合选择性缄默症的特征。选择性缄默症是一种社交焦虑症，患者有正常说话的能力，但在特定情境下就是说不出口。有研究把选择性缄默症描述为幼儿的罕见心理失调。

目前，美国专家认为有五个临床特征可以诊断该类幼儿：①在需要语言交流的场合"不能"说话，而在其他一些环境说话正常；②持续时间超过一个月；③无言语障碍，没有因为说外语（或不同方言）引起的言语问题；④由于入学或换学校、搬迁或社会交往等影响到患儿的生活；⑤没有患自闭症、精神分裂症、智力发育迟缓或其他发育障碍或心理疾病。我们可以借助这五个方面的临床特征及豆豆的表现来对其症状加以分析。

第一，豆豆只是在幼儿园有外人在的特定场所不说话，而当老师、同伴不在场时，他还是会主动和爸爸说话的。

第二，时间持续超过一个月。豆豆从进入幼儿园开始至今已经持续有一年多的时间不说话。

第三，言语正常。豆豆并没有任何言语方面的障碍，在幼儿园他完全能听懂老师的指令（比如，点名上来一起表演儿歌），并且能和同伴愉快地游戏。他并无言语障碍，也没有因为说外语（或不同方言）引起的言语问题，不存在对社交场合中的语言不了解或不习惯使用的问题。

第四，环境变迁。由于从家庭到寄宿的幼儿园等环境的变迁，使豆豆对进入陌生环境缺乏安全感而选择缄默。

第五，心理正常。豆豆是一个很帅气的孩子，单单看面相，不会发现他有什么问题，比如自闭症、精神分裂症、智力发育迟缓或其他发育障碍或心理疾病。

## 探寻原因：豆豆为什么会这样

导致幼儿选择性缄默的原因多种多样，包括器质性障碍、机能性障碍、心理性障碍和语言发展障碍等。其中以心理性障碍引起的心因性缄默较多，早年心灵的创伤、环境的突变、退行行为倾向等都有可能引起缄默。

豆豆的这种情况应该是心因性的选择性缄默症，即与豆豆每天生活发生直接联系最多的环境——幼儿园和家庭都在一定程度上让豆豆缺乏安全感。理由如下。

第一，不良的入托经历。

据豆豆爸爸回忆，豆豆小时候寄宿在其他幼儿园，因把大便弄在身上而被老师责骂，之后他就再也没有在幼儿园说过话。我认为这是导致豆豆产生缄默的直接原因。

人们可能会以为像豆豆这类幼儿是自己决定在某些场合缄默，但实际上是他们的极度焦虑迫使他们非自愿性的缄默，即使想说话，也不能发出任何声音。豆豆的焦虑来自两个方面。首先，在豆豆不到3岁的时候，父母就将他寄宿在幼儿园，豆豆不能每天和父母待在一起，环境的变迁和照料者的更换，这本身就可能导致豆豆产生分离焦虑；而对新环境的陌生感和不适应，又可能加剧他的紧张和焦虑，这种紧张和焦虑，就有可能导致他不能很好地处理自己的问题。其次，豆豆由于能力的限制（不到3岁），不能很好地控制大小便,这是很正常的事情。但当时幼儿园老师的处理方式,不是给予豆豆更多的关爱和照料,取而代之的却是责骂,让豆豆在心理上对老师产生了恐惧感和距离感,致使他对幼儿园的环境缺乏信任和安全感。

第二,父母的无意忽视。

从您的叙述中,我们可以发现,豆豆在父母心目中的地位并不十分重要。尽管老师主动与豆豆父母沟通交流,但豆豆父母并不认为豆豆在语言交往上有任何障碍,因此,对于豆豆在幼儿园的情况似乎也没有进一步的关注和干预。这在某种程度上说明家长对幼儿的问题采取回避和忽视的态度。尤其是最近父母又生了一个小弟弟,家庭照料重心的转移,在情感上可能忽视了对豆豆的关照,豆豆可能会因此担心父母不如以前那么爱自己了,这同样会加重他在幼儿园的不安全感。

第三,对老师的戒备。

不管是从豆豆看您的眼神,还是他在教学活动中的眼神和表情,基本上是游离在教学活动之外,始终不能跟随老师很好地参与活动,这些表现说明,豆豆对老师是怀有戒心的。当老师不在场时,他会感觉放松,即使是在幼儿园里,他也能与他熟悉的人讲话。例如有一次,老师在隔壁洗手,清楚地听到豆豆对来幼儿园接他的爸爸说:"我们去春游了。"尽管老师非常关注豆豆,给了他很多机会,让他和大家一起上台表演儿歌,豆豆也能很爽快地上去,但不参与朗诵,等小朋友们朗诵完又和大家一起下来。他虽然在幼儿园没有表演,但据爸爸反映,豆豆回家会朗诵儿歌。老师过度的关注,可能在某种程度上加剧了他的紧张和焦虑。因此,我们不能急于迫使他说话。

## 寻找对策:怎样帮助豆豆愿意开口说话

给每个孩子平等的教育,并不意味着让他们接受一样的教育,实施相同的教育,就可能丧失了教育的公平性。因此,对于豆豆这类幼儿,我们不能用普通的方法来对他们实施教育。豆豆目前的问题不是要开口说话,而是要消除那些困扰他不说话的因素。

早期发现和早期干预,可以使其症状得以缓解或消除,具体可从以下几方面着手。

第一，营造宽松的活动氛围。

从您的观察记录中可以看出，豆豆在幼儿园不同活动中的表现是不同的，他的行为变化，其实是和教师所创设的环境氛围相关的。当教师过于关注他时，他就显得拘束、紧张；而当他淹没在同伴群体中时，他就能自然地加入同伴的游戏中。他参与活动的程度又与活动的自由度大小相关：在教学活动这种师幼不断就每个问题发生对话的场景中，豆豆的表现是游离在教学活动之外的，他的眼神和表情，不能跟随老师很好地参与到活动中；而在过程性和趣味性强的游戏活动中，豆豆的表现就和在教学活动中截然有别。游戏活动本身自由的特性能充分调动幼儿的主动性，让幼儿以自己的方式参与活动。在游戏中，豆豆完全是另外一个活泼开朗、积极主动的人。例如，在游戏的时候，豆豆玩得很开心，他能积极地参与到活动中去，并能听清楚老师的要求和口令。可见，教师不能太过于急切地给他营造各种讲话的机会，而应该让他感觉没有任何心理压力，只有当他彻底放松了，他才会愿意主动参与活动。

其实，您在与豆豆的接触中，有许多方法是可以继续使用的，如给他讲故事，亲近他……，但是您显得有些急躁了，您的态度可能会让豆豆感觉到您的目的而放弃与您沟通。对这类幼儿的问题要抱持之以恒的态度，不要期望一两次的耐心和关注，就能取得明显的效果，否则幼儿会因感觉到您的急躁，而变得更加焦虑。

第二，通过自由游戏释放焦虑。

想要玩游戏的冲动是全人类所共有的，幼儿唯有靠游戏才能够表达其完整的人格。幼儿乐在游戏中的时候，也许就是他们开始发现并接纳自己的时候。幼儿通过游戏可以重塑过去的行为，将内心感受表达出来而不会招致别人的报复或拒绝。因此，游戏能够治疗创伤，能使幼儿放松紧张情绪、释放自我、表达被压抑的种种渴望，并在游戏中重现现实生活中所遭遇的各种负面冲突，在重复游戏的过程中逐渐化解冲突。

从上面的案例分析可以发现，自由度较大的同伴互动游戏活动，更能帮助豆豆表现真实自然的一面。游戏是任何一个孩子的天性，豆豆虽然缺少语言这个表达沟通的关键要素，但借助各种趣味性强的游戏，他会情不自禁地要主动表达感情，如他在互动找朋友的环节中，能很大方地找到朋友，主动地拥抱，开心的时候会发出"啊""呀"等类似于孩子疯狂时发出的叫声。由此看来，游戏是帮助豆豆打开心灵窗户的钥匙。幼儿园可以多组织各种类型的游戏活动，尤其是象征性的角色扮演游戏，可以帮助豆豆宣泄早年的生活创伤，在游戏中得到补偿，形成安全感，逐步学习处理问题，达到改善现状的目的。

豆豆的表现与我曾经见到过的一个大班女孩的情况十分相似，她具有十分流畅的语言表达能力，在家能与父母很正常地交流，就是不愿意上幼儿园，每天早上故意赖在床上不起来，如果父母坚持要她上幼儿园，那一旦进入幼儿园的大门，她就一言不发，只用摇头和点头来表达愿望。她是一个选择性缄默症患者，我就是用游戏治疗的方法，让她在充分自由和放松的安全氛围中，将内心深处最深沉、最具威胁的恐惧和问题都表达了出来，帮助她减轻了症状。

第三，关注智能强项增加自信。

每个幼儿的智能都是多元化的，尽管像豆豆这类幼儿被迫在幼儿园不说话，但这并不意味着他们的语言智能就差。因此，教师要善于在同伴面前展示他们智能的强项，让他们在同伴群体中建立自信。例如，我前面提到的那个女孩，她非常想参加班级里的童话表演，暗地里积极准备着表演的各种服装道具，但是正式演出那天她却不敢上台表演，因为她在同伴面前从来都是不说话的。针对这个问题，家长把她在家里与父母交流的视频带到幼儿园，当老师放给全班小朋友看时，她虽然显得不好意思，但之后她开始与少量的同伴说话了。相比之下，如果教师经常性地强调这类幼儿不说话的事实，不断提供各种机会，"逼迫"他们在集体面前说话，无疑是把他们最不愿意、最焦虑的一面暴露在大家面前，这样只能使他们更加紧张和焦虑。因此，适当地忽视弱项、关注强项比关注弱项更能促进幼儿的发展。

第四，发挥家庭的港湾作用。

家庭是心灵的港湾，和谐的家庭亲子关系，在人的成长中有着不可替代的作用。豆豆从小被父母送到幼儿园寄宿，之后父母又生了一个小弟弟，这可能都会对豆豆的心理产生一定的影响。因此，父母要注意对待不同子女的态度要一致，不能因为有了小弟弟就忽视豆豆的存在。父母可以经常性地陪豆豆玩身体接触的游戏，比如双手紧紧地抱着他并告诉他："我们非常地爱你，也爱你的弟弟……"或者经常与他玩挠痒痒的身体游戏等，让他从父母的言行上实实在在地感受到父母的关爱。父母还可以同他一起看书，给他讲故事，陪他一起画画，去户外活动等，让他在心理上感觉自己是安全的，这样才能使他建立对环境的信任，逐渐消除紧张和焦虑。

第五，转换环境重新开始。

我前面干预过的那个幼儿，即使已经没有什么问题了，也不好意思在集体中说话。她自己提出不愿意上这家幼儿园，母亲便把她转到了一所别人不知道其症状的幼儿园，离开了困扰她的幼儿园后，她就能自如地说话了。因此，换个环境让幼儿重新开始，或许也能有所帮助。

以上是我的一些想法和经验，仅供您参考。因为每个幼儿都是一个特殊的个体，没有看到或了解豆豆更多的信息，但愿能对您有所帮助。

南京师范大学　邱学青

# 06

## ✉ 如何评价一个活动的得失或价值呢？

老师：

您好！

我是一名热爱美术的幼儿教师，平时比较关注幼儿在美术活动中的状态。进入大班后，我注意到幼儿的绘画似乎进入了一个藩篱，构图大多是太阳、小鸟、大树、草地等比较固定化的模式。应该怎样引导幼儿发挥想象，丰富绘画的构图和内容呢？有一天，我发现几个幼儿围坐在一起绘画，他们有时候静静地自我创作，有时候悄悄地欣赏同伴的作品，有时候还会热切地讨论，甚至互相调换作品绘画，渐渐地，他们兴奋起来，热情地创作着。这种"扎堆交换画画"的游戏，突然间给了我灵感：是不是在交换游戏中可以触发幼儿的想象，引导他们感知怎样构图和丰富画面呢？

我预想让幼儿在自己喜欢的转动交换的游戏中进行绘画创作。设想中，这种"转"能在绘画中使幼儿不断接触新的作品，不断产生新的艺术灵感，使画面逐步丰富饱满，更具灵性。基于这样的思考，在学校组织的以艺术活动为方向的教学研讨中，我设计以黑白线描画为主要创作形式，以其独特的构图和装饰性，鼓励幼儿去合理借鉴并添画同伴的作品，体验创作的乐趣及同伴间艺术互融的合作性，由此产生了一节大班艺术活动"转动的灵感"。

目标定为：①学会观察欣赏同伴的黑白画，想象添画，丰富作品；②体验合作绘画的乐趣，尝试表达内心感受。为了让幼儿更乐于参与其中，我将幼儿的创作场所进行了设计，将环形创作纸铺在地面上。在创作纸张的下方位置，我用简单的黑白草地和花的图案进行了装饰和分隔，用于间隔幼儿的创作空间。同时，准备粗细不同的记号笔、水溶性油画棒、排笔、水。在本次活动之前，已和幼儿进行过黑白线描画的创作，他们积累了一定的经验。按照预设，活动开始。

体验一：感受群体绘画。

我直接道明用黑白线描画来绘画，引导幼儿观察不同于以往的绘画场地，讨论如何在这样的地方绘画。看到这样全新的绘画空间，幼儿很期待，那跃跃欲试的劲头成就了他们之后大胆的创作。在舒缓的音乐声中，幼儿自由创作，在主体框架完成后，音乐声提示他们停笔。我引导幼儿相互观察：大家都画了些什么呢？在走走看看中，幼儿热切地讨论着、欣赏着同伴的作品。我借机鼓励他们选择自己最喜欢的画进行再创作，他们自由选择后，纷纷继续创作。这时，我发现有个别幼儿仍然在自己的作品上继续创作，我认为虽然是合作性的艺术创作游戏，但是也应该尊重幼儿，给足他们自主选择的空间，允许他们有独立的艺术构思，进行独立的艺术创作。一段时间后，音乐声再次提示幼儿停笔。我引导幼儿说说：自己选择的画上原来是什么，自己又添画了什么；进行添画时，心里是怎样想的。目的在于提炼：自己画的东西和原来画上的要基本一致，成为一幅完整的黑白画。而幼儿的回答也正好印证了我的预想，他们都是经过观察之后，添加了一些点、线、面的装饰，注意到装饰图案与原有构图的和谐。在我的肯定和鼓励之下，幼儿又进行了两次互换，这时原本不愿交换的幼儿也参与进来，完全投入到这种轮换创作的艺术游戏中。

绘画结束后，我让幼儿说说今天绘画的感受，他们的表达各不相同，但是轮换的过程中都要面对对自己作品的放舍和对他人作品的接纳的问题。幼儿对于自己的作品从不想、不忍到逐渐放舍给别人，从接纳他人作品到细致创作他人作品，在游戏和创作中他们体验到其中的妙趣，于是心绪表达都渐入佳境，活动逐步达到高潮。他们逐渐冲破自我的约束，去信任、尊重，这是他们负责于他人的最懵懂的内心体验，这是一种体验式的尊重与合作，实现了自我与他人的融合。

体验二：体验色彩叠加。

在这个环节，我给每人一支水溶性油画棒。随着音乐的节奏，他们有序地顺着环形场地前进，在每一幅画上进行涂抹，之后，他们用水和刷子，将水溶性油画棒的色彩进行了融合，为原有的黑白线描画融绘出五彩斑斓的底色。色彩叠加的过程是幼儿充分释放情感、彼此充分接纳的过程。抽象的、发挥想象力的常常是形态，而有活力、营造感情和气氛的是颜色。这是一个诗意的转动，每人手执一种色彩就像每个人都是世界中的一抹色彩，在快速转圈游戏中尽情涂抹自己，渐渐地靠近、调和，直至彼此完全融和。

之后，我们将环形跑道立起，形成了两面月牙状立体式的画作展示台，幼儿看到自己的画跑到了"月亮船"上，都特别高兴，兴奋地与同伴讨论着、欣赏着。

整个艺术创作过程是一个从无到有、从黑白到五彩、从分离到相融的过程。其中幼儿细细体验到游戏的快乐与合作的珍贵，轮换游戏使他们的绘画始终处于轻松的创作氛围中，随着轮换频率的增快，游戏性逐步增强，他们的情绪也逐渐到达热烈的巅峰。

活动结束后，我们就本次活动进行了探讨，产生了两个观点：有老师认为艺术创作应是属于每一个幼儿个体的，应该保留个体艺术创作的完整性，而不能用外在的形式打断幼儿创作的过程；也有老师认为艺术可以有放舍、接纳、合作的群体艺术创作方式，让别人在自己想象的基础上再造想象，使自己在别人的蓝本上再创作，体验到自己与他人共融共通的艺术创作。

面对以上两种观点，我自己也非常矛盾。一方面，我很高兴地感受到幼儿在这一轮换艺术创作活动中，乐于尝试、乐于创作的劲头；另一方面，我也心存疑惑，这种方式是否真的破坏了幼儿原本的艺术构想呢？如何评价一个活动的得失或价值呢？期待专家的指点。

吴新玲

# 评价活动的两条标准

亲爱的老师：

　　您好！

　　通过您的描述了解了您组织的活动，我觉得非常惊艳，也非常感动！谢谢您的敬业精神，这样的精神也给了我极大的鼓舞和激励。下面我也非常想和您一起来谈谈怎样评价一个活动的得失或价值。

## 第一标准：看幼儿发展的综合价值

　　从微观上讲，您的这个活动方式在心理治疗的体系中，属于一种特别增进参与者人际相互理解能力或共情能力的游戏治疗活动。在我们当今的幼儿园课程体系中，属于社会领域建设共同愿景、增进人际亲密关系的活动。在《3—6岁幼儿学习与发展指南》（以下简称《指南》）的精神中，属于发展合作学习意识和能力的活动。在认知心理学的创造性思维能力训练游戏课程体系中，被称为"头脑风暴"活动。从这些来自其他领域的教育观念和技术的同时展示中，我们不难看出，您设计的这种活动方式已经被广泛认可和使用，以作为一种能够有效促进人的态度和能力发展的教育活动。

　　从宏观上讲，所有的教育活动，无论它是哪个或主要是属于哪个具体领域的活动，都应该首先是通过该领域的活动促进幼儿全面发展的活动。具体到您的这个活动，就是通过视觉艺术中绘画这种实践方式，对幼儿进行全面、健康发展教育的一次活动。

　　您说的有些老师认为的那种"艺术创作应是属于每一个幼儿个体的，应该保留个体艺术创作的完整性，而不能用外在的形式打断幼儿创作的过程"的意见，其实还是有许多空间可以再深入讨论的。

首先，从这句话本身来说，的确有一定的道理：如果所有的视觉艺术活动、所有的绘画活动统统都这样做，幼儿就真的无法享受到个体独创完整艺术的快乐了。但是，您一定不会在每次的绘画活动中都用这种方式来做的！

其次，把这句话作为普遍真理来说的时候，又出现了另外的问题：在中国古代，书画家或是文人之间最经常的一种合作方式就是，为书法作品添加绘画，或为绘画作品添加书法，甚至还会添加雕刻出的印章。这些被文化名人甚至帝王将相添加过的具有整体和谐美感的合作作品，日后会被收藏家评价为极其珍贵的藏品。现代社会中，作为社会公益活动，许多著名画家、书法家、雕塑家、舞台设计艺术家、城市景观艺术家、大型室内装潢艺术家的联合创作和团队合作创作，不也是无法保留"个体艺术创作的完整性"了吗？那专业人士为什么还要这样做呢？而且，这些独立的成人艺术家应该是自愿这样合作的吧！那么，他们为什么要这样做，这样做的个人价值又是什么呢？

最后，各种不同教育价值的活动方式，只要比例得当，自然一定能够获得营养既丰富又均衡的发展促进效果。即便是纯粹个人、纯粹美术的活动，就像是西红柿炒鸡蛋，尽管其有很高的营养价值，我们也不能从周一到周五天天吃西红柿炒鸡蛋一种菜吧！

因此，我们在讨论一个教学活动的得失的时候，对完全绝对的幼儿中心主义、完全绝对的幼儿个人中心主义、完全纯粹的幼儿单领域学习中心主义，都是需要警惕的！我们既不应该在一个活动中无机地拼凑许多甚至相互干扰的不同领域的学习内容，也不应该盲目反对在一个活动中有机整合一些能够相互迁移、相互支持的不同领域的学习内容。

## 第二标准：看幼儿在活动中的外显反应

下面我们再来谈谈具体一次集体教育活动的评价标准。任何情况下，唯一通用的评价标准应该是：好不好，看幼儿！看幼儿，看什么呢？

首先，可以看幼儿在活动中的"身体状态"是否"显示投入"。身体状态又包含体态和表情。我通常喜欢让学生观察幼儿上课时候的坐姿：如果幼儿自然，没有将椅子面完全坐满，上身前倾，眼睛直视任务中心方向，表示他们在用心了解希望知道的信息；椅子面被坐得越满，上身越往椅背方向靠，表示用心的程度越低；如果上身侧过去，用肩部对着任务中心，表示他们已经倾向于离开任务中心，但对自己的违规行为可能造成的不良后果还有一点顾忌；如果上身反过去，用背部对着任务中心，则表示他们已经忍无可忍，而且已经到了无所顾忌地背离任务中心的地步了。

当今，许多年轻教师喜欢使用的评价标准是：只要幼儿高兴就好！但这个命题是经不起仔细推敲的。

我曾经作为一名中年学者前往美国学习教育，在当年各种"向往自由的人们"登陆的地方看到立有一块大石，上面所写文字的意思大约是：任何人自由的前提是不妨碍他人的自由。我作为培训教师和一线幼儿教师讨论新教育观念和行为的时候，中老年教师问："幼儿都自由了，还要我们教师干什么？""幼儿破坏公物，做对自己和他人来说有危险的事情，上课干别的事情还干扰别人……，只要他们高兴，我们也不管吗？"这是第一个问题，即幼儿似乎很热衷投入的事情并不一定都是有正向价值的。

还有第二个问题。其实，有经验的教师都知道，幼儿的所谓"投入行为"就是：不管活动是否由教师或幼儿发起，一旦幼儿认定任务并开始进入特定活动后，他们会自然进入利用各种手段努力围绕任务进行活动的状态。而且，当幼儿真正投入的时候，教师根本不需要采用诸如命令、说服、劝导、批评、表扬等外在手段，来重新调动兴趣、集中注意力、消除非任务行为。

当然，幼儿的"投入行为"会因为活动任务的性质、活动的方式和幼儿的个人特质不同而不同，因此，并不一定简单表现为"高兴"。有时候，幼儿会因为新发现、新进步、新创造而兴高采烈；有时候，幼儿会因为思维、想象或动作操作的流畅而悠然自得；有时候，幼儿会因为发现问题、疑问或困难凝眉沉思；有时候，幼儿会因为需要寻求解决问题的启示而抓耳挠腮、东张西望；有时候，幼儿会因为困难阻力挑战比较大，一时尽力又不得解决而苦恼、焦虑、悲伤甚至愤怒。无论怎样，只要是幼儿自主选择、认可的围绕任务的行为，我们都应该肯定是"投入行为"。

"投入行为"还有另外一个可见行为指标，即当幼儿正在进行的行动受到干扰或阻断的时候，幼儿会做出带有负面情绪色彩的行为反应。而且有的时候幼儿越小，这种负面情绪色彩的行为反应越强烈。

其次，可以看幼儿"投入活动"的"持续时间"。幼儿"投入活动持续时间"的长短，是第二种可观察到的重要指标。当活动本身具有可持续发展幼儿心智的内在机制时，幼儿便可能更长时间地投入其中。

有经验的教师经常焦虑两种幼儿个人的、在区角自由游戏活动中的非理想表现：一种是沉溺于某一种或少数区角活动，而基本上会拒绝去尝试其他活动；另一种是所谓的对什么活动也"没有常性"，成天无所事事地在各个区角之间游荡。如果把没有"常性"作为一个民间的常识性的指标，即从外部观察的结果来看，投入的时间越长，证明对其投入的活动越有兴趣，说明该活动能够给其持续带来需要被满足的享受；投入的时间越短，证明对其投入的活动越没有兴趣，说明该活动不能够给其持续带来需要被满足的享受。心理学告诉我们，人的本质特点是"趋利避害的"，因此，如果一个活动不能够吸引特定的人持续投入，就说明该活动不能够给这个人带来期望的快乐体验。

当然，请特别注意：我们是从另外一个方向入手，从另外一面来证明"投入时间"可以作为"活动好不好，需要看幼儿"这一指标的合理性的，并没有论及这两种幼儿自身问题的性质。当教师能够恰当地改变这些区角的某些材料、环境和活动的设计投放方式，并提供适宜的额外引导或支持，使得最终上述两种幼儿都能够朝着理想方向发展的时候，我们就又可以证明：好的活动的确可以有效延长幼儿投入活动的时间。

最后，可以看幼儿"投入活动"后的"产出"。这些幼儿的产出，是第三种可见的好活动评价指标。幼儿只要投入活动，就一定会有产出的。但平常我们并不能够观察到所有的产出。因为比如思维、想象的产出，思维或想象过程本身的产出，伴随这些产出的部分内隐情绪的产出，就经常不容易被觉察到。

为了能够获得这些"产出"，以了解我们为幼儿提供的活动的有效性，教师往往可以采取将内隐产出物化外显的方法。如通过创设交流分享的情境，让幼儿能够把自己的想法直接用语言说出来，或提供其他表征方式，如唱歌、跳舞、绘画等，鼓励幼儿把自己的想法表达出来。

当然，有一些具体的操作活动，如数学、科学、种植养殖、体育运动、社会或自我服务活动等，自然都会有可见的产出结果。

产出的结果可以从无结果—完全非任务要求的结果—不太完美的任务结果—比较完美的任务结果—相当完美的任务结果—非常完美的任务结果，依次排出不同等级；还可以从任务过程（态度的积极水平和方法的有效水平等）、任务过程或结果的数量、创意水平、公众认可水平等不同方面来进行分类评价。当然，在幼儿教育的情境中，更不应该忘记评价时必须考量：具体幼儿个体、具体幼儿群体与自身前期同类评价结果比较之后，所得出的进步程度。而且我们必须了解：有无进步及进步的程度，幼儿本身也是有一定了解的！也正是因为他们能够了解到自己正在进步，才可能会产出积极的情绪或态度。

南京师范大学　许卓娅

# 01

## ✉ 这样的评价方式适宜吗?

老师:

您好!我有一个困惑需要得到您的帮助。

我是一名小班老师,每次迎接新入园的幼儿后,为了帮助他们尽快养成良好的一日生活习惯,我会创设评价的环境,来激励幼儿积极主动地按小班一日生活常规来做。如"香香宝贝"栏目,有洗澡、刷牙、剪指甲、洗手、洗脚等评价项目,晨间来园时老师闻一闻、看一看、摸一摸,为幼儿贴上小红花、五角星、贴画、水果图案等。对没剪指甲的幼儿,老师会告诉他晚上一定想着让大人给剪了,明天早上就可以贴上贴画。活动间隙,幼儿会在这里互相沟通"我洗澡了""我每天刷牙""我每天洗脚",在家也会主动洗澡等。幼儿在这些激励下形成了良好的卫生习惯。又如喝水的评价环境,每个幼儿自己喝水的照片旁边有一个漂亮的口袋,喝了几杯水就在口袋里插几朵漂亮的花,幼儿时时数着自己的花朵,与同伴交流自己喝了几杯水。晚上老师与幼儿共同看一看、数一数每个人一天喝了几杯水,谁的饮水量达到了老师的要求就在谁的衣服上贴上贴画奖励他。这个环境评价保证了幼儿每天能主动喝水,特别是能提示不爱喝水的幼儿要喝水,因为只有喝水才能插上花朵。在多年的工作实践中,我一直就是以评价为手段,逐步在各方面引导、支持幼儿主动发展。并且在我的观察中,这种方式的效果特别好,也适合3—4岁幼儿的心理需要。

可最近在我园的一级一类验收工作中,有些专家对此提出了异议。

我感到很困惑。在我的一日评价中，对于没能得到奖励的幼儿，我并没有用伤害幼儿自尊的话语进行教育，我都是说"宝贝，你回家想着剪指甲，老师明天早上看一看，只要你剪了，老师就会给你贴上小红花"，或者"你回家想着洗澡，老师明天早上闻一闻，如果香香的，就会为你贴上小红花"。幼儿并没有感到自尊心受到了伤害，而是点点头，晚上主动地请妈妈帮忙做好。家长也很支持这项工作，家长反映，幼儿为了能贴上小红花等，回家也很主动地刷牙、洗脸、剪指甲，洗澡也不哭了。家长是认可这一评价环境的，许多家长也是每天必看的。

这样的评价环境在许多幼儿园都存在，许多老师都认为这对于幼儿的习惯培养有支持作用。我不知道这样的环境对幼儿发展是不是有什么不适合的地方，或者说应该怎么改进才能更好地支持、引导幼儿主动发展。恳请专家就这一话题进行有针对性的指导，这对于引导我们一线教师更好地做好幼儿一日评价工作会有很大的帮助。

郭凤芝

# 教育要关注幼儿的内在需求和内心感受

亲爱的老师:

您好! 谢谢您提出的问题。

幼儿园教育中的评价和环境创设是幼儿园教育工作的重要组成部分, 是提高幼儿园保教质量的必要手段。《纲要》指出, 教育评价是幼儿园教育工作的重要组成部分 ( 主要包括对教师教育工作的评价和对幼儿发展状况的评价两个方面 ), 是了解教育的适宜性、有效性, 调整和改进工作, 促进每一个幼儿发展, 提高教育质量的必要手段。环境是重要的教育资源, 教师应注意通过环境的创设和利用有效地促进幼儿的发展。

您在案例中的"评价环境"的提法和做法, 将幼儿园评价工作中对幼儿的评价和环境创设结合起来, 将幼儿在洗澡、刷牙、剪指甲、洗手、洗脚等方面的评价项目布置成评价性的墙饰栏目"香香宝贝", 将教师对幼儿的评价结果展示在栏目中, 以激发和激励幼儿在这些生活卫生习惯方面的良好行为。这种做法的初衷是积极的, 但对在小班实行这种做法提出的异议和质疑也是有道理的, 因为, 我们需要更多地关注幼儿的年龄特点、幼儿在不同时期的心理需求和适宜的评价方式。

## 小班幼儿更需要宽松与自由、关爱与温暖

幼儿的内在需求是幼儿学习的动力和前提, 尊重小班初入园幼儿的内心感受和需求, 是帮助他们逐渐克服分离焦虑、尽快适应幼儿园生活的重要条件。

### 让小班的幼儿感到温暖与接纳

入园是人生独立的第一步, 新入园的幼儿刚刚离开家来到幼儿园, 陌生

的人、陌生的环境和生活方式使幼儿的心里充满焦虑和矛盾,他们期望得到的是一种接近于家庭的宽松与自由、关爱与温暖,他们期望得到老师像父母一样的包容与接纳,而非一个个对于他们来说显得有些严格的要求,或让幼儿感到明显压力的,带有评比性质的检查与评价。作为教师,要敏锐地觉察和细心地体悟幼儿的生活需求和情感需要,用充满温暖与关爱的物质环境与人际氛围,用生动形象而又富有趣味性的活动,帮助幼儿适应幼儿园的生活和学习。因此,尽管"养成良好的一日生活习惯""按一日生活常规来做"是幼儿园教育对幼儿的要求,但这样的要求并不符合小班初入园幼儿的心理需求和感受。这些要求应在幼儿完成入园适应后,在幼儿园的三年生活中逐步提出,逐步建立。

以"剪指甲"为例,对于小班幼儿来说,如果将其列为评价标准并以墙饰栏的方式将结果公之于众,被检查出没剪指甲的幼儿会很难为情,家长也会很没有面子。比较适宜的做法是把幼儿拥在怀里,亲切而温暖地帮幼儿把指甲剪好,边剪边给幼儿讲一讲指甲长了细菌会藏在里面,吃进肚子里会得病。并提醒幼儿下次请妈妈帮忙剪,小朋友太多老师忙不过来。而不是剪了指甲的幼儿成为"香香宝贝",没剪指甲的幼儿就不是"香香宝贝"。

### 有些要求提给家长而不是直接提给幼儿

在文中提到的各种习惯和常规中,让初入园的幼儿喝够水是最重要的。因为幼儿正经历从家庭生活到幼儿园生活的转变,分离焦虑往往让他们身体上火,多喝水、喝够水对他们的身体健康特别重要。而其他的要求,如洗澡、剪指甲、洗脸等,可以先提给家长,请家长在家里关心幼儿的习惯养成,通过榜样带动、关心爱护,甚至是带有一定游戏性质的方式而不是外在强行要求的方式,逐渐帮助幼儿建立良好的生活卫生习惯。

幼儿教育不等于幼儿园教育,幼儿教育需要家庭和幼儿园、家长和教师的共同配合。一些幼儿在家里要做的事情,如洗澡、刷牙、洗手等,在教育幼儿养成这些良好卫生习惯的同时,可以直接给家长提要求,并请家长为幼儿树立良好的榜样。对于有些明显没有做到的幼儿,教师采取与幼儿、与幼儿家长个别交流与提醒的方式更加适宜。

在幼儿园中应结合幼儿在园的一日生活活动，教师关注并促进幼儿习惯的逐步建立和养成。如饭前洗手、饭后漱口可以作为某一阶段的要求和工作重点，通过各种符合幼儿年龄特点的方式，促进幼儿习惯的建立和养成。

### 为幼儿创设温暖、有趣的物质环境

案例中您是想为幼儿创设有价值的墙饰环境。对初入园的幼儿来说，教师要用丰富的色彩、生动可爱的形象布置墙面，还可以挂一些好看的小挂饰，使幼儿一看就感到新鲜、喜欢。此时，活动区要以娃娃家、动物园、积木区等小班幼儿喜欢的活动和材料为主，娃娃家可以根据需要开设2—3个，以满足幼儿的情感和活动需要。"家"是最具有安全感和令人放松的地方，尤其对于初入园的幼儿来说更是如此。教师需要在娃娃家中投放布娃娃、海绵靠垫和大棉垫，营造柔软、温暖的"家"一样的环境，并通过给娃娃穿脱和装饰衣服、给娃娃做饭和照料娃娃等家居味十足的游戏活动，让幼儿感到放松和亲切。

此外，教师还可以选用动感强、节奏欢快活泼的乐曲和歌曲，在身体律动和音乐韵律中缓解幼儿紧张与焦虑的情绪，使他们感受到幼儿园生活与学习的快乐。

## 适宜的评价方式应慎用公开的横向比较

从幼儿的发展来看，幼儿习惯的养成是一个不断积累的渐进的过程。因此从教育的角度来说，对幼儿习惯的养成和遵守常规的要求也应该是一个逐渐实现的过程，在不同的时期、不同的阶段有重点地提出要求，而不是希望幼儿同时达到所有的要求。《纲要》明确提出，要承认和关注幼儿的个体差异，避免用划一的标准评价不同的幼儿，在幼儿面前要慎用横向的比较。

### 幼儿的发展具有明显的个体差异性

就刚入园的小班幼儿来说，由于家庭生活环境不同，他们有着不同的原有经验和不同的学习与发展起点；他们的学习和发展速度也不尽相同，有的快，有的慢；他们最终达到的水平也存在着高低不同的差异。因此，教师的教育工作、所采取的评价方式要避免整齐划一的标准，要认识、接纳和尊重幼儿的个体差异。对于有些幼儿，教师需要放慢培养的速度，降低常规要求，而不应该对所有刚入园的小班幼儿统一要求。

## 评比性手段不适合小班幼儿

将幼儿的生活卫生习惯做成公告栏式的"香香宝贝"，这种形式本身就具有很强的评比性质。"香香宝贝"栏目设有的洗澡、刷牙、剪指甲、洗手等评价项目，是通过教师的检查评定，对幼儿进行是否符合"香香宝贝"的一种是非判断，并对符合条件者给予小红花等类似的奖励。这种评价方式一般在幼儿有了竞争意识的年龄使用效果更好，为了获胜幼儿会积极努力地学习。小班幼儿往往不具有竞争意识或竞争意识不强，这种方式可能只对部分幼儿有效，使幼儿产生的行为转变往往来自家长"不愿意落后"的动机和对幼儿的外在要求。评比作为评价的手段之一，更适合于较大的幼儿。

小班幼儿更适合于使用个别化的发展性评价，为每个幼儿建立一个成长档案，不断记录幼儿的发展与进步。《纲要》明确指出，对幼儿发展状况进行评价的目的是了解幼儿发展的需要，以便提供更适宜的指导和帮助。教师要以发展的眼光看待幼儿，既要看到幼儿当前的发展水平，又要关注到幼儿的发展过程，看到幼儿在原有基础上的不断进步。因此，教师要尽量避免将幼儿的发展情况公之于众，只需要教师为幼儿建立发展档案，做到对幼儿的发展状况心里有数，不断为幼儿的发展提供支持和帮助。

## 让幼儿懂得行为的意义比给予物质奖励更有价值

通过物质奖励强化幼儿的正确行为，只是促进幼儿良好习惯养成的一种外在形式或方法，而让幼儿了解和懂得行为的意义和价值，才能够真正使幼儿的良好行为得以内化、自觉维持和长久保持。案例中说道："家长反映，幼儿为了能贴上小红花等，回家也主动地刷牙、洗脸、剪指甲，洗澡也不哭了。"可见，幼儿行为的目的已经成为"贴上小红花"，而不知其是为了对健康有益。在适当的时机，结合具体的情境，给幼儿讲一讲养成刷牙、洗脸、洗脚、剪指甲、洗澡等习惯的好处和道理，幼儿基本是能够理解的。成人还可以为幼儿选择一些与养成良好生活卫生习惯有关的经典图画书，和幼儿一起阅读和讨论这些生动有趣的图画书，既能帮助幼儿了解讲卫生、养成良好生活卫生习惯的好处，又能丰富幼儿的语言，使其体会和享受阅读的乐趣。

总之，对初入园的幼儿来说，为幼儿创设温暖、接纳的物质环境和精神氛围，比要求他们尽快养成习惯更重要；个别化的非公开的过程性评价比公开的结果性评比更适宜。幼儿生活卫生习惯的养成需要家庭和幼儿园的共同努力，成人关爱的态度与方式、成人的榜样示范与引导带动作用更为重要。愿每一个教师和家长都能关注和体察初入园幼儿的内在需求与情感需要，帮助幼儿顺利迈好人生独立的第一步。

中国教育科学研究院　刘占兰

# 08

 如何对幼儿进行评价？

老师：

您好！

作为有着多年工作经验的老师，我深深地感受到评价在教师教学和日常活动中的重要性。观察幼儿，结合幼儿的行为表现对幼儿发展情况做一个清晰的判断，这将帮助老师以合理的期待去看待幼儿的发展，给予幼儿适宜适时的指导和协助。

但如何去评价幼儿？不同的教学活动要运用什么样的评价标准去评价幼儿？用什么样的方法去评价幼儿？带着这些思考，我在上学期尝试借鉴了作品取样系统，对幼儿初入园的情况以及幼儿参与区域活动的情况的评价做了一些探讨。

由于我带的是小班幼儿，他们都是没有任何入园经验的幼儿，因此入园初，在最短时间内了解幼儿的发展情况是我设计表1（附后）的初衷，我的设计核心集中在对幼儿生活能力的评价上。

在运用了这个表格之后，我对班上的幼儿有了最初的印象和判断。伴随幼儿渐渐熟悉幼儿园生活，他们在区域活动中也能够自主选择材料进行操作。为了更好地了解幼儿的个体发展水平，我又设计了表2（附后），更多地将关注重点集中在对幼儿的学习风格和学习能力的评价上。

借助这两个表格，我对幼儿的发展情况有了一定的了解，但对于幼儿某一个领域的发展状态可能缺乏更具体的检核标准。比如，针对语言区域，我要如何将语言表现的关键经验融合到我的观察表里？这样的观察记录表是否科学？在做这些设计时我们要遵循的原则和方法是什么？

滕瑾

附：

### 表1　小班幼儿入园初情况观察记录表

| 姓名 | 情绪 | 自理能力 | 交往 | 运动能力 | 认知 | 语言能力 |
|---|---|---|---|---|---|---|
| | 1.入园情绪如何<br>2.午睡时情绪如何<br>3.注意力是否容易转移<br>4.能否用语言表达自己的意见<br>5.什么情况下情绪会平稳 | 1.能否自己换鞋<br>2.能否自己脱衣服、袜子<br>3.能否自己穿衣服、袜子<br>4.能否自己如厕、洗手<br>5.能否自己拿住杯子接水<br>6.是否会用勺子<br>7.能否自己吃饭 | 1.能否与成人交流<br>2.能否找到朋友<br>3.当遇到困难时能否请求帮助<br>4.如何去认识朋友 | 1.能否自如下台阶、走楼梯<br>2.走、跑、跳的能力如何<br>3.能否上滑梯、滑滑梯<br>4.是否会躲避人<br>5.是否会手脚着地爬 | 1.是否认识自己的名字<br>2.能否记住自己的班级和老师<br>3.能否跟随教师的活动<br>4.能否记住儿歌或歌曲 | 1.能否说出自己的名字和年龄<br>2.能否说出自己要大小便<br>3.是否爱听、爱看图书<br>4.能否重复教师简单的要求<br>5.能否说出故事的主要内容<br>6.能否说出完整的句子<br>7.能否用第一人称说话 |

### 表2　幼儿区域活动情况观察评价表

| 姓名 | 时间 | 区域 | 材料 | 活动水平分析 | | | 学习风格 | 学习态度 | 专注力 |
|---|---|---|---|---|---|---|---|---|---|
| | | | | 很好 | 一般 | 需指导 | 独立（　）<br>边做边说（　）<br>需老师带领（　） | 主动（　）<br>教师引导（　） | 集中（　）<br>易被打扰（　）<br>打扰后表现（　） |

# 关于幼儿园教师作为评价主体的评价

亲爱的老师：

　　您好！

　　感谢您用心实践后提出的问题。在回答您所提出的问题之前，我想结合这一案例，先谈几点关于幼儿园教育评价，尤其是幼儿学习与发展评价的看法。

## 关于幼儿学习与发展评价的几点看法

　　第一，当我们讨论幼儿园教育评价时，总会涉及为什么要评价（评价目的）、谁评价（评价主体）、评价什么（评价内容）、根据什么评价（评价标准）、如何收集评价证据（评价方法）等几个基本问题。《纲要》的第四部分"教育评价"，对这几个基本问题都有所回答、阐述，建议老师们能够读一读、议一议、做一做。

　　在本案例中，是幼儿园教师作为评价主体，这与行政、专家对幼儿园教育质量的评价有所不同，与幼儿、家长作为主体的评价也有所不同。这样的评价，目的是了解教育的适宜性、有效性，调整和改进工作，促进每一个幼儿发展，幼儿教师应该明确评价的目的是了解幼儿的发展需要，以便提供更加适宜的帮助和指导，而不是判断这个幼儿好不好、老师好不好。作为一个新入园幼儿的老师，您一直在关注本班幼儿的学习与发展，从一开始对幼儿生活能力、适应班级的关注，到后来在区域活动中关注幼儿的发展水平，再到后来关注幼儿某一领域的发展状况。作为幼儿教师，还可以评价班级的环境、教育活动的有效性等，但幼儿的学习与发展评价，是其他评价的基础和核心。幼儿的学习与发展，是幼儿园教育工作的出发点和归宿。

　　第二，我们是在何种意义上使用评价一词的？在本案例中，我们可以看到，在实践中，老师有时会混用"评价""观察""了解""解读"这样一些词语。提到"评价"一词，人们通常会想到"判断"，判断出一个幼儿的"好"与"坏"，想到评价过程中的各种标准、工具以及非常严格的程序。实际上，幼儿教师作为评价主体的对幼儿学习与发展的评价，更多的是对幼儿的观察、了解、解读。

第三，区分幼儿园教师对幼儿的观察与研究者对幼儿的观察。事实上，在观察目的和具体操作上，幼儿教师的观察和研究者的观察是有所不同的。尤其是当一个幼儿教师在当班时，必须对全班幼儿的安全负责，对所有幼儿的学习与发展负责，因此不可能像研究者一样，在相当长的一个时间段里，只对某一个幼儿进行观察，也不太可能手持观察工具、完全根据观察工具对幼儿进行"时间取样""事件取样"似的观察。当然，一个教师如果经受过观察研究方法的较为严格、正规的训练，肯定会对日常生活中的观察有帮助，教师应该使自己的观察更加科学、更加准确，但注意这种区别，会更有利于我们做好观察工作。

第四，幼儿教师对幼儿的学习与发展观察需要单列一个时间来进行吗？不少幼儿园园长、教师都对要求"观察幼儿"有一定的抵触，一方面是觉得像研究者那样的观察不太现实，另一方面也是对工作量、工作负担的担忧。有老师说："我们的工作量已经比较大了，还要去观察、记录，我们的本职工作还做不做？"显然这是将对幼儿的观察了解与教育教学工作截然分开的。《纲要》指出，对幼儿的学习与发展评价，应该在日常活动与教育教学过程中采用自然的方法进行，平时观察所获得的具有典型意义的幼儿行为表现和所积累的各种作品等，是评价的重要依据。除此之外，对幼儿的评价、观察了解，本身就可以是幼儿园教育教学工作的一个组成部分。

第五，观察与记录的关系。不少幼儿教师害怕观察，怕的不是观察本身，而是对观察的记录，"你让我做可以，不要让我写"。确实，我们所交流的优秀的观察案例，绝大多数都是基于非常细致、专业的记录的。问题是，幼儿教师的观察，是否一定需要记录？显然，一个幼儿教师的绝大多数的观察，都没有被记录下来，但这并不意味着这个教师的观察无效、低效。记录下观察有很多好处，比如，便于交流、反思等，但过于强调记录，则可能会影响幼儿教师的日常工作。此外，记录也有多种形式，既有现场记录，也有事后补记；既可以笔录，也可以录音录像然后转录；既可以详细记录，也可以概略性记录；既可以用文字，也可以用图表、照片；等等。观察也好，记录也罢，都是我们了解幼儿的工具、途径，切不可过于强调形式而忽略了其目的。

## 关于以教师为主体的评价的几点建议

在这样的背景下，我们再来讨论您所做的这些探索和所提出的问题。您的问题中，一个核心问题是"观察评价表"。作为一个幼儿教师，对幼儿的观察会有一定的目的性、计划性，心中应有对幼儿学习与发展的框架，否则会出现"视而不见"的情况。能够有好的观察工具帮助自己进行观察当然会非常好，但正如前面所提到的，作为幼儿教师的观察，与研究者的观察有所不同的是，我们决不能满足于获得了一些观察数据，不能满足于对幼儿学习与发展水平的简单判断。为此，我们提出如下几点建议。

第一，将更多的精力集中到观察要点上，而非像幼儿心理学研究一样强调观察表格的完整性、科学性。观察要点，不是对某一个概念做逻辑上的划分，而是在充分思考我们所要观察的内容项目之上，对幼儿学习与发展的认识与掌握。在确定观察要点上，我们可充分参考《指南》。比如，《指南》强调要重视幼儿学习品质，并指出学习品质是幼儿在活动过程中表现出的积极态度和良好行为倾向，是终身学习与发展所必需的宝贵品质，并具体指出学习品质包括好奇心和学习兴趣、积极主动、认真专注、不怕困难、敢于探究和尝试、乐于想象和创造等。这些关于学习品质的描述，对于幼儿教师观察、了解幼儿，是非常有帮助的。

第二，要注意个体差异。当我们观察了解幼儿时，不能满足于设计一个表格，得出几点结论。事实上，幼儿之间的个体差异非常大，当我们观察幼儿时，要能看出这样一些差异，看到这个幼儿与那个幼儿的不同。正如《指南》所指出的，每个幼儿都有自己的速度和方式，而且这种速度和方式的差异，并不一定反映了水平的高低。比如，有研究指出，2岁幼儿平均每小时可以说出338句可理解的话，其差异范围是42—672，平均每小时用了134个词汇，差异范围是18—286。2岁时每小时说出42句的幼儿，其最终的语言发展水平不一定就比说出672句的差。发展水平当然有高低之分，但也有风格、类型之别。比如，有的幼儿是先慢后快，有的是先快后慢，但最终二者的水平可能基本相当。因此，当我们在观察时，要意识到幼儿之间存在这种差异，我们的观察内容、方法要能反映出这样的差异。

第三，在观察幼儿时，除了观察幼儿的"是"与"否"之外，更应关注幼儿"是""否"背后的东西。比如，我们除了关注刚入园幼儿"注意力是否容易转移""能否用语言表达自己的意见"之外，更应看到一个幼儿的注意力在什么情况下能够转移、什么情况下不容易转移，看到幼儿的兴趣、需要、性格、风格。皮亚杰说过，当我们问幼儿问题时，不能只关注幼儿答案的对与错，事实上，幼儿为什么对和为什么错，对于我们了解幼儿是更有意义和价值的。我们在观察幼儿的过程中，更应该看到幼儿学习与发展的规律和特点，看到他们的学习方式和活动风格。

第四，当观察了解幼儿时，不能只看幼儿的发展现状，还要看到如何支持幼儿、成就幼儿。幼儿教师对幼儿的观察不同于心理学研究者的观察，后者通常止于得出幼儿的发展水平、发展特点，而前者必须促进幼儿在原有水平上的发展。比如，通过观察我们发现一些新入园幼儿较难适应幼儿园生活，这些幼儿有一个共同的特点，就是都不太会玩。其他幼儿哭一会儿，会开始慢慢玩玩具、与别的小伙伴玩，而这些幼儿不会。老师在发现这样的现象的同时，还要观察找到让这些幼儿"玩起来"的办法。我们的观察不能只停留在"发现问题"，还要"解决问题"。

《纲要》指出，承认和关注幼儿的个体差异，避免用划一的标准评价不同的幼儿，在幼儿面前慎用横向的比较。《指南》指出，幼儿园教师和家长应了解3—6岁幼儿学习与发展的基本规律和特点，建立对幼儿发展的合理期望，实施科学的保育和教育，让幼儿度过快乐而有意义的童年。作为幼儿学习与发展中的重要他人，我们所做的一切，包括我们所谓的"评价"工作，都应为着幼儿，向着幼儿，有儿童视角。

四川师范大学　鄢超云

# 让幼儿体验到最充分的行为自主性

　　游戏是幼儿对已有经验的反映活动，幼儿的游戏水平和在游戏中的创造性，很大程度上取决于他们有多少自由表现的机会。教师对幼儿游戏的支持力度，就体现为能否为幼儿创设一个宽松自由的游戏环境，让幼儿体验到最充分的自主性。

——华爱华

# 09

 **怎样做才能既把游戏的自主权还给幼儿，又避免游戏中的混乱呢？**

老师：

　　您好！

　　升入大班后，我们班在开展角色游戏前增添了"插牌"这一环节，即把幼儿的名字插到他想玩的角色中。插牌的形式体现了幼儿的自主性，它能够让幼儿充分自选游戏角色，尊重幼儿的选择权。同时，插牌也能够帮助幼儿更好地明确自己的角色，更好地融入角色游戏中。可是在插牌的背后却经常出现一些问题。下面举两个例子。

　　有一次，当角色游戏的音乐响起时，幼儿迅速忙碌起来，这时从娃娃家传来了吵闹声。我闻声寻去，发现程程和杰杰正争得面红耳赤。程程手中还拿着杰杰的游戏牌子，见到我，急急忙忙地对我说："吴老师，吴老师，他不是娃娃家的爸爸，我，我才是娃娃家的爸爸。"杰杰一脸无辜地说："我才是娃娃家的爸爸，牌子我刚刚插好。"两个人都争着要把自己的牌子插入爸爸角色的空位中。我看到了连忙制止："小朋友之间应该互相谦让，怎么能因为没有玩到自己喜欢的游戏而争吵呢？你们两个都没有学会谦让。"程程和杰杰听了我的话，停止了争吵。随后，我又问道："刚才老师请你们插游戏牌的时候，是谁的牌子在里面？"杰杰马上说："我看到那个位置是空的，所以我就插好了。"程程不服气地说："可是我早就插进去了，我的牌子被扔在了地上，肯定是你扔的。"经过了解我知道了事情的原委，原来程程先选了爸爸的角色并插好了游戏牌子，可是不知道是谁把他的牌子拿出来扔在了地上，随后杰杰就去选择了爸爸的角色，导致了两人的争执。我不能确定拿走程程牌子的小朋友就是杰杰，我请他们先讨论一下，如果出现了矛盾应该怎么解决，他们一致同意争吵是不能解决问题的。那么办呢？他们两人不知道如何是好。我提出了一个建议："大家可以选择轮流玩的办法，今天老师破例同意你们两人一起做娃娃家的爸爸。既然一个娃娃家中出现了两个爸爸，那应该怎么办？"程程说："就要分工合作，我来负责烧饭、打扫。"杰杰说："我来负责送娃娃去幼儿园，带娃娃去超市、吃点心。"杰杰说："如果娃娃生病了还要去看病。"我赞许地点点头。

还有一次，游戏紧锣密鼓地开展着，所有的幼儿都各就各位地忙碌着。突然，从点心店传来了阵阵争吵声。我连忙跑了过去，只见乐乐和月月在争抢厨师帽。月月说："我是点心师，我已经插到牌子了。"乐乐说："我才是点心师，你去看一下插牌，明明是我的牌子在里面。"我和乐乐、月月一起去看了一下插牌，是月月当点心师。我对乐乐说："你看，是月月插了牌子，应该让她当点心师。"月月高兴地拿着厨师帽走了。当我正在为自己解决了一个问题高兴时，传来了乐乐的哭声，她边哭边委屈地说："老师，刚才我的牌子明明是插在了点心店，我也不知道它怎么会到了小舞台里。"我突然意识到，可能是自己错怪了乐乐。那么到底是怎么回事呢？在游戏评价时，我把这个问题抛给了幼儿。铭铭说："肯定是有人把插牌调换了位置。"在我的引导下，终于，月月难为情地说："老师，是我换的插牌。"到这里，虽然事情已经水落石出了，可我仍然为自己错怪乐乐而内疚。

娃娃家、点心店等是几乎每个幼儿都喜欢的区角游戏，由于空间的限制，不可能每个想当爸爸、妈妈或点心师的幼儿都能如愿以偿，这样就导致了幼儿的争抢。虽然我们设置了游戏角色提前选定的方法——插牌，但是仍然有个别规则意识不强的幼儿争抢一个游戏角色，甚至调换插牌，这样的行为导致了游戏秩序的混乱，也就出现了情境中所描述的情况。这两个事件透过幼儿间的矛盾，折射出的是整个游戏安排存在着漏洞，这样的漏洞也导致了部分幼儿"有机可乘"。那么这个漏洞是否就是插牌导致的呢？怎么做才能既把游戏的自主权还给幼儿，又避免这样的情况发生呢？恳请专家给予指点和帮助，谢谢！

吴燕

# 游戏中的规则与幼儿游戏的自主性

亲爱的老师：

您好！

游戏的本质是自由意志的体现，即"玩什么""怎么玩""与谁一起玩"都由游戏者自己选择决定，这种自由让幼儿感到愉悦并产生自信。同时，游戏也是有规则的，幼儿游戏行为水平的体现之一，就是对规则的理解和执行。而游戏者对规则的态度本身也体现了自由意志，也就是说，游戏者对规则是能够理解的，知道规则是为了自己游戏的需要而产生的，对规则的遵守是有利于实现自己的游戏意愿的。当幼儿能够自觉执行游戏规则时，也说明幼儿的游戏行为从自发性走向了自主性。

您提及的案例涉及的正是游戏规则与幼儿游戏自主性的关系，下面我将从以下几个视角来和您探讨这个问题。

## 游戏规则与游戏中的日常行为规则

游戏规则是用以协调游戏者之间的行为的，它包括两种不同性质的规则。一种是游戏本身的规则，比如制定游戏中的规则，这是游戏得以开展并决定胜负的重要元素，如棋牌类规则游戏，就有出牌规则和走棋规则，这种规则需要所有游戏者在游戏前获得一致的认同，一旦游戏开始是不能改变的，所以规则具有共识性和外显性。而角色游戏中的规则，体现的是幼儿对角色行为的认知，如医生会做什么说什么，营业员有哪些行为职责，这类规则全在于游戏者的经验常识，起到促使装扮行为顺利进行的作用。每个幼儿的角色认知水平不同，游戏水平就不同，因此这类规则具有个体性和内隐性。另一种规则虽然也用于游戏过程中协调玩伴之间的行为，但它是属于游戏情境之外处理一般人际关系的日常行为规则，比如在分配角色扮演者、协商游戏材料的使用和构思游戏玩法时，涉及的规则有轮流、谦让、共享、按序、归位等。这一类规则常常用来处理角色纠纷、玩具纠纷，或者通过规则养成良好的行为习惯，这类规则也是适用于日常生活中各类活动的常规。本案例中的插牌就是一种角色分配中的按序规则，即谁先插到牌谁玩。

## 游戏中的规则与幼儿的游戏意愿

我们知道，规则是对行为的某种限定，这种限定所导致的行为结果有时会带来正面影响，有时也会带来负面影响，这里就涉及一个规则的合理性问题。比如排队，有时体现的是秩序带来的高效行为，有时可能就是一种无意义等待的低效行为。因此制定任何一条规则，一定要清楚制定这条规则的背景和目的是什么，再考虑规则可能产生的效应是什么。就幼儿的游戏而言，规则应当是用以支持幼儿实现游戏意愿的，因为游戏是幼儿自主的活动，但在许多教师创设的游戏环境中，幼儿游戏的自主性仍然有限。因为教师对幼儿在游戏中究竟有多大的自主权有不同理解，尤其是为了防止游戏中产生各类纠纷，或者避免游戏中出现混乱局面，常常会制定一些规则来限定幼儿的游戏行为。本案例中，您的出发点很好，希望通过插牌的形式体现幼儿的自主性，让幼儿充分自选游戏角色，尊重幼儿对角色的选择权，可没有想到的是，插牌却惹出许多不必要的麻烦。这不得不让我们反思这一规则的合理性了。

我们可以设问一下：规则是出于教师的管理，还是出于幼儿游戏的意愿？这是一个原则性的问题，否则游戏将不再具有游戏的意义。我们认为，检验游戏中的规则是否合理，就是看这条规则是限制还是帮助幼儿实现游戏意愿。那么，我们来看看，是谁需要这条游戏规则？是教师需要，还是幼儿需要？从表面上看，插牌是幼儿用来自行选择自己想要扮演的角色的，每个幼儿都可以按照自己的意愿选择角色。但实际上，插牌是有限的，当几个幼儿都想扮演同一个角色时，插牌限制了某些幼儿的意愿，只有捷足先登者才能如愿，这就大大限制了其他幼儿的游戏意愿，那些未能如愿的幼儿就会想方设法在牌子上大做文章。而且，插牌还会限制幼儿游戏行为的创造性。因为一方面，角色游戏是幼儿生活经验的反映，每个幼儿的生活经验不同，对生活事件的理解和体验不同，表现的游戏情节也会不同，因此游戏主题、游戏情节以及游戏中扮演的角色也是经常变化的。而这里的插牌先是规定了每个游戏主题的角色种类，这也就限定了游戏情节的大致范围，然后通过选择而固定了某个幼儿的角色身份，这也就限制了幼儿随着游戏情节的展开而灵活转换角色的机会。也就是说，幼儿没有机会生成一些新的游戏主题和新的角色。另一方面，角色游戏是一种合作性的游戏，大部分是对应性角色，如医生和病人、营业员和顾客，对应性角色之间形成一种互动性行为，这种合作互动行为只有在协商和了解角色关系的基础上才得以顺利展开。角色协商意味着玩伴的自由组合和玩伴之间的合作构思情节，而且到了大班，角色游戏的水平越高角色交往水平就越高，角色行为就越具有不同主题和区域之间的流动性。而插牌排斥了幼儿之间的角色协商，大家只对那块牌子负责，先下手为强，这就弱化了角色之间的融洽关系，不仅使玩伴之间容易产生纠纷，还会降低游戏的行为水平。

那么，是否一概否认插牌的价值呢？当然不是。在那些个别化的平行性活动的区域里，插牌或许能形成幼儿的规则意识。比如在美工区、阅读区、益智区、科学探索区等，用插牌、小脚印等形式来限定人数是可行的，可以告诉幼儿这里的空间和材料只能容纳几个小朋友。同时，这些区域里的活动相对独立，不需要进行跨主题跨区域的交往行为，且有些活动持续时间不长，个人可以随时开始随时结束，根据自己的需要随时进出区域进行轮换，暂且没有轮到的幼儿随时有可能发现空位而获得实现意愿的机会。这里的插牌可以起到明示与调节的作用，反复按此规则行动，幼儿就能养成根据先来后到进行活动的习惯。

## 幼儿的规则意识与规则认知

幼儿的规则意识和规则认知水平确实有一个发展的过程，按照皮亚杰的说法，就是"从规则他律走向规则自律"的过程，即从规则的外部强制性走向规则的内在自觉性，这是规则内化的过程。皮亚杰也特别指出，规则内化是在玩伴自由交往的过程中实现的。而总是在权威强制下执行规则的幼儿，一旦离开了权威就会违反规则，因为规则对于他们是被动的。而在自由交往中经常体验成功交往经验和失败交往教训的幼儿，能够自觉按照规则行事，因为规则的公正性常常使他们受益。所以，教师必须意识到，游戏中的"自由"虽然容易引起纠纷，但纠纷意味着幼儿之间产生了社会认知冲突，这恰恰是幼儿社会性发展的契机。解决纠纷的过程就是幼儿学习和体验规则的过程，他们会体验到不同的解决方法所产生的不同结果：有时争抢会两败俱伤，霸道会导致孤立，暂时得益会丧失其他；有时这里吃点小亏那里赢得更多，退让一步反而玩得更开心，给予别人也会获得别人的给予……。因此，自由交往中处理纠纷让幼儿学会了协商，知道什么时候需要让步，什么时候要保护自己，规则在其中起到积极的作用，因为规则不偏不倚地站在纠纷双方的中间位置上，让幼儿体验公正。

本案例中，尽管按照插牌确定角色是一种事先制定的规则，但由于这一规则是教师制定的，至少不是所有幼儿自己的需要，则具有一定的外部强制性。所以规则没有成为幼儿的自觉行为，一旦在权威视线之外，幼儿仍然会违反规则，体现了幼儿对规则的他律性。我们知道，角色游戏中幼儿争抢同一个角色是经常发生的角色纠纷，用插牌去限制还不如让幼儿体验互不相让的消极后果，或者体验协商的积极效应。我们或许会发现，互不相让的结果是，要么大家都玩不成，要么多个角色挤在一起不好玩，自然就会有幼儿自动退出。经常出现这种情况，幼儿就会通过协商自动调节，甚至会自己产生规则，这样才会让幼儿在社会性交往方面得到成长。

## 教师对游戏的支持与管理

游戏是幼儿对已有经验的反映活动，幼儿的游戏水平和在游戏中的创造性，很大程度上取决于他们有多少自由表现的机会。教师对幼儿游戏的支持力度，就体现为能否为幼儿创设一个宽松自由的游戏环境，让幼儿体验到最充分的行为自主性。但自由常常带来游戏中的混乱，带来各种游戏纠纷，这让很多教师不得不加强对游戏的管理，一方面用规则限制自由，另一方面以权威解决纠纷。最终教师满足于幼儿游戏的外在秩序：不发出过大响声，不随便走动，不跨区使用物品。其结果是无须体验行为的自然后果，在强制规则的作用下，幼儿对规则认知的内化速度大打折扣；无须协商行为的一致认同，在有条不紊的行为规范中，幼儿游戏的创意也大大减少了。

这似乎是一对矛盾，其实不然。游戏是自由的，但又是受规则约束的。游戏中的规则应该是为了游戏的顺利开展和满足游戏的需要而由游戏者共同协商产生的，是在幼儿体验到没有这些规则而不利于游戏开展的基础上产生的。游戏中的规则不具有外在的强迫性，即使是成人为幼儿制定的，也应当是站在幼儿的立场上得到所有幼儿的一致认同，这样的规则不是让成人用来裁判幼儿的行为，而是让幼儿用来协调自己的行为。因此游戏的自由，就不仅包括幼儿对游戏行为的自主，也包括自觉自愿接受游戏中规则的约束。

本案例中，不仅规则是老师制定的（尽管老师的出发点是想让幼儿自主选择角色，但实际上是限制了幼儿自己协商角色扮演者的机会），而且在处理纠纷时老师成为裁判，为幼儿做出决定。（"怎么能因为没有玩到自己喜欢的游戏而争吵呢？你们两个都没有学会谦让。""今天老师破例同意你们两人一起做娃娃家的爸爸。""是月月插了牌子，应该让她当点心师。"）如果幼儿总是在规则的强制和权威的主导下行动，其社会性成熟会受到限制。

总之，我们应思考教师在幼儿游戏中的职责定位，努力做到：教师的角色——幼儿游戏的支持者，而非管理者；对待游戏纠纷的态度——把纠纷看成是幼儿社会性发展的契机，无须非做防患于未然的控制；对游戏中混乱局面的判断——弄清是幼儿的创造性表现，还是一种无规则失控；理解游戏中自由与规则的关系——是体现自由意志的内在约束，而不追求强制性的外在秩序。

华东师范大学　华爱华

# 10

 **针对这样的活动，该如何发挥幼儿的主动性呢？**

老师：

　　您好！

　　我是一名大班的幼儿教师。考虑到大班幼儿空间知觉的发展，已经开始以自我为中心辨别左右，我组织开展了"小警察训练营"这样一节数学教学活动，并制定了以下三个活动目标：①初步能以自身为中心辨别左右；②在游戏中逐步形成有关左右的思维定式；③能在生活中正确运用左右，感受辨别左右带来的很多便利。

　　为了激发幼儿的兴趣，我专门找来了警服让小朋友穿上当小警官，整个活动围绕着小朋友当新警察进行训练的游戏开展。

　　活动一开始是小警察戴臂章，通过佩戴臂章，让幼儿知道戴臂章的胳膊是左胳膊，以此引导幼儿了解分辨左右的方法。

　　接着小警察的训练开始了，第一项任务是队列练习，教师发出指令，幼儿做出相应的动作，引导幼儿逐步认识自身的左右。幼儿的注意力非常集中，每个人都瞪着眼睛仔细倾听我发出的如"向左转、向右转"的指令，然后行动。

　　小警察训练的第二个项目是视力练习，我出示视力表，请幼儿集体说出视力表中字母开口方向。在这个过程中有个别幼儿出现错误，但是在集体的感染下，能自发意识到自己说错了。

　　接着，开始玩"警察抓坏人"的游戏。我告诉幼儿，一个坏人出现在幼儿园院子里，我们队要在警察局长的指挥下一起去找出坏人。这时，另外一个老师带上扩音器当警察局长，不断发出指令："向左出发到滑梯，坏人已经离开滑梯向你们的右方逃去，现在他已经到了迷宫，请你们顺着右侧的通道走向迷宫……"在警察局长的指挥下，终于抓到了戴着墨镜、穿着黑衣服的"坏人"。小警察们欢呼雀跃，把"坏人"送到"公安局"。最后，我还给小警察发了勋章，让他们把勋章戴在左侧胸前。幼儿带着快乐、成功、自豪感结束了这次教学活动。

活动结束后，有的老师认为幼儿在教师设计的各种情境中自然而然感知、学习了左右，特别是满足了男孩当警察的强烈欲望。但是也有老师认为，这是一个失败的活动，虽然幼儿很开心，但是，大班幼儿的自主性在此活动中没有任何体现，从头到尾完全是老师在高度控制着。

为此我很困惑。《纲要》指出，要引导幼儿从生活和游戏中感受数学的重要和有趣。正是基于这一原则，我设计了本次教学活动——小警察训练营，希望让幼儿在游戏中真正地体验数学活动的趣味性，轻轻松松地学习。难道这就不利于幼儿主动性的发挥了吗？组织大班幼儿的每个教学活动都要体现主动性这个特点吗？对于大班幼儿来说，针对这样的活动，该如何发挥他们的主动性呢？

钱保霞

# 促进幼儿左右概念的主动学习与发展

亲爱的老师：

您好！

在开始分析与讨论之前，首先应感谢钱老师能开放、坦诚地将自己充满质疑与困惑的教育教学过程与我们分享、剖析和探讨。这种实事求是、不断求索的精神是教师专业化水平提高的前提，是幼儿园教育质量提高的保证。

这一教育活动案例，向我们展示了幼儿园教师指导大班幼儿辨别左右的学习过程。在这一过程中，教师力图通过队列练习、认读视力检查表和游戏等多种教学手段，让幼儿在亲身操作中学习。虽然幼儿都参与到了教学活动中，但在场的教师们却对幼儿严重缺乏学习主动性提出质疑，教师也很困惑：这样的活动，该如何发挥幼儿的主动性呢？

遵循着"研学科、研幼儿、研教育策略"这个思路，我们来逐一分析和讨论。

## 厘清概念：明确基本概念、幼儿认知水平和学习主动性

让我们先从幼儿左右概念的内涵及其对幼儿的发展价值，幼儿左右概念的认知发展水平，幼儿学习主动性的内涵等方面，对有关学科的相关知识进行梳理。

### 左右概念的内涵及其对幼儿的发展价值

左右概念是一种反映事物之间关系的具有明显的相对性和灵活性的概念，幼儿左右概念的发展，标志着幼儿由自我中心思维逐步向社会化思维过渡。当前国内外关于幼儿左右概念的研究大多把此概念的发展作为一种探讨

幼儿社会性相互作用的手段，而不是把它当作目的。

研究学科概念，有助于我们审视、判断和评价教育活动目标是否正确、明确。

### 🖋 大班幼儿左右概念的认知发展水平

朱智贤先生的实验研究表明，5岁幼儿开始能以自身为基准辨别左右方位，这种最初的左右概念带有很大的具体性和固定性。这一阶段幼儿往往只能辨别自己的左右方位，不能把自己手脚的左右关系运用到物体的左右关系上。直到6岁时，这种辨别能力还未发展到完善的程度。20世纪80年代有心理学专家重新做了这个实验，证明了这一结论是正确的。并且得出大约7岁是幼儿左右概念发展的飞跃期，75%的8—9岁幼儿能比较准确、灵活地掌握左右概念。

根据幼儿的这一认知发展特点，《指南》要求，5—6岁幼儿能辨别自己的左右。《北京市贯彻〈幼儿园教育指导纲要（试行）〉实施细则》中，在大班幼儿数学的基本经验部分也提出"引导幼儿学会辨别自身的左右，体会空间方位的相对性"的要求。

上述研究成果和学前教育的政策性文件都明确告诉我们，5—6岁幼儿在学习左右概念时，只能辨别自身的左右，还不能灵活地根据自身左右去判断其他物体的左右关系。

研究幼儿的认知发展水平，有助于我们审视、判断和评价相关教学活动的难度是否适宜。

### 🖋 主动学习的内涵及特征

建构主义学习观认为，主动性是学习的核心特征之一。幼儿主动学习指通过教师创设外部学习环境，使幼儿产生内在的学习需要，进而主动、自主、积极地参与教学活动，并维持到学习全过程的一种学习状态。幼儿的学习是在直接操作中，自主、独立、创造性地理解和解释世界，是在与人的交互作用中主动建构经验，形成学习态度、情感和兴趣。

可见，主动参与、探究合作是主动学习的主要特征。明确这一概念，有助于我们审视、判断和评价教育活动策略是否恰当。

## 聚焦问题：学科概念不明确，导致教师高控制与幼儿主动学习之间的矛盾

在明确了学科的相关概念后，我们再来根据案例中描述的师幼教与学的行为，发现教育活动中的主要问题，并分析其原因。

### 学科概念不明确，导致教师在确定活动目标和指导教学过程时出现偏差

根据左右概念的内涵和其对幼儿的发展价值，笔者认为教师确定的教学活动目标有不正确和有偏差之处。我们重点分析前两条教育活动目标。

先看第二条目标，"在游戏中逐步形成有关左右的思维定式"，教师的表述明显不正确。研究表明，5—6岁幼儿对左右概念的认知水平正处于固定性阶段，但是左右概念是具有相对性和灵活性的概念，因此，教师应该通过教育活动，促进幼儿逐步感知这一概念的相对性和灵活性，绝不是要使其形成"定势"。而且左右概念之于幼儿的发展价值不仅仅是用来分辨空间方位，更重要的是促进其社会化思维的发展。

再看第一条目标的表述，即"初步能以自身为中心辨别左右"，符合5—6岁幼儿的认知水平，也基本符合《指南》中对幼儿的发展要求。但是在教学过程中，我们发现教师不仅要求幼儿辨别自身的左右，而且还要求幼儿以自身为参考判断其他事物的左右方位。可以看出，由于教师对这一概念的理解不准确，没有明确意识到"自身的左右"和"以自身为参考判断其他事物的左右"这两者的区别，也没有意识到后者的难度明显加大。

### 教学活动内容难度高于该班幼儿认知水平，导致幼儿在活动中更依赖教师控制

我们来分析案例中教师设计的三个游戏。第一个游戏是让幼儿辨别自身左右，第二、三个游戏是让幼儿以自身的左右为参照去判断字母开口的方

向，并判断其他事物如滑梯、通道、迷宫等的相应方位。对照相关研究结论，5—6岁幼儿正处于"不能把自己手脚的左右关系运用到物体的左右关系"的阶段，因此教学内容的难度高于该年龄段幼儿的认知水平。

教学内容的挑战性，使得幼儿在活动中对教师指导的依赖性比较高。正如案例中一些教师指出的，在活动过程中，"大班幼儿的自主性在此活动中没有任何体现"。教师高控制的教学方式，只能使幼儿在听从教师口令的训练中，根据自己手臂上的提示，固化而机械地判断相应方位，难以在学习中经历从"具体""固化"向"灵活性""相对性"逐步过渡。

### ✍ 对主动学习理解不深刻，导致教育活动的设计和指导策略出现偏差

有研究表明，缺乏主动探索而被动接受现成原理的学习，不能使幼儿正确地脱离自我中心而掌握左右相对性原理。可见，教师应采用促进幼儿主动建构、主动学习的教学设计，让幼儿在与周围物质环境的互动中，在和同伴、教师的互动中，主动获得相关的经验性知识。

从教师困惑于"组织大班幼儿的每个教学活动都要体现主动性这个特点吗"，表明教师对主动学习的认识不够深刻。教师似乎觉得像数学概念这类逻辑严谨的知识，应更多地采用让幼儿接受式学习的教学设计方式，因此编制的游戏是以教师为主导的，在指导过程中过多采用指令式的训练。具体表现为在游戏过程中，全体幼儿以平行游戏的方式听从教师的统一口令，以基本同方向的方式进行左右方位辨别。看似幼儿群体在一起活动，其实幼儿之间的互动并不多，不利于让幼儿感知左右概念的相对性和灵活性。

## 建议：同伴合作是增强幼儿学习主动性的重要因素

聚焦教学中的主要问题并分析原因后，教师应在相关教学活动中做怎样的调整呢？

## 深透把握学科概念和幼儿认知发展水平，确定适宜的教学活动目标

笔者在多年与幼儿园教师的共同研究中发现，有些教师在设计和指导科学与数学活动时，往往因为对学科概念研究和把握得不够准确、深透，致使教育活动的效果很不理想。因此，教师们在研究学科时，应查阅相应学科概念的内涵、对幼儿的发展价值以及幼儿的认知发展水平，这样才能保证教学内容的概念正确、难度适宜。

在左右概念的教学活动中，教师可确定以下三条活动目标：

1. 在游戏和生活情境中辨别自己的左右；

2. 以自身左右为参考学习判断其他事物的左右，并感受这一原理在实际生活中的应用；

3. 发现并初步感知左右概念具有相对性和灵活性。

第一条目标是在适应幼儿左右概念的当前认知水平的基础上促进学习和运用；第二条目标旨在引导幼儿根据与自身同向的左右关系判断其他事物的左右，并知道这一原理在现实生活中能为人们利用，比如用于视力检查；第三条目标是提供学习机会，促进幼儿主动发现和感知左右概念的基本性质。

## 以促进同伴合作学习为主要方式、以游戏任务为导向创编游戏

根据第三条目标，鉴于学习左右概念有促进幼儿思维从自我中心向社会化发展的价值，并且主动学习有着主动参与、探索合作的主要特征，教师在设计教学活动时，应以同伴合作学习的方式为主来创编教学游戏，把教学内容巧妙地设置在游戏任务中。

笔者设想，可以设计寻宝类的游戏，把幼儿按五六个人一组分成若干组，每组幼儿拿着教师设计的不同的"藏宝图"，根据图中标注的左右符号，在户外进行寻宝游戏。在游戏结束后的集体讨论环节，教师安排各组幼儿说出本组的寻宝路线，重点说左右方位。也可以采用打开锦囊的方式，每打开一个锦囊，里边就会有一个左或者右的文字，指引幼儿的寻宝路线。

为适应大班幼儿的游戏兴趣和水平，还可以加入在规定时间内、按各组

寻到宝物的多少确定输赢的竞赛元素。

### 用提问促进同伴合作的讨论与思考

有研究认为，同伴间的社会认知冲突对幼儿左右概念的学习有着积极的促进作用。在小组幼儿玩寻宝游戏的过程中，当看到左右标志或者文字时，由于同组幼儿的站位和朝向不同，势必会引发方向的分歧和争论，这正是教师可以利用的社会认知冲突。游戏结束后，教师可以用提问"刚才小朋友都用左胳臂来确定方向，可是有的时候几个小朋友说的方向正好相反，这是为什么"，引导幼儿回顾和反思这些争论，发现并感知左右概念的相对性。

总之，教师应当在研究学科、研究幼儿、研究教育活动策略的基础上确定活动目标，创编游戏，支持幼儿在同伴合作中、在主动探索和学习中建构正确的左右概念，促进幼儿认知水平和思维水平的提高。

北京联合大学 廖贻

# 11

## ✉ 幼儿园开展自主活动应该怎样把握好度？

老师：

　　您好！

　　我有一个关于自主活动方面的困惑想请教。

　　"自主"一词运用于教育，凸显了以人为本、尊重差异、因材施教的意义，收到了良好的效果。由于幼儿园一日活动组织的特殊性，我们除了在集体教学活动中给幼儿自主外，集体活动外的很多生活、锻炼等环节的组织都力求让幼儿更加自主，并对组织方式进行了很多创新，受到了幼儿的欢迎。

　　比如，在晨间锻炼的时候，我们摒弃了传统的锻炼形式，借鉴了班级区域活动的形式，并把范围从班级扩大到了年级组。即把幼儿园的大操场分成几个运动区，如球类区、钻爬区、投掷区、大型玩具区等，年级组内的每个教师各自负责一个运动区，这个区是相对固定的，准备与幼儿人数相等的不同颜色的手圈，一种颜色代表一个运动区。幼儿每天早锻炼前选择一个颜色的手圈，并到相应的活动区域去锻炼。

　　从表现看，幼儿充分自主，活动场面也是秩序井然，幼儿沉浸在自主晨间锻炼自由、快乐、轻松的氛围之中，体育活动的兴趣和热情更加高了。同时，能和邻班的小朋友交往，幼儿也交到了更多的朋友，提高了他们的交往能力。

　　但是其中也出现了许多问题。一是幼儿每天按自己的意愿选择内容，很容易导致一些基本的体育项目不被选择，幼儿得不到锻炼，这对于幼儿是不利的。为此，幼儿的选择权发生了改变，老师要求幼儿一周内必须每天选择不同的锻炼区，只是时间先后可以选择。二是由于每个区负责的老师基本是固定的，有的时候不是自己班老师在照看进行锻炼的幼儿，对于幼儿的身体情况不是很了解，也就不能提供适宜的指导，如体弱儿应降低运动强度、肥胖儿要提高运动强度都得不到保证。三是幼儿在运动时有时要增减衣服，衣服脱下来一旦忘记带回，再去取就比较烦琐。四是在感冒等流行性疾病高发的季节里，传染性疾病容易蔓延。

这种自主性的晨间锻炼提高了幼儿的锻炼兴趣和交往能力，受到了幼儿的欢迎，但是也暴露了一些问题。其实在幼儿园的其他自主性活动里，也会出现尊重幼儿的兴趣的同时却难以兼顾其他的问题。作为幼儿教育工作者，在开展自主活动时应怎样把握好度，做到既尊重幼儿的兴趣，又能尽量避免其他的不足？敬请专家给予指点。

许丽萍

# 应重视幼儿体育活动的全面规划

亲爱的老师：

　　您好！

　　感谢您基于细致观察和深入思考后提出的这些问题，下面我想针对您提出的某些问题以及我个人认为比较重要的方面，谈一下自己的看法。

## 关于区域性体育活动

　　这种打破班级甚至年龄界限开展的区域性体育活动，很多年前就在某些幼儿园开展了，并已日趋成熟。但对于有些幼儿园或教师来讲，区域性体育活动可能是近些年才刚刚接触到的新事物。应该说，这是一种非常好的体育活动组织形式。由于在活动的统一时间段内，教师同时为幼儿提供了多种运动区域（如平衡区、跳跃区、钻爬区、投掷区、小车区等）和丰富多样的体育器材，幼儿可以根据自己的兴趣、需要和能力自选活动、自主活动。因而，能充分发挥幼儿活动的自主性，激发幼儿参与体育活动的兴趣，满足幼儿的个体需要，并能促使幼儿在体能、社会性、个性等方面获得相应的发展。但是，这种组织形式通常需要多名教师同时参与区域的管理，因此，这种组织形式不太适合幼儿园每天都开展。

　　您的文章中提到，幼儿园在每天的晨间都开展这样的活动，我个人觉得不太适宜。晨间锻炼的时间相对较短，而要开展年级或全园开放式的区域性体育活动，通常需要较长的时间。在南方，许多幼儿是吃完早餐才到幼儿园的，如果每天早晨都开展这样的活动，活动量较大，致使幼儿的情绪过于激动和兴奋，这既不利于食物的消化和吸收，也会影响接下来的活动。再有，教师的负担也较重，很难有时间好好地考虑体育环境的创设以及体育器材的选择，也不能全面地关照全班幼儿。我的建议是：最好是以班级为单位组织晨间锻炼，教师可为幼儿提供多种体育器材，并经常变换，让幼儿自由选择和自主活动。同时，晨间锻炼还应该包括早操活动。

幼儿自由选择活动区以及自主进行活动是区域性体育活动的重要特点之一。要求幼儿在一周内必须每天选择不同的锻炼区，幼儿的自主权便受到了一定限制。尽管教师的本意是好的，但我认为这样做也是不太适宜的，这违背了该组织形式的活动宗旨。

许多幼儿园通过多年的探索与实践，认为开展区域性体育活动较适宜的做法是：每周进行一次，周五上午进行最佳，每次活动40—45分钟。

## 如何处理好幼儿的兴趣与其他方面发展之间的关系

您提出的问题很深刻，这也是我们在考察当前幼儿园开展体育活动时发现的一个较为普遍的问题。在这里，我想先概括一下目前通常存在的几个问题。

其一，教师普遍开始重视幼儿体育兴趣的培养，这很好，但是，有些教师在组织体育活动时却出现了一些偏差，即过分关注幼儿的兴趣，认为只要幼儿高兴、快乐就行，而忽视了体育活动中十分重要的目标，即发展幼儿的基本动作和体能。这种偏差不仅存在于体育活动的目标定位方面，也存在于体育活动内容的选择和组织过程中。比如，有些教师在制订体育活动计划时，往往最先考虑的是这个活动是否能让幼儿喜欢，是否能引起幼儿的兴趣，然后才考虑这个活动的内容是否适合本班幼儿以及活动目标的确定。

其二，有些幼儿园开展的体育活动仅局限为每日进行的户外自由体育活动，或是增加了每周开展的区域性体育活动，而目标性较强、较具体的体育教学活动（包括体育课、体育游戏活动）却很少开展；也有的幼儿园即使开展一些体育游戏活动，其目标的确定也较为随意，或是重复性过高，甚至在一周内安排的都是同样的体育游戏。

其三，许多幼儿园缺少对幼儿体育活动的全面规划。可以说，重视幼儿体育兴趣的培养已逐渐成为教师在组织幼儿体育活动时十分关注的方面，这充分说明了这些年来教师在学习《纲要》《指南》后对幼儿体育活动的目标有了较好的理解和运用，这一点十分可喜。但如果我们仅仅重视这一点是远远不够的。

## 从整体规划入手实现幼儿园体育活动目标

依据《纲要》《指南》，可以将幼儿园体育活动的目标概括为培养幼儿对体育活动的兴趣，发展幼儿的基本动作和体能，并在体育活动中培养幼儿良好的个性品质和社会性。幼儿园体育活动的目标，是幼儿园计划、安排和组织幼儿体育活动时遵循的主要依据。那么，怎样实现幼儿园体育活动的目标呢？我认为，应该从幼儿园体育活动的整体规划入手。

**首先，在选择幼儿园体育活动的组织形式时，应充分考虑各种体育活动组织形式的优势和特点，并努力做到使其相互结合、相互补充。**

幼儿园体育活动的组织形式丰富多样，如早操活动、户外自由体育活动、幼儿体育课、体育游戏活动、区域性体育活动、室内体育活动、远足活动、幼儿运动会、亲子体育游戏活动等。不同的组织形式既有其各自不同的特点和作用，同时又存在着某些局限，因此，幼儿园在做学年和学期体育活动规划时应尽可能考虑组织形式的丰富与多样，并将其有机地结合起来，相互补充、取长补短，从而共同来实现幼儿体育活动的目标。比如，就每天的体育活动计划而言，通过安排早操活动，可以使幼儿全身得到一定程度的锻炼，从小养成锻炼身体的好习惯；上午和下午通过安排一定的户外自由体育活动，可以使幼儿有机会根据自己的体育兴趣、需要和能力来选择体育器材，这既能充分发挥他们的自主性，又能使他们的体能获得一定的发展。

就一周的体育活动计划而言，我们首先应考虑的是：在每周安排一定的幼儿体育教学活动。幼儿体育教学活动是指依据一定的幼儿体育活动目标以及幼儿的年龄特点与发展需要，有目的地选择活动内容，引导幼儿积极主动地参与相应的身体训练，从而促使幼儿在基本动作和体能等方面获得发展的一种集体形式的体育活动。在现阶段，幼儿体育教学活动已逐渐多样化，既包括较为完整的一节幼儿体育课，也包括为了达成幼儿某些基本动作和体能目标而组织开展的一个体育游戏活动。此外，幼儿体育器材的循环练习也属于体育游戏活动。由于幼儿体育教学活动是实现幼儿园体育活动目标的重要组织形式之一，不应该被取消或是被忽视，因此，在制订周计划时，应该首先加以考虑。如果是组织幼儿体育课，每周可以安排一次；若是组织体育游戏活动，每周可视具体情况安排多次。但无论怎样安排，都应该考虑到该年龄段幼儿基本动作和体能的全面培养，而不是仅仅考虑本次活动的目标。

此外，在周计划中，我们还应该考虑户外自由体育活动的丰富性，这种丰富性主要体现在体育器材上，包括各种大、中、小型的幼儿体育器材。而不应该像某些幼儿园那样，在较长时间内仅允许幼儿玩某一区域的体育器材或是仅提供某几件体育器材让幼儿选择。较为适宜的方法是：经常变换活动的区域以及经常更换体育器材，并在周计划和月计划中加以体现。

如果可能，每周安排一次区域性体育活动也是很值得提倡的，这样可以进一步激发幼儿对体育活动的兴趣，丰富幼儿的运动体验，满足幼儿的运动需要。

制订好周计划很重要，它不仅与幼儿的体育兴趣和个体需要直接关联，更与幼儿基本动作与体能的培养直接相关，而且也是月计划乃至学期计划不可缺少的重要组成部分。在学年计划、学期计划以及月计划的制订中，我们还可以将室内体育活动、远足活动、幼儿运动会等纳入其中，以丰富幼儿的体育生活，增强幼儿的体质，促使幼儿多方面获得发展。

从上述的举例与思路中可以看出：幼儿园体育活动组织形式的选择与搭配很重要，也很关键，它既能从宏观上确保幼儿基本动作和体能发展目标的实现，又能兼顾幼儿体育兴趣的培养以及运动需要的满足。

✍ 其次，在计划和组织幼儿体育教学活动时，应全面考虑幼儿基本动作和体能的发展目标，并在实施过程中注意发挥幼儿的自主性。

幼儿体育教学活动目标的确定是实现幼儿园体育活动目标的重要环节之

一，因此，我们不仅需要考虑激发幼儿参与体育活动的兴趣，更需要考虑幼儿基本动作和体能的全面培养，这也是目前有些教师容易忽视的或是难以把握的方面。

从幼儿学习与发展的角度上讲，幼儿大肌肉动作的能力涉及基本动作和基本体能两大方面。幼儿的基本动作包括走、跑、跳跃、投掷、攀登、钻、爬、翻滚、悬垂、推、拉、搬运等，幼儿的基本体能包括平衡能力、力量、耐力、协调性、灵敏性、柔韧性等。我们在计划和组织幼儿体育教学活动时，应结合幼儿的年龄特点与发展需要，全面地考虑幼儿基本动作和基本体能的培养，并将这两者有机地结合起来进行，避免幼儿基本动作和体能培养的片面性。

在幼儿体育教学活动的组织过程中，我们应充分发挥幼儿的自主性，而不是让幼儿被动、机械地进行动作模仿或身体练习。也就是说，在围绕某一活动目标进行身体锻炼或训练时，教师应将活动的自主权交给幼儿。教师不要试图领着或带着幼儿走，也不要试图沿着教学过程走，而应该设法让幼儿自己领着自己走、自己带着自己走，以幼儿的自主活动来引领活动过程。因此，我们要为幼儿提供"选择""参与"以及"自主练习"的机会。

比如，围绕提高中班幼儿助跑跨跳的能力以及动作的灵敏性、协调性和力量的活动目标，我们可以为幼儿提供多种水平的"小河沟"（宽度不一、高度不一），让幼儿自己选择"小河沟"，自主地进行身体练习。在此过程中，教师应以鼓励为主，鼓励幼儿尝试不同的"小河沟"，鼓励幼儿挑战自己的能力等。类似的目标如果放在大班来进行，可以让幼儿自己组成活动小组，我们分别为各小组提供多块泡沫拼板，鼓励他们通过小组间同伴的合作，搭建出各种各样的跳跃环境，并在此基础上自主地进行跨跳练习。

总之，只有全面地规划幼儿园的体育活动，才能从根本上落实幼儿基本动作和体能的发展目标，同时，又能兼顾幼儿体育兴趣的培养以及满足幼儿的运动需要。

北京师范大学　刘馨

# 12

 为什么精心设计的活动未能达到应有的
效果？

老师：

　　您好！

　　我是一所县级市的省优质园的普通教师。近来，因为幼儿园特色的定位以及主课题方向的指引，自主理念渐渐渗入我们的教育教学中。其实，"自主"不是个新鲜词，它自始至终萦绕在我们耳边。但作为一线教师的我们非常清楚，在大班额下，在安全禁锢中，在传统理念仍处于统领地位的现实里，我们只把它当成一个花瓶，招待客人时显摆一下，平时则束之高阁。然而，自主学习对幼儿发展的重要性是显而易见的，教育呼唤自主，幼儿需要自主。于是，我准备尝试，哪怕只是一小步。

　　我为自己的尝试选择了图画书《亲爱的小鱼》。在尝试之前，我做了两件事：第一，仔细研读了图画书；第二，设计了一套图标。在反复阅读图画书之后，我对图画书内容进行了诠释。我把图画书分为三个部分：小猫爱小鱼，小猫给小鱼自由，小鱼回报小猫。在第二部分中，有一个画面是故事的"眼"，即小猫放已经长大的小鱼回大海，心里很舍不得，但脸上还挂着欣慰的微笑。经过全面思考之后，我把第一部分确定为师幼共读——教师扶为主，目的是教给幼儿一些阅读的方法；第二部分为指导阅读——教师半扶半放，目的是让幼儿充分体会故事的中心画面；第三部分为自主阅读——教师放为主，目的是让幼儿运用学到的方法带着问题自己去阅读。我感觉，这样设计虽然幼儿自主阅读的空间小了一点，但既显示了层次性，又是教师逐步指导的完整过程的体现，因此也比较满意。同时，为了使活动中教师的"教"不露痕迹，我精心设计了一套图标：放大镜表示仔细观察表情、神态，云朵表示猜测人物的心理活动，喇叭表示人物的语言，调色盘表示观察颜色。一切准备就绪，我把设想付诸了实践。

事实证明，我对图画书的理解是正确的，我出示的图标也较好地达到了"无声的指导"这一目的。我班幼儿（大班）在图标的指引下，在教师充满感染力的语言浸染下，观察、感知、体验、表达，全身心地理解着故事。其中，我更是着力于引导幼儿的语言表达。如在观察小猫给小鱼喂食时，我在小猫旁边分别放上了放大镜和喇叭图标，并提问："小猫脸上的表情是怎样的？它在给小鱼喂食时可能会说些什么？"又如在展示小鱼离开小猫后，小猫坐在大海边思念小鱼的画面时，我又出示了调色盘和云朵图标，同时请幼儿思考："这幅图中最主要的颜色是什么？满纸淡淡的蓝色表示小猫现在的心情如何呢？"由于问题指向明确，且有图标暗示，幼儿的回答大都比较完整，甚至个别回答还很精彩。例如："小猫一边给小鱼喂面包，一边眯着眼睛说：'亲爱的小鱼，我把我最爱吃的面包分给你吃，你快快长大吧！'""小猫坐在大海边，蓝蓝的海水让它又想起了小鱼。""小猫的心情就像这蓝色一样，冰凉冰凉的。它是多么思念小鱼啊！"我为自己的有效设计而欣慰，更为幼儿的精彩回答而兴奋。我觉得，幼儿的语言表达已达到了我预期的目标。

水到渠成之后，幼儿带着我提出的"回来后的小鱼是怎样爱小猫的？"这一问题开始了自主阅读。由于有前面的铺垫，自主阅读中幼儿还是比较认真的，并很快找到了问题的答案。然而在个别讲述中我遗憾地发现，幼儿的语言与刚才相比，显得单调而贫乏，除了回答了老师的提问外，并无更多的精彩之处，如"小鱼带小猫去旅游""小鱼和小猫玩游戏"。之前我教给的诸如观察神态、表情，猜测心情、语言以及对画面色彩的关注（即我投放的那套图标），幼儿基本没用。此时我开始怀疑，在我扶持下的幼儿语言表达的完美仅是一种假象，事实是离开了我的"扶"，幼儿的阅读和表达还是停留在原始的自由状态。困扰随之而来：我前面的"扶"与后面的"放"之间到底有没有内在的逻辑关系？什么原因导致精心设计的教学过程未能达到应有的教学效果呢？

尝试中的一小步告诉我，自主教学的路是漫长的，绝不是一次活动就可以见成效。但它是有价值的，至少，它让我思考了自主教学中教师的"扶"与"放"之间的关系。走在自主教学的路上，我左顾右盼，期待得到引领和指导，从而焕发更多的精彩。

方莉华

# 以平等互动为基本策略有效促进幼儿的自主学习

亲爱的老师：

您好！

自从《纲要》颁布实施以来，促进幼儿自主学习的理念得到了广大教师的深刻认同和积极实践。在本案例中，我们看到您认识到了幼儿自主学习的重要意义，采用提问、提供图标等手段，经历前"扶"后"放"的过程，力图启发幼儿的自主发现，支持幼儿富于想象的自主表达。但是，实际的教学效果却令您比较失望。

什么原因导致精心设计的教学过程未能达到应有的教学效果呢？我们从幼儿的已有经验、提问策略、图画书故事特点等角度分析，并尝试提出适宜的教育教学策略建议。

## 以"教师为中心"的教育理念导致"扶"的无效

自主学习是一种现代化的学习方式，是以学生作为学习的主体，通过促进学生独立的分析、探索、实践、质疑、创造等方法来实现学习目标。而要想实现让学生自主学习的教育目标，就应在研究学生、研究学科的基础上，采用师生之间平等互动的基本策略。但在本案例中，教师的"扶"却表现出与促进幼儿自主学习理念相反的"以教师为中心"的特征。

### ✍ 教师缺乏对幼儿已有经验的研究，致使"扶"与"放"不能激发幼儿自主学习的需求

针对案例中提到的"我前面的'扶'与后面的'放'之间到底有没有内在的逻辑关系？"这一困惑，我们从"扶"与"放"的理念基础进行分析。

　　个体已有经验与新经验之间的认知冲突，以及由于这一冲突而产生的学习需求是幼儿自主学习的基础与前提。这就要求教师要了解幼儿已经达到的水平和预测可能达到的水平。可见，教师在教学设计与指导前应充分了解幼儿的已有经验，研判已有经验与新经验之间的结合点与差距，设计适宜的提问，激发幼儿产生认知冲突与自主学习的需求，这是师幼平等互动的第一步。

　　但在案例中，您没有深入地观察、倾听、解读与把握本班幼儿对《亲爱的小鱼》的阅读经验与初始理解程度，您的提问是根据自己对图画书故事的理解，因此难以在幼儿的已有经验和教学新经验之间引发认知冲突，难以激发幼儿自主学习的需求。您理想中的促进幼儿自主学习的"扶"其实已经变成以教师为中心的"教"。也就是说，您的"扶"是植根于以教师为中心的"教"的教育理念，"放"是基于对幼儿自主学习理念的认同，这两个教学环节之间很难建立内在的逻辑关系，因此，连您自己都感觉到"幼儿自主阅读的空间小了一点"，结果是"扶"不能对"放"发挥积极有效的教育影响。

## ✐ 教师的提问缺乏开放性与启发性，致使幼儿学到的是被动回答而非自由表达

　　针对案例中您描述的，自主阅读中"幼儿的语言与刚才相比，显得单调而贫乏，除了回答了老师的提问外，并无更多的精彩之处"这一困惑，我们来聚焦分析教师的课堂提问。

　　在观察、倾听幼儿的基础上，教师提出具有开放性与启发性的引导问题，是有效进行师幼平等互动的关键要素之一。本案例中，从您的提问形式来看，我们发现提问指向明确答案，且开放性较低（如"小猫脸上的表情是怎样的？""满纸淡淡的蓝色表示小猫现在的心情如何呢？"），答案以教师自己对图画书故事的理解为线索（这一线索表现为图标的形式），幼儿多是在教师提问的引领下，亦步亦趋地重复倾听、理解问题、观察理解画面、找到答案、回答问题这样的过程。可见，您的提问使幼儿关注的是对问题与答案的理解式表达，并没有足够的空间让幼儿能自主探索、思考，并能主动表达自己的想法与问题。因此，当您在"放"的环节期望幼儿能自由表达时，他们的表达远不如您"扶"着精彩，显得"单调而贫乏"。

从您的提问内容来看，由于欠缺对图画书故事的画面表现与情节主题的整体特点的把握，也导致提问的开放性与启发性较低。

《亲爱的小鱼》图画书故事的特点在于用色彩与人物表现情节与感情，即运用红、黄、蓝、绿这四种主要色彩的浓淡变化表现温馨、感伤、牵挂、快乐等情感，并与人物动作一起推进情节的发展。故事表达了友谊、理解与爱，以及"爱他，就要给他自由"的主题。

您所设计的图标从图画书的色彩、情感心理、语言等方面引领幼儿阅读，暗示了幼儿图画书阅读的方法，本来是很有创意的教学手段，但由于您的关注点过于集中在单个画面色彩、人物动作神态、语言与故事片段的细节对应上，没有引导幼儿从整体上感悟、把握这一图画书故事是如何运用色彩去推进情节、表达主题、表现情感的，因此当您"放"手让幼儿根据图画书故事后半部分的几幅画面自主解释、想象时，他们也只能依据人物动作进行单调对应的解释，无法展开合乎故事情节走向与情感逻辑的个性化的丰富感悟与想象。

## 坚持平等互动的基本策略，促进幼儿自主学习

基于师幼平等互动的基本策略，教师在设计、组织图画书阅读教学时应包括幼儿自主阅读、师幼共同阅读、围绕阅读重点开展活动、归纳阅读内容这四部分。针对分析发现的主要问题，对照这一设计思路，我尝试提出相应的策略建议。

### ✍ 充分利用区域活动，在幼儿已有经验的基础上适时激发学习需求

教师应充分利用区域活动，让幼儿有自主阅读图画书的机会。教师可以提出"你喜欢《亲爱的小鱼》吗?""你喜欢故事的哪些地方? 不喜欢哪些地方?""看一看、猜一猜、讲一讲你的《亲爱的小鱼》"之类的问题或建议。这样，一来让幼儿以自己的方式自由地接近学习内容；二来增加他们自由表达的机会；三来使教师在倾听中了解幼儿的阅读经验和理解程度，同时思考

幼儿的经验水平与教学目标的结合点；四来让幼儿对图画书有整体的印象。还可在美工区鼓励幼儿绘画"亲爱的小鱼"，帮助幼儿感受图画书以色彩、人物表现故事的特点。

教师可通过一到两周的相关区域活动，让每个幼儿有充分的自主阅读、沉浸感受与表达表现的时间。在幼儿讲述、绘画自己的"亲爱的小鱼"后，不论他们表达表现水平的高低，教师都要充分肯定，并提出"你从画面的哪些地方读到的？""你读到这里是什么心情？小猫、小鱼和你的心情一样吗？""你为什么用这个颜色画呢？用这个颜色画的时候是什么心情？"之类的思考问题，以此引发幼儿内在的认知冲突，激发他们自主学习的需求与探索发现的兴趣，为他们理解《亲爱的小鱼》的故事文本做充分的铺垫。

### ✒ 以开放性、启发性的提问，引导幼儿自主学习并运用新经验

在图画书的集体教学中，教师的指导既要兼顾幼儿的个性化解释，又要让幼儿理解、感悟故事文本规定的情节主题与情感意境。教师应采用富有开放性、启发性的提问与建议，促进幼儿自主积累新经验。

在师幼共读活动开始前，教师要向幼儿简单介绍作者，并告诉幼儿："前几天我们一直在讲我们自己的《亲爱的小鱼》的故事，很精彩。今天我们要看看作者讲的《亲爱的小鱼》的故事，看看他和我们讲的什么地方一样，什么地方不一样。"帮助幼儿从前期的自由表达状态调整到认真阅读、理解文本上。

教师可提出诸如"从这两张（或这张）画面，你猜小猫、小鱼在做什么？它们会说些什么？你从哪儿看出来的？""你猜小猫、小鱼是什么心情，你从哪里看出来的？""我们来读一读书上的文字，看看到底发生了什么？""你注意到画面用的最多的是哪几种颜色吗？""当这几种颜色又浅又淡（或特别鲜艳）的时候，发生了什么事？小猫、小鱼的心情是什么样的？""读到这里你是什么心情？""要是你走得远远的了，妈妈会是什么心情？"等问题，并配合使用图标，引导幼儿阅读图画书画面，主动进行探索、理解、想象，并有充分表达的空间。教师也要注意倾听幼儿的提问和独特的想法，并

及时回应、鼓励。

到"放"的部分开始前,教师要引导:"接下来的故事就交给你们自己来仔细读了,要照着咱们一起读的那样,读出这幅(或这两幅)画面中小猫、小鱼在做什么,景色是什么样的,它们是什么心情。"支持幼儿根据画面表现的情节推进方式进行阅读、想象与表达。如果幼儿的回答还是过于简单,教师可补充提问"它们在什么地方?怎么去的?""画面上的颜色与前面相比有什么不一样?说明小猫、小鱼是什么心情?"等,支持幼儿运用"扶"的部分学习到的阅读方法,进行自主阅读。幼儿用语言表达了对画面的理解后,教师还要记得把图画书中的文字朗读给幼儿听。

从"扶"到"放",教师至少要用两次集体教学活动的时间,还要注意读完全部故事后,教师要提出"读完故事,你有什么想法?""你的心情是什么样的?""要是你,你会放小鱼走吗?为什么?"等问题,帮助幼儿进一步加深对图画书故事的情感主题的感悟与理解。

总之,教师应在研究幼儿已有经验的基础上,激发他们的自主学习需求,应坚持师幼平等互动的基本策略,设计富有开放性、启发性的提问,支持、引导幼儿在主动观察、解释、想象、表达的过程中学会阅读,获得发展。

北京联合大学　廖贻

# 13

## 在科学探究活动中怎样体现幼儿的主动性？

老师：

　　您好！

　　以下是我们在教学工作中碰到的一个困惑，希望能得到专家的指点。

　　在幼儿园的评优课比赛中，顾老师设计了中班科学活动"瓶子赛跑"，大致流程如下。在第一个环节，教师出示操作材料，有高度不同长度相同的斜坡，有形状和大小相同的瓶子，然后组织幼儿讨论瓶子从斜坡上下来可以有哪些方式。在教师的启发下，幼儿说出了很多不同的方式，有的说将瓶子倒下瓶口往下滑下来，有的说用手拿住瓶子让瓶子跳着下去，还有的说可以把瓶子放倒让瓶子从斜坡上滚下来，等等。顾老师对幼儿的回答都给予了肯定。在第二个环节，顾老师鼓励幼儿两两结队，用两个人都喜欢的、相同的方式让瓶子从高度不同的斜坡上下来，看谁的瓶子先到达终点。在这个环节出现了很多问题：首先是两个幼儿的操作方法不一致，表现在没有喊口令从同一时间开始，还有的幼儿固执己见，不能与同伴在瓶子赛跑的方法上达成一致；其次是有的幼儿求胜心切，选择瓶子跳下来的幼儿让瓶子跳一下就到达了终点。在第三个环节，顾老师请了一个幼儿，与这个幼儿合作，在全体幼儿面前进行瓶子赛跑，由此来引导幼儿发现刚才操作中存在的问题，总结出瓶子赛跑的比赛要领。在第四个环节，顾老师再次让幼儿进行瓶子赛跑的操作，这一次操作，有部分幼儿发现了这一操作背后隐藏的科学道理——斜坡高度与瓶子运动速度快慢的关系，但是，还有的幼儿没有领会瓶子比赛时操作的要领，出现了两个幼儿在坡度相同的斜坡上比赛和幼儿间仍旧不合作或合作不默契的情况，自然也就发现不了这背后的科学道理。在最后一个环节，顾老师将瓶子赛跑中蕴含的科学道理通过多媒体课件的形式告诉了幼儿，对幼儿在操作中的发现进行了理论上的提升和概括。

在本次活动的研讨过程中，老师们对于顾老师的活动产生了两种不同的观点。正方老师很支持顾老师的活动内容和环节安排，因为科学活动的过程首先是一个发现问题、解决问题的过程，顾老师的活动的亮点在于体现了以幼儿为主体的教学理念，尊重幼儿的想法和说法，再在适当的时候给予引导和纠正，在这样的过程中习得科学知识和道理。反方老师则认为，这个活动没有让所有幼儿发现斜坡高度与瓶子运动速度快慢的关系，幼儿之间的合作也不是很好。因此，在环节安排上应该适当调整，教师的示范操作要求应该安排在第一个环节，让幼儿明确瓶子赛跑的操作要点，如两个人用相同的方法进行瓶子赛跑，两个人同时喊"开始"、同时放开手等，然后再鼓励幼儿说说瓶子赛跑的方法，提醒幼儿用同一种方式进行比赛，就可以避免出现活动第一个环节中的问题。因为这样做的话，幼儿对瓶子比赛的操作要求很明确，在尝试过程中就很容易感知到瓶子赛跑中蕴含的科学道理，在此基础上再启发幼儿探索瓶子赛跑的其他方式，验证之前的结论，这样的活动过程更能体现科学活动的严谨性和科学性。

在两方老师各抒己见的争论中，我也感到很困惑：本次活动中，顾老师的初衷是体现幼儿的主动性，表现在尊重幼儿的意愿上，但是如果教师对幼儿的意愿不加引导的话，就会导致活动不成功。在科学探究活动中，应该怎样体现幼儿的主动性？

卢燕

# 让幼儿在主动探索中有所发现

亲爱的老师：

您好！

主动、探索和发现是幼儿园科学探究活动的关键词，也是幼儿发展和教师支持的重点。中班科学活动"瓶子赛跑"作为预设的科学探究活动，应该体现主动、探究和发现的特点。通过您描述的活动基本流程，我发现活动评议时老师们两种不同的观点都有其道理。现实中，真正完美的科学探究活动是不多见的，"瓶子赛跑"真实地展现了幼儿的探究过程，也再次引发我们思考科学探究活动的实践形态和本质特点，思考如何改进我们幼儿园的科学活动。

在思考"瓶子赛跑"中的问题时，应该明确以下认识。

## 引发和支持幼儿积极主动的探究

激发和培养幼儿的探究兴趣，是幼儿园科学教育的重要目标之一。让幼儿以积极主动的态度和方式进行探究，是培养幼儿的探究兴趣、保持幼儿好奇心的重要前提和基本条件。无论是生成的探究活动还是教师预设的探究活动，都应注重幼儿的探究兴趣。就生成性的科学探究活动而言，由于这些活动本身就是在顺应幼儿的兴趣和关注点的基础上进行的，幼儿探究的积极性、主动性一般会比较高。而预设性的科学探究活动，则更需要教师的教育智慧，需要通过设置有趣的情境和提供有趣的材料，来激发幼儿的兴趣和探究的积极性、主动性。中班科学活动"瓶子赛跑"显然以其有趣的材料和情境，激起了幼儿的探究兴趣。尽管在活动后的评价中老师们持有两种不同的观点，但幼儿自始至终的兴趣和积极性是明显的，也是毋庸置疑的。好玩的瓶子和有趣的斜坡激发了幼儿各种有趣的探索活动。

## 让幼儿在预设性探究中有所发现

幼儿在幼儿园的探究活动应是丰富多彩的，有些活动具有很强的游戏性，它们往往是幼儿自由选择和自主进行的，以激发幼儿的探究兴趣和好奇心、让幼儿体会到科学的有趣和奇妙为主要目的，因此，不需要特别强调幼儿一定要通过探究活动发现什么、获得什么科学知识和经验。如幼儿的各种区域游戏活动、户外的自由探究等。在自然角和种植园的观察中，幼儿有时会有发现，有时可能没有。在幼儿园的一日生活中，这样的活动应该占比较多的比例。幼儿园的科学活动还需要有一些教师预设的活动，这些活动往往都对幼儿的探究和发现有所预期，教师也努力通过良好的设计和机智的组织支持，引导幼儿在探究中有所发现，获得预期的经验。"瓶子赛跑"作为评优课比赛的公开课，显然是一个教师预设的科学探究活动，尽管案例描述中没有明确阐述本次科学活动的目标，但从介绍中我们显然可以了解到，发现科学道理——斜坡高度与瓶子运动速度快慢的关系是本次活动的一个重要目标。在评课中，有一方的教师认为这个活动没有让所有幼儿都发现斜坡高度与瓶子运动速度快慢的关系，即有部分幼儿没有达到这个目标，也是事实。

## 教师设计的探究活动要简洁清晰

对于中班幼儿来说，教师预设的科学探究活动，目标和内容不宜过多过杂，应该简洁、明确、清晰，这样更有利于幼儿的探究与发现。而"瓶子赛跑"活动恰恰承载了过多、过于繁杂的目标和内容，按照活动的流程我们可以依次发现这样的学习目标与任务：瓶子从斜坡滚下的各种方式，同伴两人就瓶子从斜坡滚下的方式达成共识，比赛瓶子滚动的快慢，比赛的要领，斜坡高度与瓶子运动速度快慢的关系等。这些活动目标和内容，让中班幼儿在一个活动中完成显然是极其困难的，需要简洁化和条理化，需要筛选出最有价值的目标，设计适宜的引导幼儿探究的路径，并且用关键提问引导幼儿的探究与发现过程。

## 幼儿的发现需要一个不断探究的过程

幼儿对事物特点及其关系的探究和发现需要一个过程，不可能在一次活动中完成。幼儿新认识的获得，需要以自己的原有经验为基础，通过不断地证实、丰富和调整才能得以完成。因此，幼儿对于斜坡的探究，需要教师提供环境和材料的支持，组织幼儿进行集体探究活动。而针对关键的问题、内容或方法，教师要更多地在活动区游戏时间（如积木的搭建游戏、斜面的专题游戏区等）来支持幼儿的探索和发现。教师还可以捕捉日常生活中的一些时机让幼儿关注到相关的现象，如大门口供推车使用的斜坡通道、各种滑梯等。"瓶子赛跑"中的内容和目标可以分解开来，通过集体教学和幼儿的各种游戏与自由探究，在一段时间而不是一次活动内完成。

## 科学探究活动中要慎用和少用比赛

比赛要比出输赢，目的直接指向结果；而探究是要探索出结果，但更要探索结果发生的条件、原因和过程。因此才会当教师提出进行"瓶子赛跑""看看谁先到达终点"时，幼儿会想尽各种办法让瓶子快速到达终点，而这些办法与"探究斜坡与滚动"的办法显然有区别、"不正确"。遵循科学探究的特点，"瓶子赛跑"作为科学活动，旨在让幼儿通过主动探究发现斜面与滚动的关系，进行的应该是对比实验而不应该是比赛。我们可以再重新思考，有各种不同的探究思路。

幼儿在幼儿园里探究斜坡，可以以各种灵活多样的方式进行。顺应"瓶子赛跑"的初衷，建议活动可以分成几个不同的探究阶段进行。

### 阶段1 自由探究：瓶子可以怎样玩

熟悉和认识材料的特性是探究的第一步，因此要先鼓励幼儿自由探究瓶子的各种玩法。如把瓶子作为分隔物或障碍物进行一些体育活动；还可以用一根小棒进行"赶小猪"的游戏；可以把瓶子放在地上滚，看谁的瓶子滚得快；还可以试着将瓶子从自然环境中的斜坡上滚下来；等等。

在幼儿充分自由探究之后，请他们交流自己有趣的玩法和发现。这个活动可以在幼儿户外活动时的适当时间进行，目的是让幼儿在自由探究中熟悉材料，发现有趣的现象（如给瓶子力瓶子就会滚动，瓶子会向前或向后滚动，瓶子会从高处自己向下滚动等）。此时，观察幼儿的行为表现、语言表达和发现，这也是教师了解幼儿的兴趣点、原有水平的重要时机，可以方便教师更好地设计下一步的活动。

### 阶段 2　聚焦问题：观察材料、讨论、猜想和尝试

在幼儿有了前期经验之后，可以将准备好的高度不同、长度相同的斜坡呈现给幼儿，鼓励幼儿根据已有经验猜想：让瓶子从不同高度、相同长度的斜坡上滚下来，会发生什么？这是一个将幼儿的探究和思考聚焦的过程。幼儿在猜想和讨论时，如果提到用手推瓶子或其他给瓶子施加力的方法，教师要强调不用手推，让瓶子自己从斜坡上滚下来。

幼儿可能会有不同猜想，可以把幼儿的猜想记录在白板上，把不同幼儿的名字写在相应的猜想下面，这样做是让幼儿意识到或更明确他们自己的观点，并使幼儿能带着自己的想法（假设）进行探究活动。

鼓励幼儿探究和操作，验证自己的猜想。此时，幼儿也许是个体探究，也许是合作探究，教师不必特别要求。如果幼儿感到有需要，他们会寻求合作的。

通过这个环节的尝试，幼儿实际上经历了针对问题和任务的自由探究与发现过程。幼儿或证实了或推翻了自己的猜想，同时还会有新的问题和发现，如瓶子向下滚动与斜坡高度的关系，教师应该鼓励，这也有助于幼儿获得关于斜坡的经验。

### 阶段 3　初步探讨怎样比才公平

经过上一阶段的探究，幼儿基本上发现了斜坡的高度与瓶子滚动的速度之间的关系，但是，幼儿对于公平的实验和比较并不一定关注。因此，这个阶段主要是让幼儿通过对比实验来证实。

给中班的幼儿引入对比实验的观念有一定的难度，到中班下学期也许可以尝试。让幼儿学习的主要方法不是示范（同伴示范好的做法或教师示范正

确的做法），重要的是引发和引导幼儿讨论：怎样比才公平？通过讨论让幼儿明白：在比较瓶子从高度不同的斜坡上滚动的速度时，这两个要比较的斜坡要放得近一些，端点对齐；一定要同时开始，以便清楚地看到在其他条件相同、只有斜坡高度不同的情况下发生的状况。

### 阶段4　动手操作：进行对比实验和解释

在进行对比实验时，要特别注意不宜用"比赛"将幼儿引向对"谁先到达终点"的追求，而要引导幼儿观察当瓶子同时从高矮不同的斜坡滚下时"发生了什么"。教师把幼儿的对比实验进行录像也很珍贵，能够在回放时让幼儿观察到细节。

在幼儿充分进行对比实验后，鼓励幼儿交流他们的发现，幼儿会用他们自己看到的事实说明他们得出的结论：瓶子在高的斜坡上比在矮的斜坡上滚得快，斜坡越高瓶子滚得越快，等等。

### 阶段5　继续探究：深入的自由探索

在这个阶段，可以给幼儿提供更加丰富的材料，支持幼儿自己搭建各种斜坡，提供各种能够滚动或滑动的物体（如球、小车等），进行各种探究活动。

当然，上述5个阶段的活动只是幼儿探究斜坡的一种设计思路，仅供参考。各个阶段提示的也只是基本的活动要点，是可变的，因具体情况和幼儿的经验而异。还要说明的是，这5个阶段的内容显然是不可能一次完成的，除了阶段3和阶段4不宜分开以外，其他阶段都可以合理地分到不同的时段来进行。

中国教育科学研究院　刘占兰

# 14

## ✉ 对于不愿意想象的幼儿，该如何引导？

老师：

　　您好！

　　我是一位一线教师，最近在开展活动时遇到了一个让我哭笑不得的问题，急盼给予帮助。

　　在小班"秋天的水果"这一主题中，有个体育活动"蚂蚁运粮"。为了吸引幼儿参与活动的兴趣，我准备了小蚂蚁的头饰，和幼儿一起扮演小蚂蚁的角色，我是蚂蚁妈妈，小朋友是小蚂蚁。幼儿听到自己的角色后非常高兴，活动的积极性也被调动起来，在准备活动中都能跟着"蚂蚁妈妈"的动作一起锻炼身体。当活动进行到第二部分，请幼儿学一学小蚂蚁走路的样子（双手双膝着地爬）时，幼儿都兴奋地趴到垫子上当起了小蚂蚁，只有佳佳站着不动。我爬到佳佳身边说："你看，你的蚂蚁朋友都爬到草地上玩了，你也赶紧跟上妈妈去找他们吧！"

　　没想到佳佳回答道："我不是小蚂蚁，我是人！"听了幼儿的话，我忍不住笑了起来。

　　为了让佳佳更快地参与到活动中来，我不得不这样解释："是的，我们都是人，现在我们学小蚂蚁走路的本领，爬到草地上做游戏。"没想到佳佳还是站着不动，说："我不是蚂蚁，我不做。"我想尽了各种办法让她一起参加活动，可是一点效果也没有，她根本不愿意当小蚂蚁。看到她这种情况，我说："那你学着老师的样子，和老师一起比一比，看看谁爬得又快又好。"可还是没用，佳佳说："你就是蚂蚁，我是人，我不做的。"对于佳佳这样非常有"原则性"的幼儿，真没辙。

　　在幼儿园的活动中，我们为了让幼儿参与活动的积极性更高，一般都会设置一些情境、定位一个角色来吸引幼儿，一般情况下，幼儿都是非常乐意地接受老师"给予"的角色，积极地参加活动。但从上述事例中看出，有的幼儿对老师"给予"的角色根本没有兴趣，表现出来很大的不满，连活动也不愿意参加，不管老师怎么引导都是一样的反应。

　　对于佳佳这种不愿意想象的幼儿，我们应该采取怎样的引导策略，使其能积极地参与到活动中来呢？请专家予以指导。

顾卫红

# 想象的条件与幼儿想象的自主性

亲爱的老师：

您好！

想象是人在头脑里对已储存的表象进行加工改造形成新形象的心理过程，其本质是人类自由意志的体现，是一种自主活动，即"要不要想象""想象成什么""怎么想象"等都由想象者自主决定，这种自由让幼儿感到愉悦、满足，并产生自我价值感、存在感。想象的产生是有条件的，幼儿想象本身也是带有鲜明个性的活动，是为满足自己的内在需要、实现自己的主观意愿而进行的。

您的专业敏感为我们提供的这一珍贵案例，正体现了想象的条件与幼儿想象的自主性的问题，我们尝试从以下几方面与您探讨这个问题。

## 幼儿为什么喜欢想象——想象的价值分析

人类个体的想象在1—2岁时开始萌芽、发展，同时伴随发展的还有幼儿的意识水平。在这1—2年的人生经验积累中，幼儿的感知觉、记忆等心理活动已经在大脑中积累起了一定量的形象，并且随着意识水平的发展，幼儿开始能逐步脱离时空的限制（表现出人类心理的能动性），对这些形象及其活动方式、其间关系等进行改造，这就是想象。也就是说，在成人看来这种属于想象的东西，对幼儿来说却是他们的现实生活发展到一个新阶段获得的体验，是真实的。因此，对心理学中将"想象有时与现实相混淆"作为幼儿想象发展的特点之一的说法，应该辩证地理解。

在幼儿这个成人将之归属为"想象"的"现实"世界里，他们给每种事物、每种关系进行命名，对每种现象给出自己的解释，支配着所有的人、事、物；同时，也与所有的人、事、物协调，在不断的矛盾冲突与解决中，形成自己对世界的理解，养成自己独特的行为方式。在这个过程中，幼儿现实而自如地生活着，是一个独立自主的人，充分地使用着自己的能量、体验着自己的力量、享受着成就感。这是想象的独特内在价值，也即存在价值，它让幼儿感到自由，让幼儿获得强烈的存在感、愉悦感和自尊、自信。这是幼儿喜欢想象的原动力。

正是想象的内在价值，使得想象过程中的感知觉、记忆、思维、情感、意志等心智活动的能量消耗不再成为负担，并且使得这些心智能力轻松得到锻炼与良好发展，这就使想象又具有了独特的外在价值，也即工具价值。心理学关于"想象对幼儿认知、情绪、游戏、学习活动起着十分重要的作用"的陈述，正是对想象工具价值的表达。正如您在案例中所说，"一般情况下，幼儿都是非常乐意地接受老师'给予'的角色，积极地参加活动"，其心理学依据正在于此。

可见，想象的内在价值是某活动成其为想象的根据，是其工具价值建立的基础与前提条件。因此，教学中使用想象手段，必须以满足幼儿的想象需要、有助于实现幼儿的主观意愿为前提条件。否则，这种所谓的"想象"将成为伪想象，不能发挥其应有的教育效果，甚至有损于幼儿想象力的发展。

## "佳佳"为什么不愿意想象——想象的条件分析

想象的内在价值决定了幼儿必然会喜欢想象，但想象的产生是需要条件的。

首先，想象的产生依赖于两个硬件：一是幼儿头脑中要有大量的表象，二是幼儿头脑中要有操作表象的能力。这两个硬件的具备表明幼儿已经拥有了开展想象活动的能力。

其次，由于想象活动的自主性，具体的想象活动的产生还受特定问题情境和个体特定需要的影响。由于幼儿意识水平尚低，特别是小班幼儿，大多数情况下还不能按照特定的目的自觉地进行有意想象，因而更易受到问题情境和个体需要的影响。同时，幼儿生活在一定的社会文化中，其想象动机、内容与方式等也是其生活经验的反映。每个幼儿的生活经验不同，对生活事件的理解和体验不同，表现的想象意愿、内容与方式等也会不同。此外，幼儿想象的内容和方式等还因年龄、性别、气质类型等不同而存在差异。也就是说，虽然所有幼儿都爱想象，但具体到某个幼儿、某个情境，就可能因幼儿个性的不同而出现不同的想象。因此，幼儿想象本身也是带有鲜明个性的活动，个性需要的满足就成了具体想象活动产生的主要条件。据此，或许可以试着和您一起来分析案例中佳佳的行为表现。

从想象产生的两个硬件来看，作为小班幼儿，佳佳肯定已经具备了表象加工能力。从案例中您"请幼儿学一学小蚂蚁走路的样子（双手双膝着地爬）时，幼儿都兴奋地趴到垫子上当起了小蚂蚁"的描述来看，我们也可以排除"缺少关于蚂蚁的表象"这一原因。佳佳头脑中有可能缺乏丰富的蚂蚁表象，但从案例描述来看，当时您已经给了幼儿动作示范或提示（双手双膝着地爬），其表象可以马上得到丰富。

从问题情境来看，为了吸引幼儿参与活动的兴趣，您要求所有幼儿将自己想象成小蚂蚁、将您想象成蚂蚁妈妈，这其实也是要求小班幼儿进行有意想象，并且是限定在固定角色中想象。那么，有可能佳佳不想或不能用这种带有目的性的要求去约束自己的想象行为，也有可能是不喜欢蚂蚁或者其他原因，使得这个教学要求不能激发起佳佳的想象需要，使想象活动成为其主观愿望，因此，也就不能对佳佳构成问题情境，从而不能刺激起她的想象活动。

从个体需求角度来看，佳佳强调说"我不是小蚂蚁，我是人""我不是蚂蚁，我不做"，这或许表达出了佳佳作为"人"的自我意识的强烈诉求。"我是人"，这或许是佳佳从"泛灵"与"物我同一"的低幼心理发展到自我意识新水平时获得的新体验，因此，她在极力维护自己作为"人"的形象。自我意识是个性的核心，佳佳的抵触或许反映了这一教学要求与其个性的矛盾。

正如前文所述，想象的内在价值是其成为想象的根本，是想象作为教学手段发挥教育价值的基础和依据。因此，我们是否可以据此认为，当我们要求小班幼儿固定在一个角色中，按照同一个方式行动时（比如案例中的"双手双膝着地爬"），幼儿其实只是在被动模仿，而非想象。之所以大多数幼儿会去当蚂蚁，是出于对指令的顺从、对活动的向往，而这个活动在属性上应该不是想象,因为幼儿并没有一定要扮演蚂蚁的需要与愿望,换成小猫、小狗的角色要求,只要有活动,他们大都仍然会参与。只有当遇到佳佳这一强烈要求"捍卫自我"的幼儿时,我们才意识到,幼儿的个体需要、主观愿望等自主性被我们忽视了。

## 让幼儿的想象自由飞翔——实现幼儿想象的自主性

幼儿园教学要扎根于幼儿的现实生活,而想象对于幼儿来说,也是他们的现实生活。因此,成功的幼儿园教学应该是让每个幼儿的想象都能自由飞翔,其关键在于实现幼儿想象的自主性。

首先,我们在观念上要对想象的内外价值及其关系以及内在价值的重要性有充分的认识。幼儿想象内在价值的充分实现,是其工具价值充分实现的条件,并制约着工具价值的发挥。幼儿期以无意想象为主导,是实现想象内在价值的关键期,其实现程度决定着他们今后想象力的发展水平。因此,从这个意义上来说,在幼儿期,想象的内在价值远比工具价值更为重要,应首先保障幼儿想象的内在价值的实现。

其次,在教学中应充分尊重幼儿的个性与自主性的发挥。这就要求我们在幼儿的角色选择、材料选择,教师的教学示范、提供帮助、评价等方面都充分考虑幼儿的个性与自主性,在保障教育目标实现的前提下灵活处理教学的"预成"与"生成"问题。比如,在"秋天的水果"这个主题中,为什么会有"蚂蚁运粮"这个体育活动?这个体育活动的具体目标是什么,在整个主题中承担什么样的教育功能?实现这样的目标是否一定只能是"蚂蚁"这个角色?是否可以有更适合幼儿充分自主参与的体育活动来实现此目标?

总之,这个案例值得我们思考的是:幼儿想象究竟有何价值——幼儿想象是幼儿的现实生活,是其自由意志的体现;幼儿想象的发生需要条件——将想象作为教学手段,必然是以保护、尊重幼儿的个性和自主性为前提。只有充分实现幼儿想象的自主性,才能让每个幼儿的想象都能自由飞翔。

华南师范大学　何秀英　袁爱玲

# 15

✉ **如何让幼儿参与课程评价?**

老师:

　　您好!

　　近期,我们大班在开展有关毕业的班本课程。我们先查阅了上一届大班幼儿的毕业课程,然后根据本班幼儿的经验和兴趣点,开展了本班的毕业课程。主要包括两大部分:第一,"我理解的毕业",先进行一下调查和摸底;第二,"我经历的毕业",包括四部分内容——"告别幼儿园""参观小学""走进小学""毕业典礼"。在这个过程中,我们还生成了课程中的小课程,如"课间10分钟"。所有的活动基本都以幼儿为本,倾听幼儿的想法,追随幼儿的兴趣,以此生成集体教学活动等逐步推进的。

　　课程持续了将近一个月,我感觉课程还是开展得比较扎实的。因为,课程开展前我们园区的领导就对课程进行了一个前期审议,课程开展中又进行了一次中期审议。同时,我结合《指南》进行了关键经验的解读,活动中幼儿也都是全程参与的。因为我自己主持了一个市课题"利用园区资源进行班本课程开发的实践研究",其中有一个研究内容是对课程进行多维度评价,既包括老师也包括幼儿,甚至还有参与课程的家长。那么,对于幼儿来说,如何对课程进行评价呢?经过思考,我们尝试通过谈话来达到让幼儿参与课程评价的目的。

　　谈话由我先提出问题:"最近,我们都在开展关于小学的活动,有毕业前想做的事、毕业派对、我想感谢的人、我最难忘的事、参观小学、模拟课间10分钟、整理书包、毕业典礼等。参加了这些活动,你最大的感受是什么？你学到了什么？"问题提出后，我进行了统计，班上32个小朋友只有10个小朋友回答了，其中还有3个回答的是与问题无关的，也就是说32个小朋友中只有7个小朋友回答到了点上。这让我有些失落，因为这完全出乎我的意料。

这次失败让我开始有些怀疑，我做的这个班本课程有价值吗？其实有无价值从幼儿的表现可以看出，比如学会了整理书包，了解了什么是"课间10分钟"以及如何安排自己的"课间10分钟"，知道了小学和幼儿园的不同，等等。但是幼儿的不会回答或者文不对题的回答又让我对课程的评价产生了一定的顾虑，虽然我充分了解课程评价不能单一化，但让幼儿参与课程评价真的有必要吗？面对这种情况，如何让幼儿参与课程评价？除了用这种方式，是否还有一些更接地气的让幼儿参与课程评价的方式或策略呢？

非常期待专家的解答。

施俊霞

# "以幼儿为本"的"根"在哪里?

亲爱的老师:

　　您好!

　　看了您关于大班毕业系列活动的描述,以及您对课程评价、幼儿参与课程评价的所思、所想、所做,看到了您以幼儿为本、追随幼儿、尊重幼儿所做出的努力。您也提出了两个值得讨论和思考的问题:您做的幼小衔接班本课程有价值吗? 让幼儿参与课程评价有必要吗? 这两个问题,其实是您作为教师已经在不自觉地思考课程的质量以及如何评价课程质量的问题。说明您在日常的教育过程中,在专业思想中已经有了课程价值观的意识,在思考大班末期的"毕业课程"的有效性。

## 关于幼小衔接课程的价值

　　幼小衔接是所有幼儿园都关注的问题,大班末期所有幼儿园都会组织相关的幼小衔接的系列活动,目的是期望幼儿做好准备,顺利入学并适应小学的生活。

　　我认为,首先,要从人的发展以及教育的宏大目标来看待幼小衔接问题。其实三年的幼儿期都是在为进入小学学习做准备,在为未来的人生做准备,在为成为一个社会的人做准备,在为未来成为更好的自己做准备。6岁左右进入小学学习是当代每一个人必须经历的一个社会性发展阶段,是一个社会性发展的质变的阶段,是人生所要面对的第二个社会文化环境的挑战(第一个挑战是3岁入园)。因此,从幼儿园进入小学学习的跨越,本身对于幼儿来说就是一种人生的自我挑战,这种挑战经历会为其未来面对新的社会环境、自我适应做准备。在这样的宏观背景下,我们应该站在支持幼儿的视角来思考如何帮助他们度过这一阶段，并为未来的人生积累有益的经验。

那么，我们该如何开展大班的幼小衔接活动呢？施老师首先查阅了上一届大班幼儿的毕业"课程"，并根据本班幼儿的经验和兴趣开展了"我理解的毕业"和"我经历的毕业"，并生成了"课间10分钟"等"小课程"，所有活动通过集体教学活动来推进。

我想对这一系列活动提出以下问题：对上一届幼儿的毕业课程，如何进行反思与分析？组织好这些活动是否就是完成了对幼儿进行的幼小衔接"课程"？是否集体教学活动是生成的、不是教材上的就是"以幼儿为本"了？为何这些活动基本是用生成的集体教学活动推进？最为重要的问题是，教师有没有通过观察发现，在系列活动过程中幼儿感兴趣的问题是什么？每个幼儿关注的幼小衔接问题是什么？这些问题幼儿是如何解决的？

以幼儿为本的活动，要求教师在幼儿已有经验和认知基础上，采取适宜的教学策略推动和促进幼儿主动的探究和探索。教师要胸怀目标，从幼儿的一日生活中观察和倾听幼儿，发现幼儿当下的经验和活动，支持、追随和推动幼儿发起的活动和探究。幼儿是在主动活动过程中建构自己对世界的认知的。怎样的教学策略才能做到呢？建议施老师去读有关项目教学法（Project Approach）的书籍，项目教学法在项目主题的发起、项目的开展推进、项目的经验分享等方面提供了支持幼儿主动活动的具体策略。《幼儿园工作规程》（以下简称《规程》）指出，教育活动的组织应当灵活地运用集体、小组和个别活动等形式，为每个幼儿提供充分参与的机会，满足幼儿多方面发展的需要，促进每个幼儿在不同水平上得到发展。项目教学法中，有集体的讨论、分享、参观活动，有以不同兴趣自然生发的小组探究、讨论、游戏、表演活动，也有幼儿个体自发的表征、表达、阅读、解决问题的活动。针对不同的活动教师的支持策略是不同的。我认为，坚信幼儿生来是积极主动的学习者，才能够真正做到以幼儿为本，我们教师就可以想方设法去创设环境、提供材料，满足幼儿生长的需要，引发幼儿的主动活动，支持幼儿自主探究和学习。

最后，关于课程中的"小课程"——课间10分钟的问题，这样的表述促使我们思考该如何理解"课程"和"幼儿园课程"。幼教界早已达成共识，幼儿园课程是不同于其他学段的特殊课程，幼儿园课程就是幼儿园的一日活动（生活）。《指南》也明确指出，幼儿是在游戏和生活中学习的。把一个小的活动就当成课程来理解，我认为会使得这个小活动高结构化，当成"课程"来设计和实施。日本的幼儿教育家仓桥物三在20世纪50年代说过一句话："幼儿园本该是这样的，教师千方百计地非常努力地工作，但幼儿全然感觉不到自己在被诱导着，其生活完全是他们自己的生活，如流水一般一天天地度过。我们必须让幼儿能够这样生活。"幼儿去小学参观，发现了"课间10分钟"，那么他们如何才能安排好这10分钟？我们是选择在大班末期的两个集体活动中故意设置"课间10分钟"让幼儿学习如何安排，还是选择在幼儿园三年中，我们的课程给予幼儿自己规划时间，选择游戏内容、游戏材料、游戏伙伴的机会，在"如流水一般"的幼儿园生活中自然获得如何管理时间、如何计划自己的活动的能力？我想，当然应该是后者。如何实现，需要我们专业的实践和研究，也是对教师巨大的挑战。

## 关于幼儿参与课程评价

当我们提出一个概念或使用一种概念进行教育实践时，我们首先要通过研究去理解这个概念研究者提出的背景以及解释。"幼儿参与课程评价"应该是源于近几十年来基础教育关注的"学生参与课程评价"的问题。20世纪70年代的"学科中心课程理论"提出了让学生本身成为课程的一部分，即课程内容要与学生所关心的事情联系起来，并让学生参与课程设计、实施和评价，而不是把学生作为课程传递的对象。在我国，学生参与课程的意识是随着基础教育课程改革的推行开始发展的。由此，我们可以得出"幼儿参与课程评价"的提法源自基础教育阶段的研究。当我们把源自基础教育阶段研究的理论与实践用于幼儿教育领域时，要格外小心，3—6岁幼儿身心发展特点与中小学生身心发展特点完全不同，幼儿园的课程是不同于中小学学科课程的。况且研究者也认为，学生参与课程评价由于学生身心发展的不成熟存在着现实的困境，如学生参与课程评价的片面性和主观性。且存在晕轮效应，即由于受自身知识水平、能力和思维方式的局限，学生常常以自己的好恶来评价学校和教师。

同时，提出"幼儿参与课程评价"的依据可能源于《纲要》。《纲要》指出，管理人员、教师、幼儿及其家长均是幼儿园教育评价工作的参与者，评价过程是各方共同参与、相互支持与合作的过程。《纲要》同时也指出，幼儿园教育工作评价实行以教师自评为主，园长以及有关管理人员、其他教师和家长等参与评价的制度；评价应自然地伴随着整个教育过程进行，综合采用观察、谈话、作品分析等多种方法。幼儿园教育的评价尽管是多方参与、多元评价，但核心还是要回到自然的教育过程中进行。幼儿如何成为幼儿园教育评价的参与者是一个值得研究的问题。施老师为了体现课程评价以幼儿为本，采用"幼儿参与课程评价"，专门设计一个活动让幼儿参与课程评价，并设计"你最大的感受是什么？你学到了什么？"的问题向幼儿提问，在幼儿教育的价值取向上是值得深思的。其实，施老师也发现，全班大部分幼儿对此问题无兴趣，只有少部分幼儿的回答与问题有关，且从幼儿的回答中无法实现教师让"幼儿参与课程评价"反思教育活动的目的。施老师对此感到"完全出乎意料"。其实我认为，这个"出乎意料"正是幼儿"参与"了课程评价，他们对教师组织的这个活动不感兴趣，他们无法理解教师的问题，这不是他们的需求。教师应该就此反思，这样的活动设计的心理学依据及其是否必要。

我以为，并不是让幼儿参与一些"活动"，如让幼儿参与课程评价、让幼儿参与环境创设、让幼儿参与课程审议等，就是尊重幼儿、以幼儿为本的教育理念的体现。幼儿是教育活动评价的参与者，应该从以下几个方面去理解与实践。

首先，努力学习和理解3—6岁幼儿心理发展的规律，为支持幼儿游戏和探究提供适宜的空间、环境、材料和时间，以保证教师支持的专业性和有效性。

其次，无论教育活动评价还是课程评价，教师对于教育目标和目的的认识，即对教育的结果的认识很重要。施老师认为，"其实有无价值从幼儿的表现可以看出，比如学会了整理书包，了解了什么是'课间10分钟'以及如何安排自己的'课间10分钟'，知道了小学和幼儿园的不同，等等"。如果这就是课程的价值的话，课程评价就会聚焦于知识技能的获得。但这是否是幼儿园教育所要追寻的目标？这样培养的幼儿是否能够适应未来社会的发展？

其实，未来社会需要的终身素养在幼儿阶段的发展，如学习品质、创造力、积极的情感态度等，是无法用提问幼儿的方法来获得的。因此，教师要通过观察幼儿的活动状态来实现"幼儿参与课程评价"。如果幼儿能够长时间、持续专注于活动，自发地探索、自主地表征，就说明活动是有效的。教师还应该随时倾听幼儿在日常生活及活动中的对话以及情绪情感的表达，以此反思和分析活动的适宜性。

课程质量的提升过程是教师不断观察、分析、反思、调整，循环往复的过程。教师要站在幼儿未来人生的意义的宏观视角审视教育的目标和内容，要从活动是否符合幼儿发展需要、是否调动了幼儿的积极性、是否提供了有益的经验、是否每个幼儿都有成功感、是否有利于幼儿主动与有效学习等方面评价。幼儿参与课程评价意味着教师聚焦、关注生活和游戏中的幼儿，幼儿的一言一行、一颦一笑，无时无刻不在表达着对课程的评价。

我想这才是幼儿参与课程评价的真实意义所在。

希望我的思考能对您有所启发。

江苏省教育科学研究院　张晖

# 为每一个幼儿的成长搭建他们所
# 需要的脚手架

　　教育是一项"慢活儿"，任何一蹴而就
的期待都是不适宜的。适宜的做法应该是
更多、更真切地关注有特殊表现幼儿的理
由，为每一个幼儿的成长搭建他们所需要
的脚手架。


——刘晶波

# 16

✉ **集体教学活动中，如何对待幼儿的差异性与个别性表现？**

老师：

您好！

我在组织中班幼儿开展音乐游戏"网小鱼"的过程中，遇到了一个始终游离在游戏情境之外的幼儿，影响了活动的正常开展。

"网小鱼"游戏的音乐分成两段：第一段是小鱼们跟着轻快的音乐在小池塘里游来游去；第二段音乐骤然转急，代表"渔夫"来了，小鱼们有危险，这时候就要求小鱼们能够听着"回家"的音乐很快地逃回自己的"家"——在椅子上坐好。

游戏开始了，幼儿跟着音乐旋律，边演唱歌曲边做着动作。当听到"渔夫"来了的音乐时，幼儿纷纷做好了逃回家的准备。一听到快速回家的音乐，他们就都飞快地游回了自己的"家"中，只有飞飞还在"池塘里"悠闲地游荡着。同伴着急地喊："飞飞，渔夫来抓你了，快点回家呀！"飞飞置若罔闻，依然故我地游着，还时不时地摆动着"尾巴"和"鱼鳍"，间或绕一个圈。我想，如果我强制性地要求他快点回位，似乎有些欠妥，想到他平时喜欢别人说他是个聪明的孩子，我灵机一动，说道："小鱼们听见了渔夫来的音乐后，赶紧跟着逃跑的音乐回家了，真是聪明的鱼宝宝。飞飞，你也做聪明的鱼宝宝，赶快回家好吗？"飞飞听了我的话，慢悠悠地回家了，我心中窃喜，觉得自己引导得很合适，既让他遵守了规则，又没有生硬刻板地要求他。

第二次游戏开始了，到小鱼回家时，飞飞依然像上次一样，对要求置之不理，在所有的小鱼都逃回"家"后，还在"池塘"里悠闲地转着圈。一边的培文看见了就叫起来："笨蛋笨蛋，飞飞是笨蛋。"听到这句话，我对自己刚才的引导方法产生了质疑，一定是我那句让飞飞做聪明的鱼宝宝的话让培文产生了"不是聪明小鱼就是笨蛋小鱼"的想法。听着培文那一声声的呼喊，飞飞没有反应，继续转圈。我只得将游戏停下来，边制止培文的呼喊边转过头来对飞飞说："飞飞才不是笨蛋呢，飞飞很聪明，马上就回家了，对吗？"飞飞这才停下来，对我点了点头。我接着提醒道："那你下一次做游戏的时候，也一定要快快地回家呀！"他又点了点头。

第三次游戏开始了，飞飞却没有实现自己的承诺，他依然像前两次一样，无视音乐，也无视同伴的游戏行为与表现，沉浸在自己的游戏中，摆动、转圈、再摆动、再转圈。其他幼儿都用奇怪的眼神看着他，边上的苇苇有些为他着急，去拉他的手，想让他坐下来，但是他不愿意停下来，还是在游着、游着，始终不愿意"回家"。

"网小鱼"本身就是一个规则性游戏，它是有特定的游戏规则作为前提与支撑的，只有遵守游戏规则才能使游戏顺畅地进行。但是在游戏过程中，教师、同伴对飞飞的语言提醒与动作提示，都没能让他做到遵守规则。我很疑惑，在这样的活动中，我是否必须要让飞飞做到与其他同伴一样遵守游戏规则，如果是的话，我应该用什么办法做到既不伤害飞飞的情感，又让他愿意主动遵守游戏规则呢？另外，如果我可以允许他与众不同地做一条不愿意"回家"的小鱼，那么我应该如何对其他幼儿解释这种行为的合理性，又不会让其他幼儿认为这种行为是被允许的，对自己的行为失去了一个准则，从而出现更多不遵守游戏规则的行为？

非常希望专家能够为我指点迷津：教师应该怎样看待幼儿在规则性活动中的一些无规则行为？这些行为是出于幼儿的何种心理，又该如何去解决这类问题，让教学活动顺畅地开展下去呢？

朱艳芳

# 尊重幼儿的差异性与个别性表现

亲爱的老师：

　　您好！

　　感谢您的来信，您所提出的问题引发了我很多思考。思考的过程中，我一直努力假想自己正处于您当时的状态之中。

　　精心为幼儿设计了一个在形式与内容上都很符合幼儿身心发展特点的音乐活动"网小鱼"，先让幼儿跟着轻快优美的音乐边演唱歌曲边做动作，像一条条欢乐的小鱼，快乐、舒展而自在地游来游去；然后让他们在听到"渔夫"来了的音乐时，飞快地游回自己的"家"里，躲避危险的事情。这个活动不仅可以让幼儿在游戏中放松、愉快、优美地舞动，还可以帮助他们学会倾听、感受节奏的变化、掌握相关的行为规则。无论是从教育研究者还是教育实践者的立场看，都会认为：这个充分体现了教师良苦用心与教育智慧的活动，一定会深受幼儿的喜欢。实际情况也正是这样，绝大多数的幼儿都很开心、忘我地投入到了活动之中，只有飞飞例外：他虽然也参与了活动，可是却跟不上活动的步骤，还总是按照他自己的意愿"在池塘里悠闲地游荡着"，全然不管同伴们走到哪里，即使在老师反复提醒、要求过后还是我行我素。

　　坦率地说，如果真正遇到这种情况，我相信我也会和您一样，感到疑惑，甚至还有些沮丧：我那么努力、认真地想带着飞飞和孩子们一起"走"，可他就是不配合、就是合不上活动的节拍。

　　跳出"圈外"，回到研究者的视野，一遍遍地琢磨您的问题，我渐渐地意识到：在我们日常的教学活动中类似的情景是比较常见的。比如，美术活动中，老师请幼儿给图画纸上的苹果涂色，绝大多数幼儿涂的都是红色，只有小雨把苹果涂成了蓝色，老师一遍遍引导他"想想看，你吃过的苹果是什么颜色的呀"，可是小雨却像没听见老师的话，将蓝色在苹果轮廓里涂得满满当当；生活活动中，老师请吃好了点心的小朋友把喝完豆浆的杯子送到清洗槽里，然后出去玩，可坐在门口的贝贝总是将杯子往自己的椅子上一放，快速跑出教室……。这些鲜活的案例和您叙述的现象表面看上去各有特点，但它们在实质上都触及了教育实践过程中的一个根本性问题：集体教学活动中，如何对待幼儿的差异性与个别性表现？

　　集体教学活动，顾名思义是指教师带领全体幼儿共同开展的活动。这种教学活动不但要有明确的教学目标，还要有针对幼儿提出的具体要求。教师在设计目标与要求的时候，所立足的出发点是全体幼儿的总体发展水平和他们在活动中所处的基本状态。如果活动目标与要求设定合适，全体幼儿基本都能达到教师所期待的水平。但是因为在幼儿阶段，个体之间的差别很大，即便是设计得再完美的教育活动目标与再适宜的具体要求，也很难保证对每个幼儿都有效，很难保证每个幼儿都能"合上教师的节拍、跟上活动的步骤"。因而，像您所提出的问题，以及我在上面例子中谈到的两种情况，也便会常常出现。遇到这种情况时，我们不免会产生困惑：我们到底该怎样对待这些有"特别表现"的幼儿？

　　正如您所分析的那样，类似"网小鱼"这样的集体活动本身是很注重规则的，"它是有特定的游戏规则作为前提与支撑的，只有遵守游戏规则才能使游戏顺畅地进行"。凡是有特殊表现的幼儿的行为，在根本上都是和老师提出的规则背道而驰的。换句话说，"不肯回家的飞飞""涂蓝色苹果的小雨""将杯子丢在座位上的贝贝"，都是没有按照老师提出的行为规则去做，所以他们就没有"顺利地"参加活动，给老师和自己都带来了麻烦。

　　那么，"飞飞们"为什么会在集体活动中有这样特别的表现呢？是他们故意不遵守规则吗？毫无疑问，这种说法从理论上是不成立的。有幼儿心理学知识背景的人都知道，出于对生命秩序感的需要，幼儿对规则的需要与看重甚至比成人还要强烈，一旦他们在心里确认了某个规则是他们需要遵守的，他们甚至比大人还要认真、执着。在实际生活中，关于幼儿努力遵守规则的事例也数不胜数。在前不久笔者参加的一次家长教养经验交流会上，很多家长都提到过类似的情况：当孩子从幼儿园学会了交通信号灯的意义后，对红灯停、绿灯行这一规则的遵守程度远远超出了家长本人。如此说来，"飞飞们"在本意上都是愿意遵守规则的，如果没能做到，一定有着他们自身的原因。

就个体发展而言，能够导致"飞飞们"违反规则、不按照教师要求去活动的原因有很多。比如，幼儿是否对正在进行的集体活动有兴趣？幼儿目前的注意力是否集中？幼儿个人的生活经历是否对他们所参与的集体活动带来不同的理解，这些理解是否会导致幼儿在行为方式上与教师的要求不同？如果从这些方面进行思考，我们都会或多或少看到"飞飞们"行为表现的另一面："置若罔闻，依然故我地游着，还时不时地摆动着'尾巴'和'鱼鳍'，间或绕一个圈。"，是否正是因为他觉得这个摇来摆去的动作特别有趣，所以不想停下来转入下个环节？任凭老师怎么提醒，小雨都坚持用蓝色涂她的苹果，是否正是因为小雨现在出于审美的需要特别迷恋蓝色这种颜色，愿意看到浓浓的蓝色聚集在一起的样子？

读到这里，也许朱老师您会说：我相信这些理由是存在的，如果真的是因为这样一些理由，我也可以理解"飞飞们"的行为，但是这种理解并不能帮助我完成自己预定的教育活动目标——让幼儿学会遵守游戏中的规则。"在这样的活动中，我是否必须让飞飞做到与其他同伴一样遵守游戏规则，如果是的话，我应该用什么办法做到既不伤害飞飞的情感，又让他愿意主动遵守游戏规则呢？另外，如果我可以允许他与众不同地做一条不愿意'回家'的小鱼，那么我应该如何对其他幼儿解释这种行为的合理性，又不会让其他幼儿认为这种行为是被允许的，对自己的行为失去了一个准则，从而出现更多不遵守游戏规则的行为？"

针对您这一系列围绕着规则教育展开的普遍性提问，我认为我们需要做的不是直接给出某种答案、推崇某种具体的做法，我们更需要做的是重新审视一下我们的集体教学活动，以及规则在集体教学活动中的分量。您在叙述中把"网小鱼"判定为一个规则游戏，我个人认为这种看法有其不适之处。首先，就宏观方面来说，幼儿园中指向幼儿的每一个集体活动都是贯穿着规则要求的，对幼儿进行教育，某种程度上也正是帮助他们习得规则的过程；幼儿对规则的习得是众多教学活动共同作用的结果，您无须将焦点锁定在这一项活动之中，那样的话，您对没能帮助飞飞掌握规则、有可能导致其他幼儿也失去行为准则的焦虑程度便会降低下来，从而也可以让您放松下来，真正了解飞飞所处的状态，帮助他找到他的"最近发展区"。其次，从具体活动来看，在您开展的这个活动中，幼儿可以收获到的内容是很丰富的，比如肢体运动、动作韵律、情感表达、审美能力、应变能力等，如果您能注意到您的这项教育活动在这些方面的价值，您就更不必只为飞飞没能学会遵守游戏中的规则而担忧，他能够一直投入地依然故我地游着，"还时不时地摆动着'尾巴'和'鱼鳍'，间或绕一个圈"，足以说明，您的教学活动对于飞飞来说，已经有了非常好的教育效果，您不必急着让他马上变得和别的幼儿一样，因为教育是一项"慢活儿"，任何一蹴而就的期待都是不适宜的。适宜的做法应该是更多、更真切地关注有特殊表现的幼儿的理由，为每一个幼儿的成长搭建他们所需要的脚手架。

您说呢？

南京师范大学　刘晶波

# 11

## ✉ 集体活动中应该有"自由时间"吗？如何组织？

老师：

您好！今年我带的是小班，在集体活动中多次遇到这样的困惑。

比如，小班主题活动"小手和小脚"中有一个科学活动"动物的手和脚"，目标是认识不同动物手脚的外形特征。活动之前我请家长和幼儿找了大量的图片，贴在教室后面空着的板子上，为活动的开展做好准备。在幼儿通过图片认识并讨论了一种动物（鸭子）的脚的样子、功能后，我请他们说说还见过什么动物的脚。幼儿纷纷说出了许多动物的名字。接下来，就是自由观察图片的时间。

在我看来，自由观察所营造的宽松氛围应该能够让幼儿更尽兴地看和说，而且准备的图片都很大，有的还是彩印的，一目了然。请幼儿自由观察前我还特地交代了要求：请他们结伴观看图片，可以边看边和好朋友说一说：看到了什么动物，它的脚是什么样子的。幼儿三三两两地走过去，一部分幼儿指着动物说出了它们的名字；有几个幼儿看到黑猩猩的手和脚，边笑边捂着嘴巴叫"可怕"；有几个幼儿根本没看图片，一溜烟跑到旁边玩玩具了，这也带动了其他一些幼儿跟着去玩了，把看图片的事抛到了九霄云外；还在看图片的幼儿看到这些小朋友在玩玩具，也很快分散了，有的去小便，有的去喝水。我有点措手不及，也非常失望：在这个过程中既没有幼儿提出疑问，也没有同伴之间积极的讨论，而且还让一个完整的活动中途"散"掉了。这到底是怎么回事呢？

　　又比如，在一次关于水果的活动中，我将幼儿带来的十几种水果陈列在桌上，请幼儿观察水果是什么样子的，然后说说自己不认识的水果。在此基础上，我请他们自由地看一看、摸一摸、闻一闻，说说它们摸起来有什么感觉，闻起来是什么味道。结果大部分幼儿都抱住一个水果不放手，有几个幼儿兴奋地叫着："这是我带来的！"很少有幼儿能够逐一观察和比较，教室里面吵成一团。

　　课后，我也找多位老师进行了交流。有的老师说："那就尽量控制这样的自由时间吧，比如可以让幼儿固定在自己的位置上摸、看。"有几位老师表示也遇到过我这样的问题。

　　我们都知道，在集体活动中，安排这样的"可以自由走动的时间"对幼儿是有益的，在这样的状态下，幼儿往往能够在宽松的氛围中发现集体活动时难以发现的东西，也促进了幼儿和同伴之间的交流。可是这样的环节到底该如何组织呢？集体活动中该不该有这样的"自由时间"呢？

曹烨霞

# 从尊重幼儿的年龄特征入手

亲爱的老师：

　　您好！

　　读着您描述的教学情景，我不禁哑然失笑。因为那是我曾经历过的，相信也是许多同行都经历过的教学寻常时刻。您"穷追不舍"究其原因的劲道，令我在尊重的同时，也认真地审视了个中缘由。

　　您在思考中提到的集体活动中"可以自由走动的时间"，我理解为：集体活动中，在围绕着一个话题共同探讨时，容幼儿个体自由感受的时间和自主思维的空间。具体表现为：幼儿可以自己摸一摸、动一动，操作一下；可以自己想一想、认一认，思考一下。我也以为集体活动中，这样的"自由时间"是需要的，"那一会儿"，幼儿的内心是自由的。

　　因为，集体活动中就幼儿个体而言，在统一的话题下，尽管可以发表自己的感想，可还是有相当部分的幼儿，随着别人的思路在互动着，跟着别人的观点在判断着。这掩盖了幼儿专属于自己的个体感受。而集体活动中的"自由时间"，让幼儿在紧密的活动中有一个间隙，可以顺着自己的思路想想自己的感觉，抑或走走神再回到集体中，即便是建构新的东西，也因为建构着，以往的概念会变得更深刻。所以，在我的课堂教学中，也经常设计"自由时间"，让幼儿离开原定的位置，摆弄一下学具，分辨一下图片，记录一下感受，等等。

　　另外，集体活动中就幼儿群体而言，他们共同的心理特征是有意注意时间短，集体学习容易使他们疲劳，走走动动，是他们的心理需要。所以，幼儿教学的原则中就有"动静交替原则"。

　　如此，集体活动中应该有这样的"自由时间"。

　　可是，这样的环节到底该如何组织？这是我们在经历失败后都会有的疑惑。

先来看看您的"动物的手和脚"。您用了很多影像清晰的大图片，让幼儿观察不同动物的手和脚，且在自由结伴观察前，您以一个动物（鸭子）为例，给了幼儿很好的示范。可是，教学现场并不如意。

怎么会？反省还得从幼儿的年龄特点入手。

对于小班幼儿来说，在所有的操作材料中，实物总是优于其他更能吸引他们投入。当然，在无法提供实物或标本的前提下，图片也是一种经济的选择。需要提醒的是，幼儿的注意力容易分散，过多的信息容易使他们的思维游离于我们的主题之外。所以，如果提供观察动物手和脚的图片，那么放大的动物的手和脚，可能更吸引幼儿直奔主题。

哦！为了回应您的疑惑，我实践了我的想法：在一张七寸纸上，右上角是猩猩的图像，中间画面是猩猩的手和脚。以此模式，做了一系列的图片。集体教学中，幼儿尽管也有"啊！毛茸茸的，全是毛，尖尖的，刺刺的"的惊呼，可这些却是真实而准确的经验获得。

因此，对于小班幼儿来说，操作材料的针对性越强，观察会越有效，完成有目标的集体教学就越有效。

小班幼儿的另一个心理特征是自我，具体表现为经常挂在嘴边的"这是我的"。尽管是"自由时间"，却依然是集体活动中的"自由时间"，它依然带有相对集中的性质。所以，活动中，幼儿应该有属于自己的图片，幼儿拿着"我的"图片，投入会更热情，观察会更专心。我的课堂实践，给幼儿每人一张图片，其中有4—5张相同的图片，促进幼儿同伴间的交流，引发幼儿同伴间的共鸣。

这样，我的教学现场，您描述的、我也曾经历过的现象没有出现。您不妨试试。

相对的，您的水果的提供，因为实物的真实感，给幼儿带来了兴奋，这完全在情理之中，只是"吵成一团"令我们头疼。

怎么会？反省依然得从幼儿的年龄特点入手。

我们说的"自由时间"，是集体活动中的"自由时间"，它是统整在一统的话题、一统的目标中的"自由时间"，它有别于我们寻常时刻的"自由时间"。所以，这个"自由时间"里的学具，也应该是相对集中而不能太过"自由"的。此外，由于小班幼儿相比于大班幼儿来说，缺乏自主学习的能力，所以，这个"自由时间"里的学具，更应相对集中而不能太过"自主"。

我曾经的做法是：每个小班幼儿操作的水果是相同的，大家一起摸橘子后摸苹果、闻香蕉后闻草莓、尝柠檬后尝西瓜。即使是不同的水果，也可能有明显的相同点和不同点，更容易使幼儿相对"集体"地完成活动。因为有明确的指令，如"摸摸你的水果宝宝是怎样的"，即使水果是幼儿从家里带来的，也无所谓了。这样的活动，认识水果已不是重点，重点是在发展幼儿感知觉的同时，教给了幼儿学习的方法。

长此以往，幼儿的学习能力不断增强；"那一会儿"，就是我们可以让幼儿更"自由"的时间。

我知道，书面的交流是有限的，无限的却是我们对教学的热情。但愿可以彼此启发。

上海市杨浦区本溪路幼儿园　　应彩云

# 18

 **主题活动与区域活动如何有效连接？**

老师：

　　您好！

　　主题活动作为幼儿园教育活动中最为常见的活动形式，因其教学的灵活性、系统性、综合性深受教师的喜欢，而幼儿通过围绕一个主题的一系列学习，也获得了较为完整的学习经验和学习体验。特别是我们的主题常常来源于幼儿的兴趣，幼儿在教师的有效带领下通过有目的、有层次的探究，教师和幼儿、幼儿和幼儿之间产生了很好的互动。我个人就很喜欢组织主题活动，但目前碰到的最大困惑是：主题活动与区域活动之间如何有效连接？

　　在以往组织的主题活动中，我很重视对幼儿活动过程的记录和活动成果的呈现。比如，在活动"幼儿园里的玉兰树"中，我将幼儿分时间对玉兰树的写生画和照片相结合展示在班级墙面上，让幼儿很直观地发现玉兰树的变化。在多次写生的过程中，幼儿对玉兰树的特征、生长规律、不同光照下玉兰花和叶子的大小有了很好的了解，他们的绘画能力也有所提高。我们还和幼儿一起总结整理出了紫玉兰的生长过程，并制作了一本紫玉兰的生长小书。在主题活动结束时，幼儿还组织了一场关于玉兰树的报告会，邀请其他班的小朋友做听众，共同分享大家的发现和收获，真正使幼儿的学习留在了班级环境和幼儿的头脑中。

　　这个主题活动的开展，我个人认为是很充分的，真正实现了幼儿与环境的互动，也让幼儿学会如何去观察、记录植物的生长，直到有一天，嘉嘉的一个问题引发了我新的思考。他向我提出："老师，我想在区域活动时也能做玉兰树的活动。"一开始，我以为他是想去观察玉兰树，经了解得知，他是想自己制作一本紫玉兰的小书。这让我发现，虽然写生为个体的学习行为，但主题活动的推进更多是以小组、集体活动的形式组织的。而幼儿在幼儿园一天的生活中有很长的时间要进行个体化的区域学习，因此如何将区域活动与主题活动相连接，制作一些适合区域中个体探究活动的材料就成为接下来的一个新课题。我也尝试制作了一些材料放在科学区，如将紫玉兰各个时期的花的形状图案镂空，让幼儿通过轮廓去排列花的生长过程，并进行粘贴、涂色；再如制作了花的结构小书，让幼儿了解花各部分的名称和功能。幼儿一开始都很感兴趣，科学区天天人员爆满，但伴随主题活动的结束，幼儿对这些材料也失去了兴趣。

因此，我想请教专家三个问题：①对于这种情况我要怎么去解决，是继续保留这些材料，还是废弃？为什么这些材料的生命力这么弱？②除了制作一些配合主题活动的材料让幼儿进行个体操作和学习外，区域还可以进行怎样的配合？要如何做才能真正使幼儿在主题活动探究中体验个体学习和合作学习的快乐？③是否我们所有的主题活动都要去和区域活动进行连接，因为像科学类的主题活动因其活动内容的逻辑性，很容易制作出材料让幼儿操作，但一些社会性的主题活动怎么去和区域活动进行连接呢？希望能得到专家的指点。

滕瑾

# 在主题活动与区域活动之间建立适当的联系

亲爱的老师：

　　您好！

　　幼儿园的教育活动是有目的和有计划地引导幼儿主动参与的多种形式的教育活动，按活动类型可以分为主题活动、项目活动和区域活动等。

　　主题活动是指在一段时间内围绕一个中心内容（即主题）来组织的教育教学活动，其内容可以是侧重某领域的，也可以是综合性的。其活动组织形式多以团体学习为主，团体活动又包括集体活动和小组活动两种基本形式。在进行主题活动时，团体中的成员有大致相同的学习任务、学习途径与方式，一般由教师设计和组织，具有比较明显的教学特征，幼儿的学习是在教师引导下的学习。

　　区域活动是指在教师设置的各个活动区中，幼儿通过自主选择活动区域，在与环境、材料和同伴的充分互动中获得学习与发展。区域活动具有较强的游戏性，幼儿有较强的自主性，他们可以自己决定玩什么、做什么，自己决定活动和游戏的伙伴，自己决定选择用什么材料和怎样使用材料，幼儿的学习是自主性学习。

　　主题活动和区域活动这两种活动形式由于其性质和功能不同可以相对独立，也可以建立适当的联系。一般来说联系的方式有两种。第一种联系方式是相互生成和相互转化。在团体性主题活动中，如果产生了有意义的适合于幼儿个体需求和兴趣的活动，为了满足幼儿的兴趣和需求，促进幼儿的学习与发展，教师就可以在活动区中为幼儿提供相应的材料，支持幼儿的自主学习与发展。同样，在区域活动中，也会产生一些幼儿共同感兴趣的有意义的活动内容，则可以发展成为集体或小组共同进行的主题活动。第二种联系方式是延伸与扩展，主要指团体性主题活动的延续与扩展。如在团体活动结束时，如果仍然有少数幼儿意犹未尽，可以将材料投放在活动区供部分有兴趣和需求的幼儿继续进行活动；有时，由团体性主题活动会派生或扩展出几个不同的区域活动的内容，甚至有些内容尽管由团体性主题活动引发，但已与主题活动关联度不大。如由"幼儿园里的玉兰树"发展成在区域中有几个幼儿做有关玉兰树的书，进而发展为幼儿做自己想做的任何书；幼儿从在美工区画玉兰树，发展到画他们想画的各种树或其他有趣的内容；等等。

有了以上对主题活动和区域活动及其关系的基本了解，我们就不难解决您在"幼儿园里的玉兰树"这个主题活动中所遇到的问题和困惑了。您的问题和困惑主要集中在：对由主题活动发展而来的教师制作和投放的活动区材料——玉兰花生长过程拼图和花的结构小书，幼儿一开始感兴趣，但随着主题活动的结束他们就对材料失去兴趣了，出现这种情况怎么办？对于您提到的有关主题活动与区域活动如何有效连接的三个问题，可以从以下三个方面进行探讨分析和解决。

## 有些主题活动内容与幼儿的区域活动需要可以相互转化，有些则不可以

的确，有些科学探究活动可以根据幼儿的兴趣、需要转化和派生出适合幼儿个体需要的区域活动。如您把"幼儿园里的玉兰树"这一主题活动转化为与主题直接相关的"认识玉兰花的生长过程"和"了解花的结构与各个部分的功能"两个内容，还为幼儿精心制作了紫玉兰各个时期花的形状镂空图案，让幼儿通过轮廓去排列花的生长过程；制作了花的结构小书，让他们了解花各部分的名称和功能。但是，幼儿的兴趣随着主题活动的结束而告终，这是正常的现象，很自然，教师没有必要再去强求。

事实上，并不是所有的主题活动都要或都能去和区域活动进行连接。正如您所说，像科学类的主题活动因其活动内容的逻辑性，很容易制作出材料让幼儿操作。有些美术类和语言类的主题活动也可以和相应的活动区建立联系，支持幼儿在活动区中的自主活动，满足幼儿的个体兴趣和需要。但是，一些社会性的主题活动或健康与体育类的主题活动则不容易去和区域活动进

行连接，因此有必然联系的主题内容可以建立联系，而没有必然联系的主题内容则不必生硬联系。

## 活动区的活动应给幼儿自主探究和活动的空间

就您在活动区提供的关于"幼儿园里的玉兰花"的两种操作材料而言，如果想要进一步激发幼儿在活动区进行相关活动的兴趣，就不能仅限于让幼儿操作教师制作的关于玉兰花生长过程的卡片，看教师制作的关于玉兰花结构的小书，而应使材料更加具有开放性，鼓励幼儿的自主活动和自由探究。如可以鼓励幼儿根据自己的已有经验，自己设计与制作玉兰花和各种花的生长过程卡片，制作他们自己的关于各种花的小书，可以是认识、了解花的生长过程和花的结构，也可以是幼儿自己创编的关于花的图画书。这样的活动幼儿更喜欢。您花了很大力气制作的两种材料如果要继续保留的话，只需放在这里给幼儿做个参考即可，在内容和形式上幼儿可以照着做，也完全可以有自己的创造。

在实践中实现主题活动向区域活动转化或延伸扩展时，教师特别要注意更多地遵从和支持幼儿的意愿，充分体现活动区支持幼儿自主活动的特点，给幼儿提供自主选择和自由活动的空间和条件，让幼儿做自己想做的事情，而不是按教师的想法去做。在您的叙述中我注意到这样一句话——"经了解得知，他（嘉嘉）是自己想制作一本紫玉兰的小书"，可见幼儿是想在活动区做自己的小书，而教师却帮幼儿做好了，幼儿只能"看"和"摆"，材料过于局限，功能比较单一，幼儿发挥自主性和创造的空间不够，必然会很快失去兴趣。这就是您提供的材料"生命力弱"的原因所在。

## 尊重和支持幼儿的兴趣，让幼儿体验到个体学习和合作学习的快乐

幼儿体验到快乐的活动必然是他们感兴趣的活动。就团体性主题活动而言，活动的主题和内容一定要是幼儿感兴趣的。一般来说，由幼儿的兴趣

和关注点发展而来的主题活动（即生成性主题活动），幼儿会积极主动地参与，学习过程会比较快乐；而教师预成的活动，则需要教师创设问题情境引发幼儿的兴趣和活动的积极性，当教师期望幼儿学习的内容真正变成了幼儿想要学习的内容时，快乐的学习就发生了。当然，适合于幼儿年龄特点和学习特点的灵活多样的形式与方法能够提高活动的趣味性，幼儿会自始至终兴趣盎然。

对于真正的区域活动，幼儿一般都比较喜欢，自然也就会体验到快乐。无论是幼儿个体活动还是几个人的小组活动，关键在于活动区的活动幼儿要能自主选择、自由探究，具有明显的游戏特点和很大的自由创造的空间。如果让幼儿在活动区中按教师要求的去做，或者教师提供的活动材料过于局限，不具有多功能和可创造的特点，幼儿无法按照自己的想法、用自己喜欢的方式去做，他们很快就会觉得乏味，失去兴趣，也就不可能体验到快乐。

总之，关注、尊重和支持幼儿的兴趣，了解并体现不同类型和不同性质教育活动的主要特点，多给幼儿提供自由探索和操作、自主表达和表现以及自愿合作与交往的机会，才能实现幼儿的主动学习和良好发展。

中国教育科学研究院　刘占兰

# 19

## ✉ 教学观摩活动中如何兼顾"一个"和"许多个"？

老师：

　　您好！

　　一次，我在进行图画书教学观摩活动"小机灵鬼皮科的故事"时，一个幼儿引出的故事令我很是无奈，我不知道自己当时的处理是否妥当。

　　《小机灵鬼皮科的故事》内容如下。一只叫皮科的小兔出门玩耍，在草地上受到了大象的欺负，来到河岸边又被河马欺负。为了证明自己的力量，小兔想出了一个好办法，同时邀请大象和河马参加拔河比赛，把绳子的两头分别给了这两个大家伙，自己躲在草丛中吹响了比赛开始的哨子。大象和河马的力气不相上下，最终打了个平手。从此，大象、河马再也不敢小瞧小兔皮科了，他可以自在地在草地和河岸边玩耍。

　　在设计活动时，为了给幼儿创造一个想说、敢说、喜欢说、有机会说的条件，我没有把故事中皮科使用的拔河的办法直接讲出来，而是讲述到被两个大家伙欺负后的"我一定要给你们点颜色瞧瞧"时，让幼儿畅想自己就是小兔皮科，鼓励他们自由想象，创造性地想出自认为合情合理的办法。我采取了连续发问的方法：皮科回来干什么呢？他怎样才能战胜大象和河马，让他们不敢小瞧自己，不再受欺负呢？如果你就是皮科，你有什么好办法？前两次试教都达到了理想的效果，在进行这一环节时，幼儿思维活跃、发言踊跃，说出的方法也多种多样，凸显出活动的重点和亮点。

但在正式进行教学观摩活动时，一个曾经看过这个故事的幼儿试图把我精心设计的"包袱"先我一步"抖"出来。毫无准备的我此时是应该按住这个幼儿，按照自己的预定路线走，还是带着一大帮幼儿跟随这个幼儿重辟一条新道，或是找到一条两者能充分融合、和谐共处，将故事进行到底的途径？

以下是当时的情景实录，以及我的心理历程及采取的措施。

我的故事才刚刚开了个头，就隐约听见一个男孩用细微的、但又足以让大家都能听清的声音连续地说着："我知道，我知道——"我心里顿时咯噔一下，这个小家伙一定听过这个故事，而且看架势似乎要将故事精彩的"底儿"抖出来。怎么办？如果是平时的常态课，我可以直接请幼儿耐心点，因为别的小朋友都没有听过。或者如果用的是自己班的幼儿上课，也许一个提示的眼神、摸一下脑袋的动作都会让他安静下来，安分地再听一次本已听过的故事。可今天的幼儿不是我班的，估计他也领会不了我的意图！

情急之下，我来了个缓兵之计："噢，这个故事你听过，再听一遍，你一会儿可以多回答几个问题啊！"这句话还就真的没用，他看了看我，依然嘟囔着"我知道"。我的脑袋在飞速旋转，一边进行着正常的课堂任务，一边随时关注着身边这颗随时会爆炸的"雷"。

可没等我讲完故事前半部分，就又要关注这颗"雷"了，因为这个幼儿嘴巴里的"我知道"就一直没停止过，并且分贝越来越高。与其让他这样叫着，不如来个顺水推舟——邀请他跟我一起讲，这样既能满足他想说的愿望，又不至于让他直接说出故事的结果。于是，我亲切地邀请他："孩子，你过来，我们一起讲给小朋友听，现在我们一起说出河马的话（故事正好讲到了此处），好吗？"

"我不记得河马的话，我只知道故事的结尾！"我的邀请被他这句话轻飘飘地推开了，"只知道故事的结尾"更是让我的心提到了嗓子眼儿。

　　"不记得，那就跟其他小朋友一样认真听吧！"我判定他没达到复述故事中角色对话的能力，正好借此挫挫他的锐气，让他耐下心来再听一遍故事，不要干扰我上课。

　　还是没用，小家伙嘴里嚷嚷的词儿变了："反正我只知道答案！"哎，我的孩子，老师就是怕你提前说出故事的结尾呀！一旦知道了结果，那其他幼儿拓展思维的空间就被缩小了、禁锢了，我的课还怎么开展下去呀！于是我索性停下来，想先安顿好这个幼儿："这样，虽然你一个人知道了故事的内容，但其他小朋友从没听过，我们来问问这些小朋友，是愿意听你直接说出结尾，还是愿意听老师从前往后依次讲？"谢天谢地，其他幼儿齐刷刷的回答及时地救了我，让我暂且可以缓一口气，进行着预设的环节。

　　终于到了可以揭底的时候了，前面压着这个幼儿，对他的歉疚转变成此刻想给他一个机会。当大家都未能猜中小兔子找来绳子怎样对付大象和河马那两个庞然大物的时候，我热情地邀请他闪亮登场："小朋友们，现在我们用热烈的掌声欢迎这个小朋友告诉我们故事当中皮科的办法！"小男孩喜滋滋地站了起来，说出了结果。随后我又给他增加难度，如果只允许用两个字回答，又该怎么说呢？因为我观察发现，他是个特机灵的幼儿，同故事当中的机灵鬼皮科一样！果然，思索了五六秒后他成功地蹦出了"拔河"两个字，由此赢得了我赞赏的眼光、小朋友羡慕的眼神、听课老师们的啧啧称赞。小男孩的小脸蛋也因为成功而分外鲜红且透着可爱的亮色。

　　课后，有同事和我交流，有领导给我评课，都会说到这个幼儿，有说不应该如此这般地压幼儿，也有说处理得比较机智，更多的说因为有了这个幼儿这节课增色了不少。

　　我也在反思，如此这般地"压"对幼儿来说有失公平，课上应该给幼儿充分表达的机会。要是换作平时的课，我可能会放弃原有的预设环节，让幼儿畅所欲言，可在非常态的赛课之时，又该怎么办？我这么处理伤害那个幼儿了吗？非常态课上出现了这样个别与集体步调不一致、有所冲撞的时候，到底如何处理才算理智、才算全面兼顾，既不会打击到某"一个"，又不会影响到"许多个"呢？

彭秀萍

# 让教与学的过程盛开令人惊喜的花朵

亲爱的老师：

您好！

您在设计语言教学观摩活动时，将图画书故事中极富想象的情节作为一个谜底，通过"猜谜"过程期望能够激发幼儿兴趣、吸引幼儿关注、调动幼儿想象，并在两次试教中取得了成功。但在正式进行教学观摩活动时，由于一位熟悉故事的小男孩急于揭开"谜底"，而使您边"压制"边担心谜底提前曝光影响课堂效果，直到活动结束。

您也因此从应该满足班上"一个"幼儿的表达需求，还是应该关注"许多个"幼儿的学习效果，从"常态课"与"非常态赛课"背景下的教学活动过程进行了自我质疑与初步反思。似乎那"一个"幼儿的学习与"许多个"幼儿的学习存在着矛盾，似乎这一节"非常态赛课"与许多节"平时的课"也存在着矛盾。下面我们就来围绕"一个"和"许多个"，尝试从不同角度进行更深入的思考。

## "一个"和"许多个"
## ——让每一个幼儿真正成为学习的主体

同案例中一样，这里的"一个"指的是小男孩，"许多个"指的是全班幼儿。幼儿是学习的主体，这一理念已经成为教育者的共识和实践追求。相信您对这一理念的内涵肯定是理解与认同的，因此您才会在教学的设计和实施中不把故事的结局直接告诉幼儿，而是在讲到关键时刻时用"皮科回来干什么呢？""他怎样才能战胜大象和河马，让他们不敢小瞧自己，不再受欺负呢？""如果你就是皮科，你有什么好办法？"这3个富有启发性的问题，给幼儿创造一个想说、敢说、喜欢说、有机会说的条件，促进了幼儿发挥学习主体的作用，并在两次试教中获得成功。可以说，当班上的幼儿都跟着教师的预定路线走时，这样的教学设计是成功的。但是如果有的幼儿事先已经熟悉故事的情节和结局，这样的教学设计显然就不能达到预期效果了。

教育专家指出，教师预设的是其认为对幼儿发展和获得知识经验有价值的教学内容，但是不是幼儿真正需要和有兴趣的呢？显然，要在两者之间达到一种和谐与一致，就需要教师允许幼儿有自己的要求、自己的主张和自己的选择，教师在活动内容的把握上要注意尺度，给幼儿留有足够开放的空间。这里的幼儿不只是某个年龄段的幼儿群体，更是指每一个活泼、生动的幼儿个体。因此，注重并调动课堂上每一个幼儿的经验、兴趣与表达表现，才是真正使幼儿成为学习的主体。

具体结合案例分析，由于小男孩熟悉这个故事，因此您猜谜式的活动设计思路显然不能引起他的学习兴趣，而他的兴趣是亲口向伙伴们表达"我知道"的故事结局并由此体验成功感与骄傲。您觉察到了他的需求，也曾犹豫"是应该按住这个幼儿，按照自己的预定路线走，还是带着一大帮幼儿跟随这个幼儿重辟一条新道，或是找到一条两者能充分融合、和谐共处，将故事进行到底的途径"。但由于小男孩的学习需求与教师的预设之间产生了极大的矛盾，您觉得过早揭开谜底会使您精心设计的课堂效果大打折扣，于是您决定"压"着这个幼儿的自由表达愿望，让这"一个"和"许多个"一起在教师的指导下完成预先设计的活动。您告诉自己和我们，您是在"许多个"的学习需求面前决定舍弃这"一个"的公平表达的机会。但如果我们要问，全班是不是真的只有这"一个"知道故事的情节与结局呢？有没有其他幼儿也知道只是没有主动表达出来呢？其实在当前图画书故事传播途径多样的时代，教师很难保证自己使用的教学资源是全体幼儿事先都没有接触过的，因此知道故事情节和结局的可能不止"一个"。在看似"一个"幼儿和"许多个"幼儿的学习兴趣矛盾的表象之下，其实更深层次地存在着这"一个"教师的预设计与"许多个"幼儿的个性化的学习经验与兴趣的矛盾。

要解决这一矛盾，首先，在观念层面上，在研究幼儿的年龄特点、一般学习需求并以幼儿感兴趣的形式呈现教学内容的基础上，教师还应进一步明确，每一个幼儿都有着不同的学习经验和兴趣需求。其次，在策略层面上，应在活动前给予幼儿自由表达的机会，切实了解每个幼儿的经验、兴趣与需求，作为设计教学内容与策略的坚实依据。在教学过程中给予每一个幼儿自由表达的机会并及时回应、满足他们的意愿，并在互动中生成新的教学策略与内容。

## "一个"和"许多个"
### ——让教学观摩活动真实反映日常教学活动的过程

这里的"一个"指的是某一次教学观摩活动，"许多个"指的是幼儿园的日常教学活动。

教学观摩活动理应是真实、鲜活的日常教学过程的反映。我们期望看到教师对先进教育理念的运用，对于适宜教育策略的选择，特别是生动、即时的师幼与幼幼的互动、人与环境的互动。在亲切自然的互动过程中探究经验，表达质朴情感并碰撞出火花。最有价值的是让现场观摩者观察到教育问题的产生，并全员参与思考问题解决的全过程。而当前的许多观摩活动，提供观摩活动的教师把主要关注点放在了怎样让观摩者看到活动实施过程的"天衣无缝"与"行云流水"，似乎这才是取得了"良好效果"。如果教学过程中出现了没有计划到的情况就是失败的苗头，必须防微杜渐并坚决拔除。

从案例中看出，您确有想要尝试生成新教学内容与策略的意愿，"如果是平时的常态课，我可以直接请幼儿耐心点""要是换作平时的课，我可能会放弃原有的预设环节，让幼儿畅所欲言"，并反思"如此这般地'压'对幼儿来说有失公平，课上应该给幼儿充分表达的机会"，但终究您选择了基本按原计划实施活动。可见在教师心目中，教学观摩公开课是"非常态"的，即与日常教学活动是大不相同的。这一认识直接影响了教师对师幼互动策略的选择。本来想直接要求幼儿，但可能考虑这不是促进幼儿主动学习的策略因而弃置不用；本来想让幼儿畅所欲言，但可能担心与预设的活动内容差异太大无法把握而放弃。于是，教学观摩活动就成为一个既不十分违背先进教育理念，又不敢过多探索创新的"平和中庸"的过程，不理睬幼儿的反应而中规中矩地执行教育活动计划自然就是最保险的做法了。

从"压"小男孩的多种即时策略以及最后仍然使幼儿获得成功感的结果来看，您在根据幼儿的反应生成教学策略的能力上具备相当的水平。"可在非常态的赛课之时，又该怎么办？"这一问题提醒我们反思教学观摩活动。我们应该提倡回归教学观摩活动的本来价值，建立正确的教学观摩活动的观察、研讨与评价的理念，让"这一个"教学观摩活动成为基本反映"许多个"日常教学活动真实状况的过程，成为鼓励教师勇于根据幼儿反应生成教学内容、选择互动策略的探索与研讨的过程。

## "一个"和"许多个"
### ——童话故事的魅力植根于情感与想象

这里的"一个"指的是作为教学资源的图画书故事中的"小机灵鬼皮科"，"许多个"指的是每个幼儿心目中的"小机灵鬼皮科"。

您的描述显示，您似乎认为这一次语言教学活动的成功必须以幼儿不知道故事情节与结局为前提，才能激发兴趣与想象，否则就难以以故事"想象"的精彩去吸引幼儿的关注。而我们知道，被幼儿喜欢的好的童话故事，有很多讲的是幼儿自身生活中经常遇到的但又不知怎样解决的事情，因此能够引起幼儿的情感共鸣，提供他们解决问题的思路与技巧，给他们自由想象的广阔空间，让他们有宣泄不愉快情绪的渠道，使他们的心灵健康而丰满。这提醒我们，应该有其他的设计思路使《小机灵鬼皮科的故事》这一图画书故事教学同样精彩。

我们再来熟悉一下故事本身。《小机灵鬼皮科的故事》来源一个在非洲流传的童话，被一位德国画家改编成这个版本。故事的大概情节是："小不点儿"兔子皮科在草地上、河边上玩时，被庞大、强壮的大象和河马驱赶"欺负"，皮科没有直接与他们较量，而是用让人意想不到的巧妙办法让两个有力量但不动脑筋的大家伙拔河，"双败"的结局打击了两个大家伙的霸道气焰。这个故事将幼儿经常遭遇的"壮大的欺负弱小的"生活情景和难题表达得活灵活现，同时也痛快淋漓地表现了小不点儿战胜庞然大物的过程。它告诉幼儿，遭遇"欺负"时首先不做胆小鬼，但是也不莽撞，在暂时退让保护自己的前提下，用"智慧"解决问题；也告诉幼儿"动脑筋"的力量是最强大的；还告诉幼儿欺负人的家伙也不是坏人，他们只是做事的方式不合理而已。

您在分析这一童话故事时，除了这个故事出人意料的想象情节，其实还可以抓住"情感宣泄与共鸣"这个重点，引导幼儿在反复的阅读过程中、在角色的自居中释放对"被欺负"的恐惧与压力，体验"弱小战胜强大"的成功感与快乐情绪。结合书中大象、河马"笑得在地上直打滚，四条粗腿在空中乱蹬"等生动有趣的语句，结合色彩鲜艳、细节丰富、表情生动的画面，激起幼儿投入活动的极大兴趣与热情。

另外，还要提醒教师的是，图画书故事教学有着与口头童话故事教学不同的教学目标与教学设计策略。帮助幼儿初步认识书面语言和口头语言的对应关系、帮助幼儿掌握早期阅读技能，是图画书故事教学中的两个重要目标，但是您的这一活动设计似乎更侧重实现口头童话故事的教学活动目标。

有一位幼儿文学评论家说得好，图画书阅读就是一粒种子，它深深地埋藏在幼儿的心中，或许某一天在适宜的温度下、合适的气候中，它就会生根、发芽，开出令人惊讶的花朵。幼儿园的图画书故事教学应有力促进这一价值的充分实现，让"许多个"教与学的过程盛开令人惊讶、惊喜的花朵！

北京联合大学　廖贻

# 20

✉ 美术活动中如何为不同水平的幼儿提供适宜的材料？

老师：

您好！

我是一名刚刚工作一年的年轻教师，在组织小班美术活动中一直有这样的困惑：为幼儿提供美术材料时有必要分层吗？如何更好地为幼儿的美术活动提供适宜的材料呢？下面举例说明。

以"手指点画"为主题的美术活动是我班最近开展的活动，受到了幼儿的喜爱，小手指蘸颜料，轻轻点在画纸上的一瞬间，会带给幼儿极大的乐趣。经过第一次活动，幼儿基本掌握了手指点画的简单方法。第二次活动，目标是让幼儿在体验手指点画乐趣的同时，大胆尝试添画，形出漂亮的图案。我分析了本班幼儿在美术活动中的不同水平和表现，有针对性地准备了三种不同层次的画纸。第一种是白纸，针对能力较强的幼儿，他们在日常活动中擅长美术活动，能够独立作画。第二种是背景纸，有草地背景、大树背景、小河背景等，幼儿可选择在草地背景纸上点出各种颜色的小花，或在小河背景纸上点出小鱼、小蝌蚪等。背景纸针对能力中等的幼儿，这些幼儿能够画一些简单的事物，但不能组合成画。第三种是半成品纸，如在画有一棵苹果树的画纸上，已经点画上一两个苹果，画纸留有空间让幼儿接着完成作品。半成品纸是为美术水平较弱的幼儿提供的，这些幼儿或是注意力不易集中，或是平时不太喜爱美术活动，我希望半成品纸能帮助他们体验成功，体验美术活动的乐趣。

　　我精心准备了这三种不同层次的画纸，期待着幼儿能在活动中各取所需。可是，当我介绍完这三种画纸，让幼儿自主选择时，令我困惑的事情发生了：绝大多数幼儿都选择了白纸，只有两三个幼儿选择了背景纸和半成品纸。而且，选白纸的幼儿不分能力强弱、水平高低，他们尽情地在白纸上点、画、涂，创作出一幅幅别致的作品。望着桌上剩下的一沓沓背景纸和半成品纸，我更加疑惑：难道没有必要对美术材料进行分层吗？抑或是教师对幼儿美术水平的分层存在误区？

　　因材施教是一项重要的教育原则，在组织教育活动时教师要兼顾不同层次的幼儿，给予有针对性的指导，使所有幼儿都能得到发展。在这次美术活动中，我"因材施料"，在分析幼儿美术水平的基础上，提供了不同层次的材料，并期望幼儿在这些材料的支持下，能够尝试创作出自己喜欢的作品。事实证明，我精心准备的这些画纸，并没有真正地发挥作用，幼儿更喜欢用白纸，似乎白纸就足以帮助他们大胆地表达与创作了。难道背景纸和半成品纸的提供是没有必要的？

　　恳请专家帮我答疑解惑：在以后的美术活动中，我该如何更好地为不同水平的幼儿提供适宜的材料呢？

小颖

# 通过丰富多彩的活动拓展幼儿的眼界

亲爱的老师：

您好！

从您的文章中可以感受到，作为新教师的您是一位非常热爱孩子、非常喜欢思考，并能够将思考和行动紧密结合起来的老师。您的这种精神十分难能可贵，非常值得我学习。真的非常感谢您的提问，同时也非常感谢有这样一个与您、与其他同行共同探讨问题的机会。

刚看到您的问题时，我的第一感觉是这与我自身的经验并不相符合，即很多情况下，无论什么年龄的幼儿，无论被教师评定为能力如何，在我们提供类似背景纸或半成品纸的情况下，幼儿并没有表现出被压抑、被束缚的焦虑和不安，而且照样可以在这些有了一些色彩或形状的底版上面自由创作、自我和相互欣赏。

为了杜绝我个人的偏见，我随后请教了我的同事和朋友，她们在幼儿美术教育方面应该比我投入了更多的研究精力，也有着更多的实践经验和理论思考。她们的回答也是说这种现象不典型，可能背后有更多复杂的原因。下面，就尝试和您一起来探讨一下这些可能的原因。

首先，如果您一直都给幼儿提供白纸，也许幼儿会觉得白纸对于他们来说比较熟悉；其次，有些时候，一旦碰巧在刚开始的时候一些动作比较快的幼儿拿了白纸，其他的幼儿就很可能会"从众"；最后，如果您一开始是在白纸上示范的，对幼儿的选择会起到一种高级榜样的作用。当然，您叙述的情况是发生在小班，如果是比较大的幼儿，您提议有困难的小朋友可以选择有背景的纸，还可能会激发出一些幼儿追求实现自我价值的心理——越说哪样事情困难、高级，就越是要选择那件事情去尝试。

也许还有更多我们现在说不清楚的原因。比如，有一天，幼儿园的电脑中毒了，修改了教师原先存在里面的音乐文件，教师上课播放时，该文件一直反复朗诵其中的"黑白黑白"，教师越是着急，幼儿越是觉得好笑，后来发展到电脑文件问题解决了，幼儿还是每到此处必笑。一开始，我们以为幼儿就是对"黑白"这个词或者"手心手背"动作的反复感兴趣。可是第二周换了一个同龄班级，还是那个教师，还是那首音乐，还是那套动作，却再也没有幼儿笑了。有研究者认为这是一种"游戏的幽默感"，即被偶然发现的新异或反常事件，特别是错误或被要求回避的事物（如说放屁、打嗝）等所激活，主动投入、重复玩弄这些因素，并表现出愉快的情绪。

在这里离开美术谈论这个例子，是想和您分享一个观念：不能因为一次尝试没有出现预期的结果，就简单否定自己或别人之前总结出的经验或理论。因为，真实世界的现象、规律总是无穷的和复杂的，而我们所能够亲身经历的经验或积累的理论总是有限的和简单的。因此，我的想法是：您不必拘泥于一种唯一的分层教育的方式。以下的教育分层思路虽然也很有限，但至少可以供您在继续您的实践研究时作为参考。

提供材料方面的思路。可以经常向全班幼儿提供各种不同的作画底版纸，还可以提供工具、材料、方法，引导幼儿在作画底版纸上进行制作；引导幼儿自己去发现可以用来作画的物品，如纸板箱、报纸、石头、贝壳、南瓜、塑料袋、T恤衫等。这样可以拓展幼儿的眼界和思路，让他们体验到：不仅在白纸上可以作画，各种已经有了不同色彩、不同图案的纸张，甚至纸张以外的物品表面，也都是可以用来作画的好底版。

提供示范方面的思路。这些范例可以来自教师提供的实物和教师的现场操作，也可以来自教师提供的照片、图片或视频（网上就有专业高手用特殊的工具和颜料水或用沙，在玻璃灯箱表面作画和在人体皮肤表面作画的照片和视频），当然还可以来自幼儿园其他班级幼儿已经创作出的作品实物。尽管语言的引导、激励和讨论、分享同样重要，但真实的实例和实际操作更是不可缺少的。

提供具体帮助方面的思路。教师提供具体帮助可以是面对全体的示范或引导，但更多的可能真的是面对具体幼儿的需要提供的启发、鼓励和建议。在这方面，教师对具体幼儿的了解和尊重是非常重要的。如果教师对幼儿的特殊需要不能够很好地了解、理解和把握，就很有可能会适得其反。因为，每次创作每个幼儿所面对的情景不同，对自己所面临的困难的认识和体验也不同，简单、主观地给幼儿定性和分层，往往并不能够真正发挥有效支持幼儿发展的作用。因此，教师需要在平时更多地关心每个幼儿和他们的发展特点，并与幼儿建立安全的相互尊重、相互信任的关系，这样，幼儿才有可能更真实地对教师表达他们的困难以及感受，为教师的进一步帮助提供更可靠的参考信息。

提供评价方面的思路。在评价方面，教师首先需要提高自己评价的眼光，其中不仅需要有更广阔的视觉艺术审美修养的眼光，更需要有从幼儿的学习习惯养成、健康人格养成方面拓展自己的教育评价眼界。当然，还需要不断探究和积累各种被证实行之有效的丰富多彩的美术活动评价方式。

如在幼儿参与评价的方式中，我就看到过给喜欢的花瓶图上贴一个彩蝶，给认为最有趣的线描脸谱图上贴一个小小的红嘴唇。再如，请幼儿把自己认为使用了类似装饰画法的鱼剪下来贴到同一个海底背景图中去，讲讲自己创作的特点和优点或同伴创作的特点和优点；和教师一起将大家的作品布置成一个展览——加上边框和背景以及特别的排列灯光，作品看上去变得更好看了。

以上这些例子仅仅是一线教师众多精彩创意中很少的一部分。和您分享的意图是，希望您能够通过更多丰富多彩的活动去拓展幼儿的眼界，有机会让幼儿自己选择提升和丰富自己的方法、路径和时间表。这也是一种因材施教的方法。重点是您提供的更丰富的条件和机会，让幼儿自己对自己"因材施教"。我这样说，仅仅是对因材施教的一种补充！

南京师范大学　许卓娅

# 21

 **面对不愿参加表演的幼儿，该如何对待和引导？**

老师：

　　您好！

　　我园是一所县级市的省优质园。近来，在自主理念和游戏理论的指引下，我们对"自主理念下游戏活动的开展"进行了研究和探索。我们中班组负责的表演游戏开展得可谓步履维艰而又轰轰烈烈。实践中，我们遇到了很多困难，其中"大班额"是我们感觉最难突破的一个。在游戏之初我们就抱定了一个宗旨，那就是不冷落一个孩子。为了做到这点，我们绞尽脑汁，分批、轮换、同一角色多人表演等方法都用上了。事实证明，我们的努力是有成效的。尽管尚处于尝试阶段，游戏仍显得非常稚嫩，但幼儿很喜欢，家长也对我们这种"全员参与"的方式表示了赞赏。于是，我们的游戏活动按照既定的模式延续着。但一次游戏中出现的"意外"，让我对我们的宗旨产生了怀疑。

　　那天，我们班的表演游戏"兔宝宝找快乐"已经到了第二阶段——分组表演了。为了让全部小朋友都参与，我把故事分成了四段，每一段有两个角色，然后请小朋友一组一组（每组10人，4组正好是我们班的人数40人）地上来分角色表演。轮到小熊组时，我发现扮演兔宝宝之一的杰杰既不动嘴也不动手，只是站着看别人表演。表演结束后，我对杰杰说："杰杰，你看人家兔宝宝又会用嘴巴说好听的话，又会用身体做好看的动作，你也来试一试，好吗？"杰杰在那儿扭捏了半天，也没说一句话。我继续耐心地引导："试一试吧，不会做时我们大家一起帮你。"然而,刚才脸上还有些笑意的杰杰表情却越来越不自然,憋了半天,他终于说出了一句话:"老师,为什么一定要表演?"我没想到杰杰会提出这个问题,愣住了。但还有些经验的我立刻想到了对策,我把问题抛给了幼儿:"谁来告诉杰杰,为什么要表演?"小朋友的反应倒是很热烈,纷纷举起了小手:"这样,老师才能知道你会不会。""每一个人都要参加表演的。""你不表演,你们组就少了一个兔宝宝,扮演小猴的小朋友就有一个人没有朋友了。"大家七嘴八舌,说得杰杰没了主意。最后,在他的搭档——扮演小猴的小宇的配合下,杰杰终于勉强地表演了一次。但我注意到,他脸上的表情一直都是那么不自然。

杰杰的表演事件似乎"圆满"地解决了,但我知道圆满只是一个表象。在事件之后,我一直在想着杰杰提出的问题:为什么一定要表演?我注意到,杰杰在观看其他小朋友表演时是专注的,也是快乐的。他的不自然仅仅出现在自己表演时。虽然我一直认为我们的宗旨"全员参与"的本意是好的,但今天我开始了怀疑:那是幼儿自己需要的吗?分析杰杰的全部表现,我觉得他更喜欢坐在下面观看和欣赏别人的表演。这其中,很可能他也能得到很多。

在倡导"自主"的背景下,"杰杰事件"让我对游戏的本质有了更深一层的思考。但我也很迷惑:游戏中,面对"杰杰们",我到底该如何对待和引导呢?期待专家能为我指点迷津。

方莉华

# 让教育更贴近每一个幼儿的需要

亲爱的老师：

　　您好！

　　读了您的教育故事，由衷地感到您是一位乐于尝试、善于观察、勤于反思的教师。这首先体现在您能克服"大班额"带来的困难，在表演游戏中关注每一个幼儿，尝试运用多种方式，给他们提供参与表演的机会。其次，您能关注杰杰在参与活动中的表现和想法，关注自己的教育行为给杰杰带来的影响。最后，您能依据"杰杰事件"，将自己的教育预期、教育行为和幼儿的现实反应建立联系，进而反思自己教育行为的适宜性，并提出自己困惑的问题。这些都是十分难能可贵的，这种自省意识可以帮助我们不断完善自身的教育行为，让教育更贴近每一个幼儿的需要。

　　结合杰杰的反应以及您对自身教育行为的质疑和困惑，我愿和您分享如下的思考。

## 如何看待杰杰"为什么一定要表演"的疑问
## ——关注幼儿的游戏性体验，尊重幼儿自主选择的权利，使"游戏性"先于"表演性"

　　很高兴您在面对杰杰"为什么一定要表演"的疑问时，能引发对自己教育行为的反思和对游戏本质的追问。

　　在您的介绍中，我们得知您所在的幼儿园正在开展"自主理念下游戏活动的开展"的研究与探索。事实上，游戏本身就应该是自由的、自主的、愉快的活动。游戏性体验是游戏者不可缺少的心理体验。

　　什么是游戏性体验呢？北京师范大学教授刘焱曾指出，游戏者在游戏中获得的游戏性体验，实质上是一种主体性体验，它包括行动的自主自由的体验，对活动内容和方式的兴趣体验，对事物、行为以及它们之间相互关系的支配感体验。幼儿在活动中是否产生游戏性体验，取决于教师能否正确处理游戏中的主客体关系，发挥幼儿作为游戏主体的主动性、独立性和创造性。我想刘焱老师所揭示的就是游戏的本质吧。

如果我们沿着幼儿游戏性体验的视角，再来反思您的行为，就会发现在"兔宝宝找快乐"的表演游戏中，教师为了不冷落每个幼儿，将幼儿分成几组，请小朋友分组分段表演。这种教师自上而下的分配任务的行为，虽确保了所有幼儿的参与，却使幼儿失去了自主选择和自主支配的机会，也就是说会使幼儿失去游戏性的心理体验，而将表演游戏变为完成教师的表演任务。

这也就让我们不难理解杰杰在其间的表现和疑问了。当教师命令式的主观安排与杰杰内心的需求有冲突时，杰杰一句"为什么一定要表演"的疑问，充分表明他内心对角色表演的不情愿。老师的启发、引导也并没有点燃他参与的积极性，最终在"班级舆论"的压力下，虽然杰杰勉强表演了一次，但是老师却发现他一直处在不自然的状态中。事实上，这种在大庭广众之下被强加的感受应同"冷落"一样让人难以接受。

我想，此时完成表演的杰杰由于缺少在活动选择上的自主性体验、在活动内容上的情趣性体验，以及对自身行为的支配感体验，致使他没有感受到表演游戏带来的快乐，有的只是必须要完成教师交予表演任务时的心理窘迫。如果游戏者具有了这种心理体验，那么，就失去了游戏本来的价值和意义了。

因此，对于表演游戏我们不能只关注其"表演性"而忽略其"游戏性"，而应遵循游戏的特点，把握游戏的核心价值，充分尊重幼儿自主选择的意愿和权利，确保幼儿在表演游戏中享有自由、自主的心理体验，使幼儿成为游戏的主人。

## 如何看待教师"全员参与"的行为方式
## ——关注幼儿的主动参与和个性化参与，尊重个体差异，使"全员参与"不等同于全员做同样一件事

值得肯定的是，您能将"不冷落每一个孩子"作为自己的行为宗旨，为此，您千方百计地让所有幼儿"全员参与"到故事的表演中来。的确，教育只有面向了每一个幼儿，才能做到面向全体。但是，"全员参与"并不等同于全员都做同样的事情。作为表演游戏的"全员参与"，首先应该是幼儿的主动参与和个性化参与。

我们知道，每个幼儿都是独特的，他们各自在优势领域、兴趣爱好等多方面具有差异，为此，每个幼儿在表演游戏中的想法和期待也必将有所不同。在杰杰对表演明显表现出抵触情绪的时候，教师并没有尊重、了解和接纳幼儿的想法，依然在为教师所期待的"全员参与"坚持自己的主张，最终导致杰杰有了如此不情愿和不愉快的参与体验。为此，基于幼儿之间的差异，"全员参与"不应是幼儿的被动参与和一刀切式的参与。那么，如何让幼儿做到主动地参与和个性化地参与呢？

表演游戏并非只是表演，"游戏"应先于和重于"表演"。事实上，教师可以让幼儿经历表演的策划和准备的过程，让他们在这一过程中充分表达自己的想法和愿望，给幼儿自主讨论、协商、决策和决定的机会。如可在幼儿讨论的基础上成立编导组、服装道具组、表演组等，幼儿可自愿报名、自选角色、自由结组，并在教师的合作参与下自主编排和准备表演的过程，使幼儿能依据自己的意愿为故事表演选择和开展不同的活动。在此，教师的作用不是要把控和指挥幼儿的行为，而是要基于幼儿的想法，并在活动中支持和帮助幼儿实现自己的想法。就如瑞吉欧的老师，发现班上的女孩总喜欢玩仙女的游戏，为了支持和扩展幼儿的游戏，教师每天都会用仙女的口吻给幼儿写一封信，用以回应、支持幼儿的活动，并在幼儿来园前悄悄地放在班上，以此每天给幼儿带来惊喜、肯定、支持、回应和新的关注点。

我想，这种开放的、多样的、自下而上的活动组织方式，既满足了幼儿的个体感受和需求，使幼儿在游戏中获得兴趣性体验、主体性体验、胜任感

体验，同时还会获得对自我的肯定和自我的价值感，又可使幼儿在活动中有自主的行为参与、经验参与、思维参与和个性化参与等多方位的主动参与。有了这样自主选择、自主决策的空间和权利，相信"杰杰们"就有可能按照自己的想法、以自己的方式主动地参与活动了。

## 如何引导"不愿意参与活动的杰杰"
## ——关注每个幼儿的心理需求与感受，了解他们的想法和愿望，并为每个幼儿提供适宜的支持和机会

通过案例的描述，我们看到在整个活动和反思中，您依据自己对活动的预期，关注了杰杰不愿意表演的态度和行为，并觉得他更喜欢坐在下面观看和欣赏别人的表演。其实，这仅是您的一种主观判断。遗憾的是，您始终没有深层次地去了解杰杰在表演游戏中的愿望和需求是什么，没有了解杰杰内心真实的感受是什么，以便让我们在了解的基础上实施更适宜的支持。

为此，我们试想一下，如果我们让表演游戏变得更开放，让幼儿参与表演游戏的策划，请他们：想一想、说一说我们怎么表演"兔宝宝找快乐"？谁愿意来表演？表演"兔宝宝找快乐"还需要我们做些什么？谁想做？怎么做？通过与幼儿的讨论，教师就会发现杰杰和其他幼儿各自对什么有热情，对什么有好奇，对什么有需求，希望做什么。在此基础上，教师作为合作者和支持者，帮助、支持幼儿用自己的方式和节奏来实现自己的愿望。活动初期，杰杰如果能面对诸多的选择，也许他就会用自己喜欢的方式参与到自己感兴趣的活动中来了。

如，选择自己喜欢的角色来表演（即便是一棵树），选择服装道具的制作等，就不会有今天的尴尬了。

又如，如果表演游戏的排练不是在大庭广众之下，不是按照教师统一的要求进行排练，而是利用区域和小组游戏的时间，让各组幼儿能按照自己的想法、节奏、速度和愿望进行排演和创造，并有时间去学习表演的技能、积累表演的经验，也许这种宽松自主的氛围，会使杰杰更放松、更愿意参与。

　　或者，如果杰杰真的只愿意做观众，在游戏中教师也应尊重和接纳他的愿望。可让杰杰以观众的身份观看排练，并有机会为完善故事表演提出自己的看法和建议。这样，虽然杰杰没有参与具体的表演，但是，仍会有一种归属感和价值感。

　　我想，杰杰不愿参与表演的原因，有些可能是我们成人无法猜测到或无法理解的。为此，我们说了解幼儿的心声是教育的基础，只有了解了幼儿真实的想法，我们才能知道怎样做才是最适宜的，才能使我们的教育不冷落而更贴近每一个幼儿。

　　以上只是我的一些粗浅想法，仅供参考。

北京市西城区教育研修学院　沈心燕

# 22

✉ 怎样组织幼儿有效地进行讨论？

老师：

您好！

讨论作为一种常用的教学方法，经常出现在我的集体教学活动中。概括一下，一般遇到以下不同的情况，我会这样组织幼儿讨论：当说到一个大家都有着丰富经验的话题时，我会请幼儿先和同伴交流自己的经历、看法，然后每组选一个人代表小组在集体面前介绍；当遇到一个开放性的话题时，我会先请他们说说自己的看法，并听听其他人的想法，讨论一下谁的看法更有道理；当一个话题想说的幼儿很多，而时间上不允许，且幼儿会更容易出现不耐心倾听和等待的情况时，我会让没被请到的幼儿在小组内说给其他幼儿听，这个方法既不影响下一环节活动的开展，又让所有的幼儿都有了表达的机会。

经过一段时间的观察，我发现大班幼儿已经习惯了讨论的形式，老师一要求讨论，大家便会把头凑到一起，看上去挺热闹的，但仔细一听，便会发现他们的讨论常常浮于表面，不能深入进行：大部分幼儿只顾说完自己的想法，当然也会去听别人说，但仅此而已，缺乏相互间的交流。要是讨论的时间再长一些，幼儿往往就会岔开话题，而有时岔开话题后，他们反而聊得更带劲儿。

比如，在一次听过了故事《真假美猴王》的前半部分后，我请幼儿讨论怎样辨别谁是真的美猴王。我认真观察了一组的4个幼儿。苗苗第一个说："可以比一比，看谁的样子最像。"成成说："叫他们比比谁厉害，孙悟空厉害呢，会打败许多妖怪。"说完便学起孙悟空来。这一来激起了熠熠的兴趣，两人你一来我一往地比画起来，一会儿是打白骨精，一会儿是变成小虫子。浩浩一直听得很认真，但没发表自己的看法，也没加入成成他们，而是一直笑嘻嘻地看着。接下来，我请全班幼儿说说自己的想法。我特地请了苗苗，在苗苗说出了自己的想法后，我既没有肯定，也没有否定，只是看着成成问："这个办法怎么样？"一些幼儿说"好"，许多幼儿说"不行"，也包括成成。我请他说说理由，成成说："你说过他们长得一模一样，那怎么能看得出不一样呢？"

我不禁困惑起来：为什么在小组讨论时，成成不能对苗苗的话进行分析、思考和质疑呢？为什么小组讨论时达不到理想中的那种"论""辩"的效果呢？是教师平时没注意发展幼儿的思辨能力，没让幼儿养成倾听、质疑等良好习惯，还是幼儿年龄太小，还不具备同伴间单独运用这样的技巧的能力呢？怎样的指导方式有利于培养幼儿真正、实在、有效地进行讨论的能力？迫切希望得到专家的指导！

孙丽莉

# 研究幼儿的学习特点与问题　促进有效分组讨论

亲爱的老师：

　　您好！

　　课堂讨论指的是学生在教师的指导下，就主要或疑难问题，在独立探究、思考的基础上，共同进行讨论、辩论的教学组织形式，可全班进行，也可分组进行。幼儿园教育教学的分组讨论应该起着促进幼儿主动学习与合作探究、增进同伴间信息与思想交流、提高幼儿语言互动交往能力的重要作用，同时，也是教师解读幼儿想法、了解幼儿发展水平、以良好的榜样影响幼儿的机会。但您却发现这一环节存在诸多问题，具体表现为幼儿只顾自我表达、缺乏专注倾听、讨论不够深入等。

　　鉴于本案例中您着重描述了自身实践的一般做法与困惑，对幼儿具体讨论过程的描述不多，不足以对幼儿在分组讨论中的学习问题进行深度的展示与分析，因此先实录一段我在一次活动中观察记录的幼儿分组讨论的场景。

　　在某幼儿园大班，有十几个幼儿围绕从家里带来的玩具车和车的图片进行分组讨论。教师提出的话题是：你最想了解车的哪些方面？第一个说话的是小胖，他说："我想知道汽车为什么没有人开就不走。"幼儿沉默着。教师问在场幼儿："谁知道这个问题？"小蓝第一个回答："有圆轱辘才能走，三角形的轱辘就走不动。"于是几个幼儿开始表达自己的意见："要有人开。""车要有油。""车锁和门要打开。"这时小敬突然大声说："不对！他（指小胖）说的是为什么车没有人开就不走。"小蓝大声反驳："不是。"另有几个幼儿有的说"是"，有的说"不是"。但此时小胖的眼睛只看着自己手中的图片，不介入这个本该由他澄清的问题，老师也只是旁观没有参与进来。在整个讨论过程中，能参与讨论的幼儿大概有一半，另一半幼儿没有说过话，甚至在小胖和其他幼儿说话时都没有表现出稳定的关注，只有在发生争论时才表现出片刻的注视。

下面，我们试从幼儿的社会认知心理水平、学习问题和教师培养及指导策略等方面进行分析。

## 社会认知心理和互动交流水平严重影响着幼儿讨论的有效性

分组讨论要求幼儿具有专注倾听、理解他人观点、在他人观点的基础上表达自己观点的能力。况且小组内一般会有5—6个幼儿，就可能会产生多种彼此不同的观点和思考角度，需要幼儿能在明确自己观点的前提下，同时区分和明确其他4—5人的观点，再做出适宜的回应。

### 大班幼儿理解他人观点还存在一定的困难

研究表明，幼儿间有效的社会互动要以能够了解他人的观点，以及将自己与他人的观点进行协调整合的能力为前提。6—10岁为幼儿这一社会认知心理的快速发展时期，6岁幼儿虽然开始初步克服认识上的自我中心主义，但在准确推断他人的观点方面还存在较大困难。这一研究结果有助于我们深刻地理解幼儿在分组讨论中的主要行为表现。一方面，由于在准确推断他人观点方面还存在较大困难，所以他们对于教师提出的具有一定难度的话题，往往"不能深入进行"；另一方面，由于6岁幼儿处于社会认知心理快速发展时期，他们又对感兴趣和符合彼此认知经验水平的自主话题"聊得更带劲儿"。

### 幼儿深度互动交流的意识与能力不足

在分组讨论等谈话活动中，幼儿学习如何倾听他人的语言，并采用合适的内容和形式与他人交谈。但是相当数量的大班幼儿却表现出在倾听、理解与应答方面的学习问题。

第一，倾听、听懂别人问题的意识和能力较弱。在围绕"车"的讨论的案例中，我们可以看到幼儿倾听水平的三种表现：第一种是约一半的幼儿表现出没有认真倾听别人讨论的意识和习惯，一直游离于讨论之外；第二种是小蓝们倾听了但没听懂小胖的问题是"汽车为什么没有人开就不走",而是理解为"车什么情况下就开不走",所以才会把"车开不走"的原因从车轮形状、动力来源甚至是人如何才能进到车里等方面进行了列举;而第三种是十几个幼儿中只有小敬听清楚了问题,并对大家的答非所问提出疑问。这说明在该班的分组讨论中,大多数幼儿比较缺乏倾听意识与听懂的能力。

第二,使用独白讲述而非互动交流的语言方式参与讨论。多数幼儿表现出仅关注问题和自己对问题的见解,不太关注同伴的思考与表述。您提到了多数幼儿"只顾说完自己的想法""缺乏相互间的交流"。在我提供的观察记录中,小胖在提出问题后,对大家的回答甚至是争论都不再倾听与应答。在您的案例中,成成提出了和苗苗不同的判断真假的方法,但是他并没有直接和苗苗交流自己的质疑——"他们长得一模一样,那怎么能看得出不一样呢"。可见,幼儿没有采用"互动交流"的方式进行讨论,而是使用独白讲述的方式参与活动。

第三,思考角度和语言运用方式阻碍了讨论的持续与深入。幼儿在应答时表现出狭窄的思考角度与单一的语言运用方式。首先是多模仿同伴的思考角度,如在围绕"车"的讨论中,在小蓝后面发言的幼儿几乎都模仿着小蓝的思考角度,即从"车开不走"而不是原本的"没有人开就不走"的角度来回答;其次是语言运用方式相对单一,多使用简单陈述,较少使用质疑、否定或说理协商等表达形式。比如在"车"的讨论中,只有小敬质疑小蓝们的答非所问,虽然引起争论,但多数幼儿仍用"是""不是"这样简单赞同或否定的方式,没有使用叙述性的语言说出"是"或者"不是"的理由。

## 偏差与缺失的培养、指导策略无助于解决幼儿的学习问题

针对幼儿在分组讨论中的学习特点与问题,我们再来分析教师在培养与指导策略中的主要问题。

### 幼儿园教育教学中的师幼互动过于偏重自上而下的问与答

幼儿园教育教学中的师幼互动是幼儿同伴互动的范例与榜样。但研究表

明，我国幼儿在与成人交往的过程中，有许多机会要用回答问题和陈述见解的方式进行一个接一个问题的所谓讨论，相对而言他们运用其他交流类型的时间和空间就有可能少些。幼儿在交往过程中主动协商、大胆否定和善于质疑等语言交流行为的形成就受到了影响。这样的师幼互动容易养成幼儿有着较好的注意倾听"老师的话"的习惯，却较少有倾听同伴的想法的意识；有强烈的"自己动脑筋回答问题"的独白讲述的意识，却较少有与同伴以讨论的方式互相启发共同寻求答案的意识，同时也就缺少适宜的情境学习使用说理协商、否定和质疑等语言交流方式。

### 教师提出的话题难以引发幼儿探究的兴趣与思考的空间

以围绕《真假美猴王》的讨论为例，"怎样辨别谁是真的美猴王"这一话题，容易引导幼儿从外形、本领等方面关注具体方法，但是故事的规定情境是孙悟空与六耳猕猴长相一模一样、本领不相上下，仅靠凡人和普通神仙的力量都无法区分他们，唯有"法力无边"的如来佛才能辨识真身。这样确定的故事发展方向与线索，使幼儿很难就这个话题有深入讨论、想象或思考的空间，难以激发讨论兴趣，使本应引发多种观点的交流与碰撞的讨论环节无法达到"论""辩"的理想状态。试想，如果以"孙悟空和六耳猕猴都做过哪些不一样的事""真的美猴王美在哪里"作为话题，或者作为原话题下的引领性问题，也许更能激发幼儿的兴趣与个性化思考，促进他们对故事主题中所蕴含的真善美有更深的感受与领悟，使讨论有深入下去的可能。

### 没有充分发挥教师的教育主导作用

两个案例都显示出，教师能够较深刻地认识到分组讨论是促进幼儿主动学习的机会与方式，较多采用了基本不参与或少参与的策略，这对于幼儿发挥学习主动性、发展合作能力有着积极的意义。

但有些教师认为，提供机会就等于是有效学习与发展，所以在幼儿分组讨论时没有认真倾听、了解幼儿的思考与交流状况，缺失了自身的教育主导作用。其实在机会与发展之间，教师的教育主导作用是至关重要的中介与桥梁，只有较好地发挥了这一作用，才能促进幼儿在讨论环节中有效地进行思想交流、积累互动经验、提高语言运用水平，也更进一步增强幼儿主动学习与合作学习的意识与能力。

另外，有些教师自身在有效倾听、适宜应答方面也存在着一定问题，比如误解幼儿的表达意图、时常会被幼儿七嘴八舌的说法"搞晕"等。这样，即使教师发现了幼儿在讨论时的困难与问题，想要适当地引导一下，但发现自己无能为力，也只好放弃自身的引领责任。

## 采用适宜的培养、指导策略，提高幼儿分组讨论的质量

幼儿园课堂分组讨论主要是以幼儿为主的讨论，大致可分为教师提供中心话题的讨论和幼儿自定话题的自由讨论两大类，前者侧重促进幼儿主动、探究与合作学习，后者侧重让幼儿积累互动交流经验。教师应在尊重幼儿心理发展水平与学习特点的基础上，创设环境，提供范例，设计与实施适宜的指导策略，引导幼儿平等参与。

### 把握幼儿社会认知发展水平与学习特点，创设平等、互动的讨论环境

"是教师平时没注意发展幼儿的思辨能力，没让幼儿养成倾听、质疑的好习惯，还是幼儿年龄太小，还不具备同伴间单独运用这样的技巧的能力呢？"您的困惑与反思，从幼儿的年龄特点和教师的培养策略方面发现了问题的关键点，提出了解决问题的思路。

大班幼儿的社会认知心理发展与互动交流水平虽然处于初步阶段，但正是其迅速发展的起始阶段。教师既不能因为幼儿的社会认知心理尚不成熟就不重视、不提供分组自主讨论的机会，更不能用"拔苗助长"的错误手段去希冀"跨越式发展"，而应在研究本班幼儿群体、个体学习与发展的阶段特点的基础上，创设适宜的培养环境。

教师的培养策略要注重平时的互动交流环境，要充分认识到师幼互动是幼儿同伴互动的范例，在幼儿园一日生活与活动中，为幼儿创设放松、愉悦、平等的师幼互动的环境。除了以自身良好的语言互动榜样影响幼儿外，

应让幼儿有使用多种语言方式的机会：让幼儿在与教师的交流中，体验主动发起交往、平等交流与合作并获得成功的机会；有质疑、否定教师的意见，向教师陈述理由与建议并被采纳的机会。这样，幼儿才能将良好的师幼互动交流的经验迁移到与同伴的互动交流中。同时，教师要注意鼓励幼儿关注、倾听、参与同伴的交流交往。从小班开始，通过在一日生活中和教育活动中为他们创设一对一、三人谈、一对多的同伴交流交往环境，让幼儿循序渐进地扩展专注倾听、正确理解和及时应答的能力；让中班幼儿有和小组伙伴一起经历相互倾听、使用多种语言方式的机会与环境，以获得更准确地理解别人、更丰富地表达自己的经验。这样的日常培养，才能为大班幼儿课堂分组讨论表现出"辩"与"论"的理想状态做好意识与技能准备。

### 提出幼儿感兴趣的话题，精心设计引领问题

为促进幼儿主动探究与合作学习，教师应提出幼儿感兴趣、符合其知识经验水平，且具有开放性、探究价值或想象空间的中心话题，精心设计指向明确、渐次深入的问题，引领幼儿主动讨论。围绕《真假美猴王》讨论的案例中，由于教师只提出了中心话题，而没有引领性的问题，所以使幼儿分组讨论因为失去教师的有力支持而陷入僵局。中心话题包含了教师期望幼儿通过讨论合作去领悟故事的主题精神，比如在讨论"怎样辨别谁是真的美猴王"时，应主要指向怎样分辨真、美与假、丑，即以行为的善与恶（故事中真、美的孙悟空做的都是善良的事，而假、丑的六耳猕猴做的都是凶恶的事）作为分辨标准。

为引导幼儿交流信息与猜想、提出疑问与说理回应、协商寻求解决路径，教师还应提出2—3个引领性问题。比如，"从长相、本领都没法分清谁是真的美猴王，你还有什么办法？""孙悟空都做过哪些事？六耳猕猴又做过哪些事？""谁做的是好事？"教师要及时了解幼儿的讨论是否出现难点与误区，在适宜的时机再抛出适宜的问题，既支持幼儿的独立思考与交流，又适时帮助幼儿。可以先提出中心话题让幼儿讨论，如果发现幼儿提出的方法都是故事中已经否定的，可以直接引用故事原线索提醒幼儿，也可以抛出第一个问题；如果发现第一个问题提出后幼儿不知道从哪个角度讨论下去时，再

抛出第二个问题；第二个问题提出后，如果幼儿只列举事件还没有意识到善与恶的区别，再抛出第三个问题。

教师始终要注意倾听幼儿，理解幼儿的表达意图，在分组讨论结束时，帮助幼儿将讨论聚焦的主要问题和解决方案引入下一步集体教学环节。

### 以倾听者的身份参与自由讨论，支持幼儿的有效互动

为促进幼儿积累互动交流的经验，教师根据本班幼儿发起话题的实际水平，既可以提出话题框架，也可以不提。要着重鼓励幼儿自主提出感兴趣的话题或者问题，在安排分组时鼓励幼儿自由结伴，小组内人数要少（3—4人即可），并应允许幼儿根据自己对话题的兴趣自由换组。

教师在不断提高自身深刻理解幼儿表达意图能力的基础上，要更侧重以倾听者的身份参与幼儿的自由讨论。要用专注倾听的态度，如眼神注视、微笑、点头、简单答应等方式，影响幼儿注意倾听同伴的表达，用如模仿、重复、询问（如你刚才说什么）等语言方式影响幼儿理解同伴的表达内容及意图。在本文开头列举的"车"的讨论现场，教师一直在倾听幼儿的讨论，但是明显看出这位年轻教师理解幼儿的表达意图有一定的困难，特别是在幼儿争论时表现出不知所措。如果她能及时用提问（你刚才提的问题是什么）、重复(小胖刚才确实说的是……)、建议（我们可以问问小胖啊）等方式，就能给幼儿做出如何探询别人表达意图的榜样，也能引导小胖及更多的幼儿专注倾听并参与到讨论中。

教师要特别注意不能一不小心成了表达的主角，更要注意尊重某些幼儿提出的幼稚的问题，只要小组内幼儿运用符合他们认知心理水平的逻辑去陈述、提问、说理与质疑，那么就应允许幼儿讨论下去。

总之，在观察、研究幼儿学习特点与问题的基础上，在反思教育教学策略的基础上，教师应充分发挥教育的主导作用，采取适宜的培养与引导策略，促进幼儿在有效的分组讨论中获得高质量的学习与发展。

北京联合大学　廖贻

# 23

 如何改变幼儿在区域活动中"游荡"的行为？

老师：

　　您好！

　　新学期开学后，我接了一个大班。开展区域活动的过程中，我遇到了一些困难。在班级中，我开设了5个不同的区域，有益智区、棋类区、美工区、图书区和建构区。每次在区域活动中，我都会根据主题活动内容投放适宜的材料，希望能最大限度地满足幼儿的发展需要，使他们的能力得到发展。尽管每次区域活动都为幼儿精心准备材料，但总有个别幼儿在几个开放的区域中随处"游荡"，凯凯是最典型的一个。凯凯平时性格活泼，非常好动，特别喜欢进行户外游戏活动，无论是跑、跳、钻、爬，他都非常投入，玩得不亦乐乎。可是在区域活动中他却非常缺乏耐心，经常频繁地在几个区域中进行选择和更换，不能专注地在一个区域中活动。

　　这一天，只见凯凯来到美工区，拿起剪刀，折好卡纸，像模像样地剪了起来。但在卡纸上剪了几个三角形和长方形后，便失去了耐心，放下剪刀，摘下区域牌放回后，搬着小椅子来到了图书区。图书区的幼儿正在玩"词语接龙游戏"，他看了看小伙伴的活动后，便径直走向书架，拿起图画书《爱心树》翻看起来。他翻看的速度很快，连画面内容都没有仔细看清楚，便翻到了书的封底，然后轻轻把书放回书架，又搬着小椅子来到了玩具区。玩具区的幼儿正在用拼插玩具搭建构造，他也拿起几块积木搭了起来。他先用两块大的积木搭起了房体，又搭起了三角形的房顶。他站在那儿看了看，没有继续搭建，而是把积木一块块拆了下来，放到地上。之后，他搬起小椅子，又漫无目的地在活动室"游荡"起来。

有时候，凯凯的随意会干扰到区域中其他幼儿专心活动，从而影响班级活动区的秩序。对于凯凯的这种行为，我也采取了一些有针对性的方法进行引导，试图提高凯凯做事的耐心和专注力。如投放凯凯比较感兴趣的图书、玩具等，希望他能够有始有终地坚持做完一件事，但这些尝试与努力对凯凯的吸引力也是很有限的。有一次，我和他玩起了他比较喜欢的"钓鱼"游戏，在游戏中，我还用竞赛的方式调动凯凯游戏的积极性。凯凯开始时特别喜欢，但过了一会儿，他就说"我累了，不想玩了"，接着就去了棋类区。棋类区的小朋友正在专注地下着五子棋，没有人理会凯凯，凯凯又失望地离开了。面对凯凯在区域活动中出现的这些问题，我也总在思考：凯凯为什么在活动中很难投入呢？是耐心不够还是专注力差呢？

针对频繁换区的现象，我和幼儿讨论后，达成了比较一致的区域活动规则：每次区域活动时间只能在一个区活动。可是有时候，凯凯还会带动三四个男孩和他一起串区。考虑到班级区域活动常规要求，我对凯凯的行为只能强行制止："每次区域活动时间只能在一个区活动，不能再到其他区域中去影响其他小朋友的活动。"这样的"强制"规定后，凯凯虽然不再到其他区域中去"游荡"，看似被固定在一个区了，但他还是不能坚持把一个活动做完。有时候他还会故意做出一些破坏性行为，如破坏其他小朋友的作品，或者推倒同桌小朋友的拼搭材料等。

我也在思考：如果不允许凯凯到其他区域中随意走动，而他的兴趣点又不在这个区域的活动上，那么区域活动时间对于凯凯就是无形的浪费；而允许他随意在区域中走动，又会干扰整个班级区域活动的秩序。我左右为难，该怎样对凯凯进行引导，使他在区域活动中的专注力得以提升，从而改变他在区域活动中随意"游荡"的行为呢？恳请专家支着，谢谢！

张乃艳

# 关注"游荡"幼儿　提供适宜支持

亲爱的老师：

　　您好！

　　读信后了解到您在接新班不久就发现了凯凯的与众不同：这个"性格活泼，非常好动，特别喜欢进行户外游戏活动"的幼儿，区域活动时间会在各个区之间"游荡"不停、做事不专注、打扰别的小朋友游戏。我想许多老师和您有同感，每个班上的"凯凯们"的确被和您一样认真负责的老师所牵挂。在寻找对策前，我们首先要考虑原因。

## 凯凯为什么"游荡"？

　　一切行为的背后都是有原因的，弄清原委是解决问题的关键。您的信中这方面的信息比较少，但我想您一定也尝试过分析凯凯出现如此行为的原因吧。不知道您的答案是什么，您看是不是可以从幼儿及教师两个角度进行分析？

### 从幼儿的角度思考

　　关于兴趣。每个幼儿都有自己感兴趣的事情，有的幼儿对什么都兴趣盎然，有的幼儿只对某一类活动情有独钟。从您描述凯凯的情况看，似乎户外运动更能吸引他，因为每次户外活动时他总是非常兴奋，非常投入，然而对于您所创设的区域活动内容，看起来似乎"缺乏耐心""频繁更换"。但是不是也有另一种可能，凯凯是在不断更换游戏的过程中寻找着自己的兴趣所在？他不愿意迁就自己随便玩点什么，而是在寻找能够真正吸引自己的游戏？

关于注意力。首先，注意力与兴趣相关，幼儿对感兴趣的事情往往注意力容易集中并持久，反之注意力就容易分散。凯凯也许还没有在区域活动中找到自己感兴趣的内容，所以会"游荡"在各组之间。其次，注意力是一种能力，任何一种活动都要有注意的参与才能顺利进行，它的作用举足轻重。凯凯可能由于各种原因造成这方面的能力不足，所以即使是他感兴趣的"钓鱼"游戏，也很难维持较长时间的注意。

关于"破坏性行为"。您在信中还提到了凯凯会破坏其他小朋友的作品或者推倒同桌小朋友的拼搭材料，这些破坏性行为也着实让您有些烦恼和无奈吧？其实，幼儿破坏性行为的出现有多方面的原因，比如，因好奇使用了不恰当的方式进行探索、模仿他人的相关行为、对自己的行为给他人造成的不便认知不足、家庭环境的影响等。从这几方面您可以试着找一找凯凯行为背后的原因，对症下药就会产生效果。

关于家庭的影响。幼儿几乎所有的行为表现都有家庭的烙印，不知您是否向凯凯的父母了解了凯凯在家的情况：他喜欢哪一类玩具？独自游戏的时候是否情绪稳定且能够专注持久？和小伙伴玩耍的时候是否和谐？经常用什么方式表达不满？家长经常采用什么方式对待凯凯出现的"错误"？等等。了解了凯凯在家的表现，就能更清晰地解读凯凯的在园行为了。

## 从教师的角度反思

观察、分析是否全面？不知您是否对凯凯日常生活与游戏中的表现进行了全面的观察了解与分析判断，而不仅是看到了凯凯区域活动中的表现，因为只有全面地了解幼儿才能做出客观的判断，从而选择适宜的应对措施。凯凯在生活中的表现特点是什么？有哪些值得称赞的地方？比如，是否热心帮助小朋友，抑或特别喜欢关注自然角？平时的情绪状态如何，是容易急躁还是平稳温和？各种习惯的养成情况如何？我想如果耐心观察凯凯的全面情况，您一定能为凯凯在区域活动中的表现找到答案。

区域内容能否满足需要？从信中得知您开设了益智区、棋类区、美工区、图书区和建构区，并会根据主题活动内容投放适宜的材料。能够感受到您的用心，因为您希望能最大限度地满足幼儿的发展需要，使他们的能力得到发展。您是否反思过，这些内容能够满足所有幼儿的兴趣和需要吗？所有幼儿都能找到自己感兴趣的材料吗？您的这些内容中是否有适合大班幼儿的角色游戏、科学探索游戏、表演游戏等？也许凯凯能从这些活动中找到自己喜欢的。一旦有自己感兴趣的事情做，可能有些行为表现就会逐渐改变。

互动方式能否支持发展？区域活动中教师有目的地介入指导是促进幼儿发展的必要手段。您与凯凯也有一些互动，比如，投放凯凯比较感兴趣的图书、玩具；和他玩起了他比较喜欢的"钓鱼"游戏，还用竞赛的方式调动凯凯游戏的积极性；为了维护全班的游戏秩序，规定每次区域活动时间只能在一个区活动，不能再到其他区域中去影响其他幼儿的活动。然而，正如您体会到的，这些互动方式只产生了短暂的效果，并没有使凯凯的行为得到有效的改善。因此可能需要反思：为什么这些方式效果欠佳？特别是"每次只能在一个区域活动"的规定是不是限制了幼儿的自由和自主？

## 理解并接纳凯凯的行为

关爱、理解及接纳幼儿不仅是对教师职业道德的要求，也是教师专业能力的体现。因为您是新接的这个班，可能需要一段时间对全班小朋友做全面的观察与了解，幼儿也需要时间适应与您的相处。对于凯凯，需要先接纳他的行为表现。您可以试试以下方法。

多静观少干预。在一段时间内减少与凯凯的直接互动，在区域活动时仔细观察凯凯的表现，记录他选择过哪些区，每个区停留了多长时间，操作了哪些材料，与小朋友起争执的原因，等等。对于小朋友的告状，可以鼓励他们自己解决，从而观察凯凯如何面对同伴的质疑和疏远，以及他解决冲突的方式。

多交流深了解。凯凯为什么"游荡"？为什么打扰别人的游戏？为什么原本很喜欢的"钓鱼"游戏不一会儿就"累了，不想玩儿"了呢？其实，和凯凯聊一聊也许会帮助您了解凯凯的想法，也许您就能理解凯凯的某次行为。也可以和凯凯聊聊热播的动画片，说说最近的一次郊游等，让凯凯放松心情，逐渐感受到老师的宽容和关爱，对老师产生信任和依赖，同时您也能更深入地了解凯凯，为今后的互动交流寻找更佳的策略。

有要求正强化。从信中了解到您是和幼儿商量后制定了每天只能到一个区活动的规则，虽然不了解您和幼儿协商的过程，如您是如何引出这个话题的？幼儿提出了哪些想法，又是如何聚焦意见的？可以肯定的是，您在一定程度上尊重了幼儿的表达权利。然而，这个规则对"凯凯们"没有完全起到作用，这就需要我们进行反思了。相信通过实践您可能也感觉到"每次只能在一个区域活动"的规则还是有待商榷的，它有可能使部分幼儿不得不持续自己已经不感兴趣的活动，也在一定程度上限制了幼儿的自主选择。对于已经是大班的凯凯，可以也应该通过一定的要求帮助其建立规则意识，这个要求一定是符合凯凯的实际、让他通过努力能够达到的。同时随时关注凯凯的情况，及时肯定他的进步，正面强化其专注游戏、善于探究等行为。

## 多维度择定区域活动内容

有效的区域活动是满足幼儿个性化需求并促进幼儿全面发展的有效途径，区域活动的内容、材料是支持幼儿学习与发展的重要载体。幼儿通过自主选择、主动参与游戏过程，在与材料和同伴及教师的互动中获得发展。从您的来信中可以看到，您为幼儿创设了若干区域，并根据主题提供了相应的材料，在这里再罗列一些择定区域内容的方式与您分享。

依大班幼儿年龄特点。5—6岁的幼儿爱学好问，愿意参与有挑战性的活动；合作意识更突显，喜欢和同伴一起活动；活动的自主性水平明显提高，更愿意按照自己的想法活动；等等。因此，大班的活动区内容及材料应具有开放性、挑战性，能够引发幼儿的合作及探究，使幼儿获得通过自己的努力克服困难解决问题的满足和快乐。

依幼儿兴趣及时生成。目前大部分幼儿园班级的活动区内容和材料多和您班一样，由教师根据本班幼儿的发展现状和特点提供。但在日常活动中教师也应留意幼儿的关注点，并分析判断能否成为区域活动的内容之一，如外出游玩后幼儿对某个建筑产生兴趣并试图搭建，教师就应允许幼儿调整现有的搭建主题；参观超市或邮局后，有小朋友提出在班上开个超市，教师也应积极回应并提供幼儿需要的材料。依幼儿兴趣生成的区域活动内容更能满足幼儿的需要。同样，询问并发现凯凯对什么感兴趣，提供相应的材料，相信凯凯的专注力会大大提高。

依整体情况适时调整。一成不变的内容、材料、玩法、规则一定不被幼儿喜爱，也不符合教育的规律和要求，因此活动区的内容、材料以及规则等一定是动态的，教师要在区域活动时适时退后，着重观察幼儿的活动情况，从幼儿的兴趣、与材料互动的有效性等方面判断当前的活动内容和材料是否需要调整。

## 适时适度支持幼儿的游戏

区域活动赋予了幼儿很大的自由度，他们可以按照自己的意愿选择内容和伙伴，选择材料和玩法，虽然是幼儿自由自主的活动，但也离不开教师多种形式的支持。

确保游戏中幼儿最大限度的自主。幼儿能否在玩什么、和谁玩、怎么玩上有充分的自主，是每个教师应经常自问的。如何保证幼儿的自主？首先，教师要相信幼儿有能力选择适合自己的活动并能够自主探究；其次，在幼儿游戏时教师要多看多听少插手，相信幼儿有自己解决问题的能力；最后，支持幼儿自己制定规则或自主体验规则的重要，如不规定某个区必须几个人玩，让幼儿在拥挤甚至争执中体验规则的重要，并自己制定规则。

观察幼儿是否需要帮助。教师虽然不要盲目介入幼儿的游戏，但也要密切关注幼儿的游戏动向，当幼儿有需要时及时给予支持。幼儿表达需要的形式多种多样，有的幼儿直接使用语言求助，他们会大声呼唤教师"这个我弄不好……"；有的幼儿用眼神求助，他们不断张望教师并表露出为难的样子；有的幼儿需要教师持续地观察，当幼儿准备放弃时教师可以及时介入，帮助幼儿克服困难继续游戏。

选择适宜的支持方式。如何灵活运用支持方式，需要教师在与幼儿的互动中不断尝试和反思。第一，同伴互助，当某一幼儿有困难时可以请其他小朋友通过示范、讲解、合作等方式提供帮助；第二，材料支持，默默地递给幼儿一个有可能帮助他解决问题的材料，也能起到作用；第三，讨论交流，和幼儿一起讨论他所遇到的困难，交换各自的想法，再鼓励幼儿反复尝试，可以帮助幼儿重建自信并大胆尝试。

## 不要忽略与家长的合作

幼儿园和家庭是幼儿生活、成长最重要的两个环境，幼儿在这两个场景中的表现是否一致，能够反映出幼儿发展的稳定性。因此，有必要了解凯凯在家的表现，如做什么事情最专注？家长在幼儿注意力不集中的时候是什么反应？采取过哪些措施和方法？效果如何？您可以从中反思和判断自己对凯凯的指导方式是否适宜。

达成一致认识。对凯凯的诸多情况，需要您与家长达成一致的认识，才能有利于家园合作，有效帮助凯凯调整行为。您可以通过家访、面谈、开放日及照片实录等方式和家长交换信息并倾听家长对凯凯的判断。

摸索有效方法。如果凯凯确有影响其健康发展的"问题行为"，那么家园就要共同制定相应的措施，采取一致的态度和方法，耐心帮助和引导凯凯逐渐在自己感兴趣的活动中提高注意力，并体验和同伴合作做事、友好相处的快乐。

经常互通信息。家园合作的重点之一是通过保持联系得以彼此了解幼儿在家、在园的情况，因此可以与家长建立沟通机制，定期互通信息，坦诚交流，相互支持。也可以将沟通内容适时反馈给凯凯，如："老师听妈妈说你昨天在家是自己收拾的玩具，真棒，今天你一定也能收好活动区的玩具！"让凯凯感受到老师和家长对自己的关爱，从情感上愿意接受老师和家长的指导。

不知如此解答能不能解决您的问题。总之，在区域活动乃至一日生活中，尊重幼儿的年龄特点和学习方式，为幼儿提供适宜的学习与发展的环境，并通过有效的师幼互动促进幼儿的健康发展，是每一个教师应不断思考和实践的。

北京市东城区教育科学研究院　马春杰

# 24

✉ 平时管用的教育对策，为什么在程程这里却不灵了呢？

老师：

您好！

今年我接手的小班里有一个男孩叫程程，他眉清目秀、聪明伶俐，用程程妈的话形容："程程，你真是个天才。"开学时，当别的幼儿只会用一种颜色涂色时，他已会频繁地更换颜色，画面总是"五颜六色"；当别的幼儿只会拿着书玩弄时，他已经会用小手捏着书角认真地翻阅图书了。他有着令人满意的优点，可也有一个让我头疼的优点，这得从他爱搭积木说起。

积木柜里有一篮彩色塑料方形积木，是程程的最爱。开学时，他不会搭积木，只会扔。但现在，他已经能独立拼搭高楼大厦、小汽车等物品了。可见，程程搭积木的水平是飞速发展的。可时间长了，我发现程程对积木的喜欢不仅远远超出班上其他幼儿，而且达到一种"痴迷"的状态。

午餐时，程程可以忘记吃饭，完全沉浸在积木里。我提醒他："程程，快点去吃饭！好吃的肉快要被小朋友吃完了！"本以为程程会着急地回到位置上，没想到他用很轻很轻的声音认真地对我说："等我搭好了再去吃饭！"考虑到天气冷，饭菜凉得快，我的态度是"严厉地坚持"，虽然程程极不情愿地来到了餐桌旁，可等我一转身，他又飞速跑回积木区。

角色游戏中，班上的其他幼儿或开心地扮演爸爸扮演妈妈，或玩理发店游戏，可是，程程从未"爱"玩过。他总是一个人把椅子搬到积木区，重复摆弄那一篮积木，任凭你怎么诱导，他就是不去参与其他游戏。

小班每天只有一节集体活动，我们都准备得十分精心，可是总吸引不了程程的兴趣。如音乐活动"找小猫"，一开始，程程还能跟随着唱那么一两句，似乎表现得很认真。当活动进行到"和老猫玩躲猫猫游戏"这个环节时，其他幼儿都开心地躲在椅子后面，满怀期待地等"老猫"去找他们。显然，这是幼儿最兴奋的时候，程程却若无其事地随便走动，离开椅子，走到积木区摆弄积木了。

程程的"积木情结"让我喜悦，也让我烦恼。为了让他积极主动地参与幼儿园各项活动，我结合幼儿的年龄特征，尝试了以下方法。

自然后果法。当他不肯参与集体活动时，或者不遵守一日常规时，就不让他玩积木。可是，这一招似乎不灵。比如，集体活动时，只要程程一出现"随便离开椅子，去积木区"的行为表现，我便立刻拉起程程的手，说："现在是小朋友学本领的时候，不能玩积木！"程程却会挣脱我的手，嚷嚷着："我就是要玩积木。"于是，我便收起积木，说："如果你坐在椅子上，和小朋友一起学本领，下课后，老师就让你玩积木。"刚开始几次程程还会哭闹一下，到后来他索性不理我，自顾自地去寻找别的玩具，或坐在椅子上哼唱小曲，一副自娱自乐的样子！

皮格马利翁效应。都说幼儿喜欢表扬，我也尝试用幼儿的优点来弱化他们的缺点。比如，集体活动前，我会对全班幼儿说："程程有一双灵巧的手，搭的房子真好看。这双小手还很听话，上课的时候会和膝盖做朋友，学习更多的本领。"说完，我还会故意征求程程的意见，说："程程，待会儿上课，你会坐得很神气，不随便离开椅子去搭积木，是吗？"程程会很认真地回应我："是的。"可是，我的表扬似乎从来没有产生过理想中的效果，程程仍会悄悄地跑到积木区，玩一会儿积木。

　　《纲要》中强调，教师应成为幼儿学习活动的支持者、合作者、引导者，尊重幼儿在发展水平、能力、经验、学习方式等方面的个体差异，因人施教，努力使每一个幼儿都能获得满足和成功。如果我一味地尊重并满足程程搭积木的兴趣，允许他不参加集体活动或游戏活动，那么他就会失去和同伴共同活动的机会，无法体验集体活动的快乐，无法拥有遵守活动常规的意识。可是我尝试了平时管用的教育对策，为什么在程程这里却不灵了呢？请专家给我指点迷津，谢谢！

黄贤

# 接纳个体差异，做到因材施教

亲爱的老师：

您好！

我想从以下三个方面来和您探讨这个问题。

## 对程程基本情况的分析

根据您案例中对程程的描述，我初步判定程程可能具备以下几个方面的特点。

### 独特的认知风格

认知风格是认知过程中的个体差异，有场独立型和场依存型两种不同的认知风格类型，这两种认知风格对幼儿的游戏行为有普遍的影响。场依存型幼儿对人更感兴趣，他们花大量的时间玩社会性游戏，能更多地运用社会性线索解决问题，参与联合与合作游戏。而倾向于场独立型认知风格的个体，喜欢单独游戏，对人际交往比较冷淡、不合群、不迷信权威，遇事有自己的标准，分析问题的能力较强，对非社会性刺激的记忆能力和解决问题的能力较强。

从程程聪明伶俐，做事专注、投入，不太合群，不愿意参加其他小朋友玩的"娃娃家"游戏，喜欢单独游戏，自己比较有主见等行为可以推断，在认知风格方面，程程应该更倾向于场独立型。因此，他喜欢一个人玩积木，对于其他幼儿感到兴奋的游戏环节，也只是"若无其事地随便走动，离开椅子，走到积木区摆弄积木了"。

### ✍ 特殊的智能强项

加德纳教授提出的多元智能理论，改变了传统仅以语言和数学智能判断人的智力水平理论的局限性，揭示了一个更为宽泛的智力体系——多元智能的存在。多元智能包括八种主要智能：语言智能、逻辑—数理智能、空间智能、运动智能、音乐智能、人际交往智能、内省智能、自然观察智能。其中，空间智能是在脑海中形成一个外部空间世界的模式，并能够运用和操作这种模式的能力，擅长利用三维空间方式进行思维和表现。拥有空间智能强项的幼儿倾向于运用图像思考，喜欢画画、参与美劳活动、玩乐高积木、参与想象和视觉游戏、阅读图画书等。和其他幼儿比起来，程程在画画、阅读图书等方面都表现出超前发展，尤其喜欢专注地玩积木，从多元智能的视角来看，空间智能应该就是程程的智能强项。

### ✍ 正常的游戏发展水平

根据皮亚杰幼儿游戏的社会性与认知发展理论，可以发现，4岁的程程，其游戏的社会性发展水平应该处于单独游戏或平行游戏阶段，要么独自玩与别人不同的玩具，要么和别人玩一样的玩具。而程程玩的游戏似乎处于独自游戏阶段，游戏的认知发展水平则处于象征游戏的时期。他在玩积木的初期，表现出只会扔积木等行为，表明其认知发展处于感知运动阶段；当认知发展水平进入前运算阶段后，他就能在积木游戏中独立拼成高楼大厦、小汽车等物品，进入象征性游戏阶段。由此可见，程程的认知发展水平和其他幼儿并无差别，只是在社会性发展水平方面，表现出较多的单独游戏而已。

综上所述，正如程程母亲所言，程程是一个"天才"，他拥有和常人不一样的独特的认知风格，不喜欢与人交往的游戏，对非社会性刺激的记忆和解决问题的能力较强；拥有超乎寻常的空间智能，喜欢并擅长搭积木，注意力持续专注。独特的认知风格导致他在社会交往方面与同伴略有不同。

## 对教师教育行为的分析

案例中，您把程程爱搭积木看成是令您头疼的优点，并对自己的一些教育方法感到纠结，这是由于您对程程的认知风格、智能强项及发展的水平缺乏一定了解造成的。而由于您所实施的教育偏离了方法的本意，故对幼儿并没有产生应有的效果。

## 自然后果法还是人造后果法

自然后果法是18世纪著名教育家卢梭提出的，指当孩子有了错误和过失后，成人不必直接去制止或处罚他们，而是让孩子体会到自己所犯的错误和过失带来的自然后果。而案例中您并没有让程程体会到由于自己不参加集体活动而带来的自然后果。

首先，人造后果加剧了程程的玩积木行为。"当他不肯参与集体活动时，或者不遵守一日常规时，就不让他玩积木"，被强行不玩积木的程程"却会挣脱我的手，嚷嚷着：'我就是要玩积木'"，老师的这种做法并没有达到改变程程不遵守常规的目的，反而助长了程程不按老师指令行事的行为。

其次，人造后果法削弱了教师的地位。只要程程一出现"随便离开椅子，去积木区"的行为表现，您便立刻拉起程程的手，说："现在是小朋友学本领的时候，不能玩积木！"并收起积木，说："如果你坐在椅子上，和小朋友一起学本领，下课后，老师就让你玩积木。"刚开始几次程程还会哭闹一下，到后来他索性不理老师，自顾自地去寻找别的玩具，或坐在椅子上哼唱小曲，一副自娱自乐的样子！

在程程看来，是老师不让他玩积木，他并没有体会到这是因为他不遵守日常规则而带来的自然后果。您自己也认为，尽管自己"严厉地坚持"，但这一招似乎不灵。程程毕竟只是个4岁的孩子，他并不能理解自己的不遵守规则和喜欢玩积木之间有什么必然联系。很显然，这种人造后果法，对程程并不适宜。

## 皮格马利翁效应还是"功利性表扬"

皮格马利翁效应由著名心理学家罗森塔尔和雅各布森提出，亦称罗森塔尔效应或期待效应。其主要观点认为，人的情感和观念在本质上会不同程度地受到别人下意识的影响。教师对某个学生或某件事始终抱有真诚的期待、热爱、关怀之情，就会得到意想不到的教育效果，因此教师通过激励学生达到激发学生最大潜能的教学效果。赞美、信任和期待具有一种能量，它能改变人的行为，当一个人获得另一个人的信任、赞美时，他便感觉获得了社会支持，从而增强了自我价值，变得自信、自尊，获得一种积极向上的动力，并尽力达到对方的期待，以避免对方失望，从而维持这种社会支持的连续性。

案例中，首先，您所用的皮格马利翁效应，并非出于对程程真诚的期待，只是通过表扬程程会搭积木，进而提出要程程认真听课的要求和约束。"程程有一双灵巧的手，搭的房子真好看。这双小手还很听话，上课的时候会和膝盖做朋友，学习更多的本领"，这种要求和约束本身就表明了教师对程程的不信任，是在集体活动之前提前给程程打预防针而已。

其次，皮格马利翁效应并非万能，也不可能产生一蹴而就的效果。您每次对程程实施所谓的皮格马利翁效应，如"程程，待会儿上课，你会坐得很神气，不随便离开椅子去搭积木，是吗?"，程程会很认真地回应："是的。"但他仍会悄悄地跑到积木区，玩一会儿积木。您发现对程程的表扬似乎从来没有产生过理想中的神奇效果。究其原因，我认为您太急切于想改变程程的现状，而忽视了4岁幼儿的身心发展特点。从程程认真回答教师提出的要求可以看出，他并不是一个本质上不愿意遵守规则的幼儿，只是由于自控能力差，对集体活动缺乏持久的兴趣而已。利用皮格马利翁效应的目的，不是为了真正表扬或信任幼儿，而只是为了让幼儿能迅速改变自己的行为，达到教师期望的要求，偏离了皮格马利翁效应的本意，自然收不到应有的效果。

## 对程程教育的几点建议

### ✍ 尊重个体差异，满足幼儿特殊需要

正确理解尊重幼儿的含义。如果我们把尊重幼儿仅仅理解为"一味地尊重并满足程程搭积木的兴趣，允许他不参加集体活动或游戏活动"的话，那么，认为"他就会失去和同伴共同活动的机会，无法体验集体活动的快乐，

无法拥有遵守活动常规的意识"的观点就自然成立。但是，尊重幼儿并不仅仅是让幼儿一味地随心所欲，给幼儿形式上的自由。尊重幼儿，就是要尊重幼儿在发展水平、能力、经验、学习方式等方面的个体差异，因人施教，努力使每一个幼儿都能获得满足和成功，尊重幼儿的兴趣和个体经验。程程由于其与众不同的认知风格，导致他更喜欢与非人际的环境发生互动，导致教师认为平时"管用"的教育对策，用在程程这里就不灵了。幼儿有一百种语言，教师就应该给他们创造相应的环境，而不是拿走九十九种，只给幼儿留下一种。

### 发挥空间智能强项，带动人际智能发展

每个幼儿都是独一无二的，都有表现聪明之处，也都有着足以出人头地的能力。没有人是全能的，也没有人是无能的。幼儿园、家庭都应该从多元智能理论出发，为幼儿提供发挥他某些优势智能的空间，因材施教，各得其所。创设丰富多彩而富有挑战的活动环境，多给幼儿自发探索、自主学习的机会，让每个幼儿的强项智能都可以尽情发挥。

程程喜爱搭积木，教师能做的不应是制止，而是追随其兴趣，根据他的发展水平，完全接受程程爱搭积木的现实表现；仔细观察程程搭积木时的各种行为，通过对积木的数量和搭建技能难度的控制，对程程提出挑战；和程程一起搭积木，与他建立融洽的师幼关系，引导其他幼儿来参观欣赏其作品，增强程程的自信心和与人交往的兴趣，逐渐扩展到其他区域活动，循序渐进地对他提出常规方面的要求。

### 成为幼儿学习活动的支持者、合作者、引导者

《纲要》提出了教师作为幼儿学习活动的支持者、合作者、引导者的角色，每个幼儿教师都谙熟于心。但在实际操作中，怎样扮演这样的角色，不少幼儿教师都感到迷茫和困惑。支持并不是帮助幼儿解决一切本该他们自己通过努力可以解决的问题；不管是支持者、合作者还是引导者，活动的主人都是幼儿，教师都要建立在对幼儿经验、兴趣、实际发展水平的基础上，适宜地、及时地为幼儿搭建支架。以幼儿喜欢的方式，激起足以引导幼儿的自

觉性和行动向更高的水平前进的冲动，引导幼儿从一个水平向另一个水平前进，以促使幼儿力图表现自己日益趋向成熟的能力，以达到幼儿的充分生长、能力的充分实现。

以上只是我的一些建议和想法。由于您对程程的描述只是局限于几个特殊场景，所以，以上分析可能并没有很好地分析出问题的症结，所提建议的针对性也不一定强。实践出真知，更多的还需要老师们自己在实践中尝试！

南京师范大学　邱学青

# 25

## ✉ 如何让幼儿喜欢图书区并实现图书区的价值？

老师：

　　您好！

　　早期阅读一直是幼儿园的教育热点，图书区也是幼儿园每个班级必不可少的区域。但幼儿在图书区的实际状态却让我有些困惑和忧虑。就说最近一次我参观某幼儿园的感受吧。

　　我们观摩的主要是区域游戏。我走进了该幼儿园的每一个班级，班中的幼儿都在快乐地游戏着。但是图书区里的幼儿却引起了我的注意，他们的情绪和行为各不相同。有的幼儿在图书区中打闹着，来回地爬着、跪着、说笑着；有的幼儿则在发呆，无聊地静坐着；有的幼儿被图书区中一起看书的老师"控制"着，一会儿看看自己或老师手里的书，一会儿看看其他区域里的小朋友，一会儿站起来，一会儿又坐下，心神不定；有的幼儿则穿梭在图书区和其他区域之间，只有极个别的幼儿在翻看着书，但有些漫不经心。

　　看到这样的情景我产生了许多困惑和思考，比如，图书区的价值到底发挥了吗？幼儿在图书区中获得了怎样的发展，又获得了怎样的信息？各类图书分散到其他区域中支持幼儿游戏是否行？图书区开放时间是否可以和其他区域开放时间分开？老师如何改变"控制类"的指导方式？

　　带着各种疑惑回到我自己带的大四班，看到我们老师和幼儿一起创设的开放式的"快乐书吧"，尤其是名字中的"快乐"两个字，我不由地想，幼儿在图书区游戏时真的快乐吗？我怎么才能让幼儿快乐起来呢？怎么才能让图书区真正发挥它的价值呢？于是，我尝试做了以下探索。

第一，我们和幼儿以及家长共同把环境创设得更温馨一些。比如，和家里一样的沙发、纱帘、地垫、靠垫，铺着小花布的桌子、椅子等，就连书袋都是暖色调的，非常温馨。

第二，我们投放更为丰富的图书。各个种类的图书都有，可以涵盖五大领域的内容，我们把图书分门别类地放到书架、书袋、书柜里，并且请幼儿都做上了标记。

第三，我们提供了各种辅助媒介，丰富幼儿的看书方式。比如，我们投放了与图书一致的故事情境立体图，幼儿可以带着纸偶或者布偶来表演；投放了与图书一致的电脑版内容，幼儿可以看电子版的图书和动画；投放了与图书配套的录音光盘，幼儿可以"听"图书。

第四，我们创设了各种活动鼓励幼儿看书。比如，"今天我看书了"，让幼儿记录自己看到的内容；"图书漂到我这里"，是幼儿阅读其他小朋友自带的图书；"图书推荐"，幼儿可以把自己最喜欢的一本书推荐给大家，并做成一张小海报；"图书医院"，幼儿能够把坏了的图书及时修好，也可以用这些工具、材料制作图书。

第五，我们丰富了墙面环境，把看书的方法、规则、问题及解决问题的办法都布置到了墙饰上，以支持幼儿更好地看书。

为了创设幼儿喜欢的图书区，我们和幼儿共同做了许多准备，做每一项准备幼儿都乐在其中，我们的"快乐书吧"环境越来越温馨、图书越来越丰富。

可是我不希望看到的事情还是发生了。通过观察发现，只有少数小朋友能够主动去图书区活动：有的小朋友坐在舒服的沙发上拿着书摇来晃去，书成了玩具；有的小朋友在图书区里藏猫猫，还有的则玩起了过家家；有的小朋友争着看电脑上的动画故事，明知道只能看10分钟（有计时器），但是依然不离开；有的小朋友看书时换来换去，走来走去；等等。总之，认真专注看书的幼儿很少。看到幼儿的行为，我很无奈，如何让图书区成为幼儿喜欢的区域，并实现图书区的价值呢？恳请专家给予帮助。

解春荣

# 图书区的有效指导

亲爱的老师：

您好！

读完您的信，首先要表达对您的敬意。您真是一位善于观察幼儿活动、能激发幼儿主动学习、又能随时反思并努力解决问题的好老师。幼儿园和孩子们有您这么敬业的老师，真是大家的福气。当然，还得感谢您愿意分享您对图书区的看法、做法和疑惑，这给我们提供了一个很好的交流平台。

不管是针对您观察其他幼儿园图书区所产生的困惑或您对班上幼儿在"快乐书吧"行为的无奈，我想我们先来界定图书区的功能。在幼儿园逐渐重视区域活动的今天，我们到任何有区域设置的幼儿园，必定能看到一个以图书为主体的区域。这个区域的名称五花八门，有些名称以体现"图书"为主，有些是围绕"阅读"来命名，而且还会别出心裁地用不同的形容词来修饰以增添趣味性或强调温馨感。但是，不论它是什么名字，这个区域创设的目的应该都是提供一个幼儿可以依自己的意愿选择进来阅读图书的地方。因此，要达到这个区域创设的目的，所有的思考和做法都得围绕两个重心：如何鼓励幼儿自愿选择进入此区，并留住幼儿在此区阅读图书。

## 鼓励幼儿自愿选择进入图书区阅读

解老师在信中提到，把环境创设得更温馨，让环境自己向幼儿发出邀请的信号，这当然是非常可取的做法。除此之外，您也一定注意到图书区和其他区域的不同，它会更吸引那些想要相对安静或独处的幼儿。而且，我们也希望幼儿一旦进入该区，就能不受干扰地读书。因此在教室里安排相对安静的角落来设置图书区是蛮重要的考量。当然，最能影响幼儿是否有兴趣进入此区的应该是陈列其中的图书本身。图书区的图书当然要考虑丰富性，但基于教室里空间的限制，丰富性的方向不能与幼儿园图书区藏书相提并论。那么，在有限的空间应该摆放哪些图书、做什么事来吸引幼儿呢？

### ✎ 摆放与当前进行的主题有联系的图画书

主题课程是经验课程，是希望幼儿围绕一个主题来积累、拓展与主题相关的经验，并在学习过程中促进幼儿身体、认知、语言、社会与情绪等的全面发展。在主题学习的过程中，除了游戏与操作是幼儿学习的手段之外，阅读与主题相关的图书也是带领幼儿进入主题或拓展主题相关经验的重要途径。原则上，与主题相关的图书可以分成两大类，一类图书可以对照生活经验，另一类图书则可以为幼儿开启一扇平常生活里接触不到的视窗。这些与主题相关的书籍不但可以在集体教学时读给幼儿听，更可以放进图书区让幼儿自由取阅。

### ✎ 放进图书区的图书最好是老师读给幼儿听过的书

许多父母和老师一定都有经验，幼儿喜欢一而再再而三地要求大人读同一本书给他们听，这说明了重复阅读喜欢的书是幼儿的共性。而且，多年前在国外也有研究证明：在图书区幼儿会主动阅读的书中，老师读了很多次的是没有读过的3倍，老师读过的是没有读过的2倍。这些事实说明了图书区的书最好要摆放幼儿已经读过的书。若是新书，也要找机会在集体教学活动或日常活动中共读，再放回书架供幼儿自由取阅。

### ✎ 图书的种类和内容要照顾班上幼儿的个别差异性

区角创设的很大目的是要照顾幼儿不同的学习兴趣、需求和速度，图书区当然也不例外。因为阅读经验的多寡（有些幼儿自小有父母陪伴看图书的经验，而有些幼儿在入园之前缺乏亲子共读经验甚至从没有看过图书）、个人的偏好（如某些幼儿对恐龙、车子或某种动物特别感兴趣）都会决定幼儿对图书的兴趣。集体阅读活动无法照顾个别幼儿的需求，图书区的图书选择就可以提供补偿的机会。因此，图画书主题（动物、植物、运输工具、节庆、亲子之爱、友谊等）及类型（故事、诗歌、散文、知识等）的多样性是图书区选书要考虑的重要因素。

### ✎ 图书摆放要整齐有序，图书要完整干净

幼儿心理学相关研究表明，幼儿正处于追求秩序感的阶段，对于肮脏破损的图书不自觉会避而远之。另外，颜色和图像比较吸引人的封面也容易产生好的第一印象，鼓励幼儿取阅。当然，定期更新书架上陈列的图书，也是促进幼儿持续进入图书区的手段。

### ✎ 成人在图书区读书

松居直先生不断强调，幼儿的阅读是一边倾听大人朗读图画书，一边看着书里的图画来理解或感受图书的内容。因此，成人在图书区读书不是为了"控制、主导"幼儿的阅读，而是应幼儿的需求读书给幼儿听。图书区里若常有老师、保育员或志愿者读书给一个或少数几个幼儿听，轻松回应幼儿在书本里看到的趣事和问题，让幼儿在幼儿园也能像家里一样享受亲密的共读乐趣，回到阅读的本质，必定能吸引幼儿的参与。

## 留住幼儿在图书区内阅读图书

图书区设置的目的既然是要鼓励幼儿阅读图书，除了考虑相对安静的位置不受其他区角的干扰之外，也要把区域内的干扰降到最低，以减少幼儿分心的可能性，延长幼儿逗留的时间。解老师您在信中提到，在图书区里放入图书配套的光盘或电子书。这种多元的阅读方式值得鼓励，但这些影音产品的声音可能会干扰其他幼儿阅读。建议提供舒适的耳机让使用电子阅读的幼儿使用。至于打开光盘或电脑动画，除了声音的干扰，还会有影像的干扰，而且也会吸引一群幼儿围观、笑闹。因此，这些多媒体的影音产品应该放在

图书区还是另辟视听区角,其实是值得我们思考的。另外,教师担心影响幼儿的视力,规定幼儿只能看10分钟的动画,并用计时器来提醒。教师的立意甚好,想借助计时器让幼儿遵守规矩。但是,每一个影片的长度都恰巧是10分钟吗?计时器响起但故事正精彩,幼儿是不是要陷入天人交战的挣扎呢?我们是否能把规则改得更人性化一些,比如说看完一部片子或两部片子(影片长度大约是10分钟)就得离开,让幼儿更容易靠自制力养成规则意识。

另外,解老师提到幼儿把图书区当成过家家的角色区。我们回头去看打造"快乐书吧"的做法——投入与图书配套的情境立体图、布偶、纸偶、木偶等,从中可以看出教师真的很用心。不过,让我们评估一下,这些物件和角色区投放的东西相似吗?如果很雷同,幼儿不拿这些东西来过家家是不是违反了他们的天性?当然,图书区是可以也应该适度投放"偶"这种讲故事的道具,但教师一定要考虑这些道具是要提供给个别幼儿拿来和书本互动,还是由一个成人(或一个幼儿)拿来讲故事给其他幼儿听的。这样,立体情境图或偶的大小、材质、形式就要做适当的选择。

至于解老师观察到幼儿在图书区里无法专注,书换来换去、人走来走去的情况,则要思考其背后的本质问题。一是幼儿对图书区里的书是否有兴趣,其次就是幼儿阅读习惯和行为的养成。这是《纲要》与《指南》对幼儿阅读目标设定的重点,也是图书区设立最主要的目标。不管是我们成人对图画书的选择、读书行为的示范,还是图书区看书规则的设定都应该围绕这个重心。而且,幼儿的阅读兴趣、行为和习惯需要日积月累地培养,急不来的。作为教师,我们得耐下性子长期观察个别幼儿在图书区的行为变化,并根据其需求适时提供图画书和必要的协助,才能评判图书区设置对个别幼儿的影响。

另外,解老师您在信中问道:"各类图书分散到其他各种区域中支持幼儿游戏是否可行?"笔者认为,为了让幼儿在游戏中方便获取相关信息或联系阅读经验,在各个区域放置相关的图书是很值得鼓励的做法。我就曾经在幼儿园看过在进行"叶子"主题时,美劳区和益智区的架子上都分别摆着与秋天或大树相关的图书,方便幼儿随时翻看、参考。

其实，解老师对于图书区已有许多宝贵的想法和做法，以上只是笔者对图书区的观察。希望这些思考和建议能对您进一步解决图书区的问题有稍许参考价值。再一次谢谢您的分享并祝教安！

温碧珠

# 26

## 新学期的班级区角能否这样布置？

老师：

　　您好！

　　马上开园了，我们带的小二班幼儿要升入中班，班级区角又将调整。我们首先回顾了小班的区角设置和使用情况。小班时共设有美工区、图书区、益智区、建构区、角色区、表演区、生活操作区、自然角8个区角。回想幼儿进区游戏情况可以发现，他们喜欢玩的区角有4个，分别是建构区、娃娃家、生活操作区和益智区，但建构区由于面积窄小不能充分满足幼儿的游戏需求，而美工区、自然角、图书区和表演区幼儿很少进入，利用率不高。

　　结合这一分析，我们准备进行如下调整。

　　将建构区调整至集体活动区域，扩大空间，墙面上张贴与幼儿搭建水平和活动主题相符的搭建步骤图。建构区材料除原有木质积木外，可增添彩色纸杯、废旧纸盒、奶粉罐、玩具车、纸板，并做好标记。由于利用的是集体活动区域，幼儿搭建作品不能很好地保留下来，为此设立作品展示墙，请幼儿为自己的作品拍照，教师为作品及搭建者合影，并将照片彩印，幼儿自己张贴。区域总结时，请幼儿介绍自己搭建的作品。

　　增设科学区，并将其设置在靠近水源、相对安静的教室内侧，材料投放根据主题活动的开展调整。比如，9月份围绕"磁铁"主要投放磁铁、磁力棒、各种生活中的物品（如不锈钢勺子、钥匙、布头、硬纸片、纽扣等）。10月份围绕"秋天博物馆"主要投放树叶和放大镜，鼓励幼儿用放大镜仔细观察叶片，收集各种树叶进行分类。

益智区继续投放手头玩具（如魔尺、魔方）、配对排序类玩具、数字类玩具、拼插类玩具以及拼图等。

我们对幼儿很少进美工区的原因进行了分析，得出以下结论：教师引导不到位；材料放置不规整；区域面积小；幼儿不知道如何使用工具，如毛笔、泥工板、水粉笔等。于是我们将美工区分为绘画区和泥工区，扩大活动空间；将美工材料放置在推车上，方便取放；幼儿罩衣由放在衣帽间改放美工区，悬挂于晾衣架上。

图书区分为看书区和涂写区，看书区搬至之前的建构区，靠近窗户，紧挨幼儿的床，更加安静；涂写区在看书区的左侧，投放沙画等材料，希望创设不是只有图书的图书区，让图书区活跃起来。

撤去表演区。为了增加幼儿音乐表现经验，利用餐后散步等零碎时间和幼儿一起复习学过的儿歌、音乐律动，形式可以是合唱、分唱、个别唱；可请幼儿围圈坐到操场上，开小型演唱会，满足幼儿表演的欲望；也可以利用舞蹈教室，让幼儿的表演更有仪式感。

调整自然角的植物，把需要阳光的植物摆放在区域柜上；提供照顾、观察、测量植物的工具。

角色区先不动，待幼儿入园后再共同商讨角色区的大概方向，然后填充材料。

新学期区角有科学区、建构区、益智区、泥工区、绘画区、图书区、自然角、角色区等。

专家老师，不知我们的设想与调整是否妥当，请给予指导。

刘灿　宋阿兴　郭雨佳

# 幼儿园班级区角布置的基本原则和常见误区

亲爱的老师：

你们好！

开园前，设计并布置班级环境，已成为每个幼儿园教师的规定性动作。看了三位老师的介绍，很难直接回答可以或者不可以，原因是班级区角布置不存在标准化问题，它会因幼儿需要、教师观念、教室空间、课程背景、幼儿园物质条件和文化等诸多因素的不同而各具形态。

由于没有亲临三位老师所在的班级现场，现仅根据文字介绍与区角布置基本原则谈一谈中班区角环境预设亮点和有待进一步思考的地方。

三位老师的区角布置可圈可点的亮点很多，都吻合了区角设计的基本原则。

## 区角布置的基本原则

### 原则一 区角设计要从幼儿出发

你们在设计区角时，首先考虑了本班幼儿之前区域活动的场景，包括哪些区受幼儿欢迎，哪个区幼儿很少玩，哪个区利用率不高，哪个区从来没有玩起来等。为幼儿准备区角，着眼于幼儿是硬道理。

### 原则二 根据各区角的活动特性安排位置

你们关注到了科学区需要用水，便使其临近水源。一般布置区角前，要分析和区别干湿、动静的区角活动性质，将需要用水的区角如绘画区、科学区、沙水区等安排在水源附近，方便幼儿活动的同时不会将其他区角弄湿；将需要安静的区角与吵闹区角分开，如美工、图书、益智等区角需要安静操作，应与较吵的角色、表演等区角分离开，避免活动中互相干扰。

### ✒ 原则三 固定区角与临时区角相结合

你们将建构区调整到了较大的空间场地，与集体活动场地结合使用，符合固定区角与临时区角相结合的原则。区角布置时，既要考虑到幼儿在区角活动时间可以随时进区活动，又要留有用于集体活动的宽敞空间，因此根据场地条件可以只创设一部分固定的区域。

### ✒ 原则四 幼儿是区角布置的参与者

你们将本班的角色区留着，等幼儿入园后再一起商讨做起来，这是教室留白的一种策略。班级区角、墙面理应为幼儿的参与留下空间，这样才能真正体现幼儿是班级的小主人。留白是尊重幼儿、追随幼儿的具体体现。

### ✒ 原则五 在区角周边营造支持性环境

你们在建构区增加了作品展示墙。在区角布置时，展示与提示的支持性环境营造是必不可少的。比如，利用小墙饰、海报、展架等媒介呈现幼儿的游戏计划、游戏规则、玩具玩法、小妙招、步骤图、参照物等。值得注意的是，这样的墙饰往往需要幼儿亲自去操作，因此墙饰的高度要适合幼儿的身高，便于幼儿动手操作。

## 常被忽略的几个误区

你们的区角设计也有几点需要深入反思和讨论的，这也是幼儿园区角创设时常见的误区。

### ✒ 误区一 各个区角的功能区分不明确

你们的班级里既有科学区，又有益智区和自然角，这也是许多幼儿园班级的现状。教师在统一规划时应梳理清楚科学区、益智区和自然角三个区角的具体功能和作用,处理好独立与整合的关系,不设重复的区角,将宝贵的空间用于当前幼儿最需要的地方。合理设置室内活动区数量也是区角创设的基本原则,一般室内活动区以角色、图书、美工、建构、益智为基本活动区角,可适当增减。区角名称最好由幼儿讨论后确定,也可以选取幼儿最易理解的名词或依据具体玩的内容命名,如角色区用"娃娃家""中餐厅""便民超市"等来命名。

### 误区二 对幼儿区角活动的观察分析不深入

三位老师对幼儿不去美工区的原因分析过于表面化,而把美工区分为绘画区和泥工区的解决策略也比较简单。美工区是以造型来进行表达与表现的区域,幼儿的表达和表现意图、愿望或目标任务是玩美工区的根本性动力。建议老师们深度了解本班幼儿,并创设一定的情境和机会吸引幼儿进区。比如,依据主题引导幼儿用造型表达所思、所想、所见,为角色区定制所需材料,为班级环境制作装饰品,为建构区的废旧材料进行装饰,等等,利用各种途径触发幼儿进区表达、表现的意图和愿望。为了使游戏活动走向深入,教师应引导幼儿在活动时进行合理的区角联动,并根据需要进行一些区角的整合或相邻布置。

### 误区三 区角布置忽视幼儿的心理感受

布置区角之初,班级环境温馨与舒适度应该引起老师们的关注。班级是幼儿在园生活的主要场所,区角又是班级环境中的重要组成部分,我们要选择材质安全、舒适、色调柔和的格架、靠垫,投放生活中常见的、安全的、低结构的、多种玩法的材料,让幼儿对物品感觉亲切、身体感觉舒适、心理感觉安全。当然,温馨与关爱的氛围更多体现在师幼互动与师幼关系中,教师在与幼儿互动过程中应建立接纳、放松、亲和的心理氛围和人际关系。

### 误区四 出入路径不够方便通畅

教师要合理利用活动室的每个角落,充分发挥活动室内设施的作用,保证活动室内的动线畅通无阻,以避免幼儿在如厕、变换区角、取水时产生拥挤碰撞等情况。为此，活动室中央和各个门口，如盥洗室大门、阳台等处最好不要设区角。另外，活动区的过道要清晰，过道的大小要适当。

## 新手教师最感困惑的三大问题

通常教师在准备区角环境和材料时，内心既充满期待，又有些忐忑，不知幼儿是不是喜欢。其实，教师的忐忑是正常的，这是由区角的性质决定的。

我们知道，班级区角是教师为幼儿的自主游戏准备的。所谓自主游戏，是幼儿自主选择玩什么、跟谁玩、怎么玩，在游戏过程中幼儿完全按照自己的想法进行，体现的是幼儿的"意图"。而开园前的区角和材料是教师设置与投放的，在某种程度上体现的是引导幼儿发展的教师的"意图"。那么如何让教师的"意图"潜藏于环境和材料中，让"双意图"合二为一，使得幼儿看到区角就被吸引、见到材料就想玩，让幼儿在自主游戏中自主学习，就成为新手老师们的痛点。

### 困惑一　班级区角如何确定

为幼儿准备班级环境，源于对幼儿的了解，那我们要了解有关幼儿的哪些内容呢？首先，判断幼儿当前发展水平，既要考虑全体幼儿的水平，又要关注个体差异；其次，带过班级的老师，要回顾本班幼儿的兴趣倾向，幼儿的兴趣是"幼儿想要的"环境创设的依据；最后，思考幼儿应该得到的发展是什么，这一点是教师心中的目标、"幼儿需要的"环境创设的依据。

我们将"幼儿想要的"与"幼儿需要的"环境创设内容相结合后，可来到班级教室现场，根据班级教室的现有条件，充分观察教室形状、大小、通道、隔断、柱子、窗户等现有场地特点，以及不同季节光照时间和温度，结合各区角活动不同的需求，初步确定区角位置。然后从方便幼儿操作、方便材料取放、方便各区连接等方面考虑，进行想象演示、预设测量，做出一个初步的区角布置方案。然后通过线上和线下与同事、幼儿、家长沟通，改进和完善初步方案后，进行具体布置。

如前所述，三位老师非常关注和尊重幼儿的兴趣和游戏倾向，但是，如果只凭幼儿兴趣倾向这一点来设置区角就相当于只有"幼儿想要的"而缺乏"幼儿需要的"区角，将来会出现图新鲜的幼儿因区角或材料无挑战性而不感兴趣了，于是轻率撤区或变动频繁等问题。例如，在"表演区从来没有玩起来"这个问题上，老师们没有加以分析，直接简单地撤掉了表演区就显得有些轻率了。小班时幼儿"表演区没有玩起来"，并不是兴趣问题，而是小班幼儿受社会交往能力所限，其表达与表现意愿、分享能力、表演组织能力等都是"没有玩起来"的影响因素。而随着年龄的增长，中班幼儿有很强烈的社会交往意愿，其交往能力也在快速发展中，表演区能够给幼儿创设同伴交往的机会，幼儿会在交往中生成更多意图和想法，他们的游戏也会持续不断地深入进行下去。如果考虑到这些，对表演区会不会有另外的处理方式呢？

### 困惑二　活动材料如何投放

首先，有什么就放什么。强调利用现有的、易得的材料，这样可以让老师们放松心态，放眼日常与周边，不必煞费苦心花大量精力去寻找或追求高成本的材料。有一位老师的做法就很值得我们学习和思考。这位老师在幼儿园仓库里捡来一个带立柱的玩具架，就放在班里一个比较明显的位置，也没有对幼儿说用它来做什么。这么一个莫名其妙的玩具架却引发了幼儿自发的讨论："这个东西放在这儿干吗呀？""看着跟个小商店似的。"看见幼儿关注到玩具架，老师就问："这个架子很特别，不但有立柱，上面还有牌子，这是老师在仓库发现的，你们有用吗？如果大家觉得有用我们就留下它，如果觉得没用，就把它送回仓库。"听了这话，幼儿开始各抒己见，有的说可以做商店，有的说可以做银行……，最后幼儿决定做蛋糕房。结果，由一个空架子居然引发了幼儿一系列做蛋糕、送蛋糕，再到定制蛋糕，甚至是给娃娃开生日会等一系列有趣的活动。在这个过程中，游戏内容是不断延展的，材料是不断丰富的，幼儿的发展也是越来越多元的。

其次，试投放。这是因为前期布置时的材料出自教师预估的游戏判断，不一定符合幼儿的真实游戏需要，开园后每一件材料都要得到幼儿游戏的检验，到时候再根据需要添加或调整。

再次，材料要具有耐用性和开放性。有多种用途、有多种玩法、能触发幼儿想法、能刺激多种感官、能探索、能转换、能组合与拆分的材料尽量多投放。

另外，还要特别注意投放当地特有的材料资源，以降低材料成本。

最后，要将试投放的材料分类摆放在便于幼儿看到、拿到的地方。

### 困惑三　活动区一成不变吗

针对有些班级区角一旦布置完成，一个学期，甚至一个学年都不变换这一点，我们必须明确，区角的创设不是一蹴而就的，区角与材料的动态调整与幼儿发展的需求是同步同频的。例如，在开学前班级娃娃家的创设过程中，由于对幼儿当前感兴趣的内容还不太了解，就可以将现有的娃娃、炉灶、炊具等幼儿在游戏中可能会用到的材料，先摆放在玩具架上。然后待幼儿来园后，通过在游戏中观察和倾听幼儿的想法，发现和了解幼儿的兴趣和需求，再通过"你们在游戏中还需要什么?""在哪里可以找到?"等问题的讨论，来进一步明确需要添加或调整的材料，以及材料的来源。像这样的讨论，过一段时间就可以进行一次，让区角材料始终是围绕幼儿的游戏想法和需求在调整、在变化，这样才能让幼儿感觉到自己是游戏的小主人。

因此开园初，教师不必为追求完美而焦虑，事实上对于幼儿的发展来说，一直完美的区角是不存在的。区角有问题需要幼儿、教师共同发现，教师可以先将问题抛给幼儿去解决，如果他们不能解决，教师和幼儿再共同协商解决，这个过程本身也是区角游戏活动的一大教育功能。

希望以上的分析能对三位老师有所启发。

保定幼儿师范高等专科学校　王惠然

北京市西城区教育研修学院　梁燕京

GEI YOU'ER
JIAOSHI DE
52 FENG XIN

ZHUANJIA
WEI NI JIEDA
JIAOYU NANTI

# 给幼儿教师的 52 封信

## 专家为你解答 教育难题

安颖 主编

2

教育科学出版社
·北京·

出版人　郑豪杰
责任编辑　王　娓
版式设计　锋尚设计　吕　娟
责任校对　贾静芳
责任印制　李孟晓

图书在版编目（CIP）数据

给幼儿教师的52封信：专家为你解答教育难题. 2 /
安颖主编 . — 北京：教育科学出版社，2024.4
　　ISBN 978-7-5191-3596-6

　　Ⅰ. ①给… 　Ⅱ. ①安… 　Ⅲ. ①幼儿教育—教育研究
Ⅳ. ①G61

　　中国国家版本馆 CIP 数据核字（2024）第 078967 号

给幼儿教师的 52 封信
——专家为你解答教育难题 2
GEI YOU'ER JIAOSHI DE 52 FENG XIN
——ZHUANJIA WEI NI JIEDA JIAOYU NANTI 2

| | | | | | |
|---|---|---|---|---|---|
| 出版发行 | 教育科学出版社 | | | | |
| 社　　址 | 北京·朝阳区安慧北里安园甲 9 号 | | 邮　　编 | 100101 | |
| 总编室电话 | 010-64981290 | | 编辑部电话 | 010-64989445 | |
| 出版部电话 | 010-64989487 | | 市场部电话 | 010-64989009 | |
| 传　　真 | 010-64891796 | | 网　　址 | http://www.esph.com.cn | |
| 经　　销 | 各地新华书店 | | | | |
| 制　　作 | 北京锋尚制版有限公司 | | | | |
| 印　　刷 | 保定市中画美凯印刷有限公司 | | | | |
| 开　　本 | 720 毫米 × 1020 毫米　1/16 | | 版　　次 | 2024 年 4 月第 1 版 | |
| 印　　张 | 25.25 | | 印　　次 | 2024 年 4 月第 1 次印刷 | |
| 字　　数 | 350 千 | | 定　　价 | 89.00 元（共 2 册） | |

# 编 委 会

主　编：安　颖
副主编：程　洁　张月红
编　委：张亚利　陈淑琴
　　　　陈　蕾　李　原
　　　　郭彩霞　阳创业

# 序 一

　　《学前教育》杂志"教育诊断"栏目陆续刊发的文章，以《给幼儿教师的 52 封信——专家为你解答教育难题》为名结集出版之际，重新翻阅打理编务期间经手的文稿，睽违既久的热心读者，尊敬的师长，一一浮现在眼前，那种以文会友似曾相识的感觉煞是奇妙。

　　栏目定位一度被戏谑为一言堂的"教育诊断"，一如之前以群言堂样式深受读者喜爱的"每月话题"，试图传递的，都是《学前教育》杂志拉近理论与实践距离的办刊态度，它们共同标识了学前教育领域理论与实践相互激励、彼此成全的一段黄金岁月。

　　文集书名颇有几分苏霍姆林斯基《给教师的 100 条建议》的意味。我想应该是追慕先贤之风，所指涉的，既是大学教授念兹在兹的尊重和关注幼儿成长需要，教育指导顺应幼儿游戏意愿，也是特级教师现身说法的从尊重幼儿年龄特征入手，在幼儿需求与教育需求之间找到平衡，更是高校、教科研机构的学者专家们，以悲悯的情怀，商榷的口吻，经由柔软的书信，与亲爱的老师们隔空对话，自觉践行科学研究顶天立地，把论文写在祖国大地上的学人担当。

　　不过，我倒是觉得，提出问题还是要比解决问题更重要一些。"教育诊断"栏目引人关注之处，不仅仅是专家为你解答教育难题，更重要的是记录下了教师在一日生活教育情境中纠结于诸多两难问题时的专业觉醒和卓越追求。

　　课程研究转往教师研究，以及随之而来的教师经验碎片化，教师学科知识薄弱，早已是课程与教学研究不争的事实。但非常值得关注的是，在这一冰冷的理性判断背后，教师专业觉醒与主动脱困的求索。故事教学走向何方，"畅快表达"与"发音正确"能否齐头并进，如何发展幼儿的创编能力，如何有效开展诗歌创编活动；如何排序、分类，如何在生活中感受科学，而"探究兴趣与呵护生命发生冲突时如何取舍"真正发起的，不仅是对幼儿科学教育生态反思的倡议，更是对教育伦理问题的终极拷问；幼儿的美术活动中如何支持幼儿大胆表现，美术欣赏活动前教师如何做足功课，如何让幼儿对美术欣赏感兴趣，如何让幼儿喜欢线描画，舞蹈教学是否需要规范；"冷暴力""偷拿"与集体活动中的"问题行为"如何应对，好奇心与规则意识如何两全其美，表扬与奖励怎么做更有价值，等等，同样也是不争的事实。系列问题背后，是我们的读者，那些来自一线的学前教育工作者，不为模式框定，亦不为声名所累，有的只是凭着一腔热血对高质量教学不曾稍歇的探索。

学前教育改革的步伐不曾稍歇。文集中的话题，如活动区价值何在，幼儿的"游荡"行为该如何看待，深度学习就是只玩一个游戏区吗，新学期如何布置区角，如何将区域活动中的个体学习与主题活动的团（集）体学习连接，对应的初始场域，还是传统意义上的幼儿园课程实施途径，包括一日生活活动、区域活动、集体活动、节庆活动等并非非此即彼亦无轻重优劣之分的活动类型，所问与所答，或多或少都包含着教师应该学会"弹钢琴"，在活动类型上不拘一格的潜台词。显然，幼儿园课程实施途径，幼儿活动的类型，在时间上解决了碎片化分割，在空间上实现了室内外融通，新时期的新困惑和新讨论，已经生成迥然不同的问题域，于是文集话题也便有了常说常新的意味。

与此同时，不仅高校与科研机构的科研氛围发生了深刻变化，教师成为研究者的口号也已然响彻寰宇。随着更多系统接受过高等教育的专业人才进入教育一线，传统意义上的自上而下课程改革架构已经发生了深刻的制度性变化。来自高校和科研机构的教科研专家，与一线实践智慧，有了更为广阔的观点交锋平台和智慧碰撞空间。在此意义上，《给幼儿教师的52封信——专家为你解答教育难题》不仅承载了理论与实践平等对话和真诚交流的过往，传达了幼儿园课程与教学不可忘却的历史意蕴，更指示和开启了前景广阔、注定以浓墨重彩描绘的未来。

北京师范大学教育学部学前教育研究所（系）

# 序　二

　　《给幼儿教师的 52 封信——专家为你解答教育难题》这本书的内容来源于《学前教育》杂志的一个特色栏目——"教育诊断"（后更名为"诊断"）。

　　该栏目始于《学前教育》2006 年第 1 期。2006 年《学前教育》杂志改版，按惯例，杂志改版内容会有一些新的面貌，"教育诊断"就是一个新创栏目。

　　之所以创办这个栏目，在策划改版的时候，编辑部进行了广泛的调研，了解到读者在教育实践中遇到的难题，很需要专家的点拨。自 2001 年《幼儿园教育指导纲要（试行）》颁布以来，幼教界上至专家学者下至一线工作者，全都投身于教改之中，这个进程虽已有几年，但知易行难，从观念改变到内化为行为要走很长的路。教师们虽然接受了新的观念，但在实际行动中却经常难以付诸实践。这主要是因为观念尚未内化为个人的信念和习惯，遇到具体问题时，容易受固有思维模式和行为惯性的影响，导致知行相脱节。要突破旧观念的樊篱，需要不断反思和调整自己的行为，培养将新观念运用到实践中的能力。此时专家从理论高度指点，对教师是一种强有力的支持。于专家，这也是将理论付诸实践，通过实践不断丰富和发展理论的通道。于是，"教育诊断"栏目应运而生。

　　十几年来，该栏目筛选了教育实践方方面面的内容，策划出诸多选题，呈现了鲜活具体的教育现场。读者朋友在此看到了许多幼教界熟悉又备受尊敬的专家们表达真知灼见，诊断了一个又一个问题，在深入浅出的辨析中，在理论与实践的对接中，明晰了理念，改变了行为。这样一种形式的交流是研究者和实践者的对话，促进了理论和实践的融合，通过杂志这样一个平台展现在更多幼教工作者面前，从而发挥了更大作用。

　　学前教育在改革中不断前行，理论和实践的融合也在循环往复，所以"教育诊断"这个栏目一直很受读者欢迎，在《学前教育》杂志上延续至今。

　　感谢本书的责任编辑王娓老师，她曾在《学前教育》编辑部工作多年，深知坚持了多年的"教育诊断"栏目内容的来之不易，于是再次挖掘了栏目价值，精选了 52 封信成书，让这些专家与教师之间的循循善诱、娓娓道来再次发挥作用。

　　未来，希望更多的研究者和实践者加入到这样的对话中，我们愿意一如既往地为大家搭建平台。

安颖

《学前教育》杂志主编

# 目　　录

增加幼儿深度学习的机会

问题或困难是促使幼儿"高阶认知"——思维参与的催化剂，也是激活已有经验的内在动力。必要时教师甚至应该有针对性地提出或设置"具有激励性而不是使其丧失信心"的困难或问题，以激发幼儿探究的欲望，增加深度学习的机会。

——冯晓霞

### 使每个幼儿都获得积极的情感体验

"让幼儿共赢"是处理问题的原则。作为专业的幼儿教师，我们要把事件对每个幼儿的教育价值最大化，使每个幼儿都获得积极的情感经验，尽可能地将负面影响降至最低，当然没有负面影响最好。……要避免将个体的不适宜行为公之于众。

——刘占兰

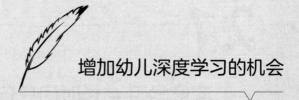

# 增加幼儿深度学习的机会

问题或困难是促使幼儿"高阶认知"——思维参与的催化剂，也是激活已有经验的内在动力。必要时教师甚至应该有针对性地提出或设置"具有激励性而不是使其丧失信心"的困难或问题，以激发幼儿探究的欲望，增加深度学习的机会。

——冯晓霞

# 21

## ✉ 深度学习 = 长时间只玩一个游戏区?

老师:

您好!

为了迎接检查,体现良好的游戏效果,园所领导要求班级幼儿一个月内每天都玩同一个区域游戏,以体现深度学习。老师们认为这样做违背了自主游戏、让幼儿获得个性化发展的初衷。而且,幼儿连续玩了几天后,都在说:"怎么又玩这个啊?我们想玩别的。"我认为,教师在游戏中注意观察幼儿的成长进步,在回顾时鼓励他们分享,在日常生活中通过其他活动进一步丰富相关经验,这样也可以促进幼儿在游戏中深入学习。但领导的要求我们也不能反对,好难啊!如何能做到让幼儿每天玩同一个区域游戏,但是又能不感觉烦躁呢?求支着!谢谢您!

李文静

# 如何做到每天玩同一个游戏区，又不感觉枯燥？

亲爱的老师：

　　您好！

　　对于您的问题，我首先想说的是，您的疑问是有道理的，深度学习的确不能与"长时间每天只玩一个游戏区"画等号。我猜测，你们领导之所以"要求班级幼儿一个月内每天都玩同一个区域游戏，以体现深度学习"，可能是学习安吉游戏时看到安吉的多数幼儿园是这样安排的。的确如此。据我所知，到去年为止，安吉的幼儿园每个班的户外游戏场所基本是一个月一轮换。

　　但安吉这样安排是有自己的依据的。安吉的老师们曾就这个问题做过专门的研究，他们发现，半个月一轮换，幼儿往往还没有"玩够"，很多新玩法新花样才刚刚开始尝试，甚至有些新想法还没来得及尝试就要换地方、换材料了，玩得不尽兴；而一个半月一轮换，幼儿的游戏好像进入了一个"高原期"，新创意难以出现，老玩法也有点玩"烦"了。一个月是相对比较恰当的时间，在这段时间里，幼儿可以充分探究材料，发掘其功能，设计游戏，建构游戏设施，在建构和游戏中发现和解决遇到的问题，产生新的游戏创意……。一个月的时间基本能够让幼儿熟悉该区域的材料，了解可以用来玩什么、怎么玩，游戏方式和技能越来越熟练，游戏经验和体验也相对成熟、稳定。这时，变换游戏材料和场所是必要的，因为它能带给幼儿新鲜感，重新激发他们运用自己的智慧去探索和创造新游戏、新玩法的热情。

　　但安吉区域游戏的持续时间是以当地的游戏材料、游戏情境等因素为基础安排的。如果一个区域的游戏材料不像安吉那样丰富、那样具有高度的开放性，幼儿在其中不能按照自己的意图自主改变、自由组合，自我挑战、创意玩耍，而只能不断地简单重复，程式化地行动，他们很快就会厌烦。他们之所以会说"怎么又玩这个啊？我们想玩别的"，可能就是因为材料、情境等的限制，使得他们在这个区域里无法按自己的想法自由地玩，无法玩出新意，因而产生了倦怠感。如果是这样，幼儿连快乐的游戏体验都没有，更谈不上深度学习了。

从理论上看，深度学习往往需要相对充足的时间，但时间的长短却不是决定性的因素。因为深度学习是学习者以高级思维的发展和实际问题的解决为目标，以整合的知识为内容，积极主动地、批判性地学习新的知识和思想，并将它们融入原有的认知结构中，且能将已有的知识迁移到新的情境中的一种学习。也就是说，深度学习涉及三个要素：①学习者的主动性，②复杂问题的解决，③经验的迁移和运用。解决复杂问题一般需要持续性的探究，因此相对充足的时间是必要的，但如果活动区环境中基本不包括需要幼儿解决的"复杂问题"（相对幼儿的经验和发展水平而言），他们不需要动脑思考，仅需要按照熟悉的程序和方式操作、行动，那么，安排的游戏时间再长，也不可能产生深度学习。

真正理解了深度学习的含义之后，"如何能做到让幼儿每天玩同一个区域游戏，但是又能不感觉烦躁"的问题，或许就不难解答了。简单地说，不感觉枯燥就是这个区"好玩"，变化多，限制少（更多不是仅指教师的限制，而是指材料、情境的限制），"想"怎么玩就"能"怎么玩。

1. 教师在创设游戏环境时，要尽量提供一些低结构、高开放的材料，尽量不要提供高仿真、功能固着的成品玩具和设备（视幼儿年龄决定），让幼儿可以根据自己的想法创造性地运用这些材料，甚至改变这些材料预设的功能。

2. 教师不要把创设游戏环境仅看作是自己的事，要看到游戏环境的创设是幼儿游戏的重要组成部分，尤其是在创设角色游戏、表演游戏这类区域环境时，要多听幼儿的想法，支持他们为自己的游戏创设环境，按自己的想法行动。"让幼儿成为自己游戏的设计者"应该成为判断教师是否把游戏的自主权还给幼儿的重要标志之一。当他们有了游戏的自主决定权以后，积极性自然会倍增。

3. 要为幼儿保留或设置"问题空间"。教师不应帮幼儿解决游戏中的所有问题，要认识到，问题或困难是促使幼儿"高阶认知"——思维参与的催化剂，也是激活已有经验的内在动力。只有在有问题需要解决时幼儿的神经系统才会兴奋、活跃起来。因此，必要时教师甚至应该有针对性地提出或设置"具有激励性而不是使其丧失信心"的困难或问题，以激发幼儿探究的欲望，增加深度学习的机会。

北京师范大学　冯晓霞

# 28

## ✉ 小班适合开展深度学习吗？

老师：

您好！

深度学习的概念引入幼儿园课程后，结合幼儿年龄特点，提出了幼儿的深度学习具有高参与、深加工、多维度的学习和思维方式特点。最近，我园也在如火如荼地开展以深度学习理念为指导的课程活动，比如大班活动"神奇的根系"、中班活动"谁动了我的向日葵"等。中大班幼儿的思维能力和表达能力都有了很大进步，因此，老师在设计活动时比较容易找到与深度学习特点结合的地方，如以幼儿的问题为导向，按照提出问题、头脑风暴、动手操作、得出结论的步骤开展活动。但是我所在的小班，幼儿各方面能力发展水平都比较低，老师在开展活动时感觉很难找到深度学习的点，不知道该怎么开展活动。

现在，我园老师们的观点分为两派：一派认为小班幼儿连问题都提不出来，也不懂深度学习是什么，小班幼儿不应该进行深度学习；另一派则认为深度学习是一种思维方式，小班幼儿应该接触。我也很疑惑，小班幼儿究竟该不该进行深度学习呢？如果可以，老师应该怎样引导小班幼儿在主题中进行深度学习呢？

李凤

# 着眼于深度学习的核心精神

亲爱的老师：

您好！

看了您描述的你们幼儿园开展的以深度学习理念为指导的课程活动情况，觉得大家的积极探索很有意义，看起来也卓有成效，值得肯定。

关于"小班幼儿该不该进行深度学习"，特别是您描述的问题中的深度学习似乎更多指的是"引导深度学习的教学"，我觉得这个问题有点复杂，很难用几句话说清楚。我试着一点一点地谈谈我的想法。

先说小班幼儿该不该进行深度学习。

我的简单回答当然是"该"了！首先，因为深度学习是让所学的内容有意义有价值的学习，学到的东西是理解了的、是"活学"（不是靠"死记硬背"）因而能够"活用"的（所学的东西如果不能用来解决实际问题，只会鹦鹉学舌，这样的学与不学从根本上来说没有多大差别）。其次，深度学习是一个主动的过程，是一个要动脑筋想办法、运用已有经验解决问题的过程，在这个过程中，学习者获得的不仅是有意义的知识，同时也能够逐渐发展起对待事物的积极态度，勤于思考的习惯，发现问题、分析问题、解决问题的能力，以及专注、坚持等良好的学习品质。从这些角度来看，对任何年龄段的学习者来说，深度学习都是应该的、必要的。

但是，"该不该"并不是问题的全部，也不是答案的全部，其中还有一个"能不能"的问题。我们都知道，一些从社会的角度看是应该的事情，从幼儿教育的角度却可能是不适宜、不应该的，这往往是因为受幼儿发展水平的限制。当幼儿的发展水平达不到时，就会使一些看起来"应该"的事却因"不能"而变成"不该"。贵园老师关于"该不该"的争论其实核心在于"能不能"——小班幼儿能不能进行深度学习？

那么，小班幼儿究竟能不能进行深度学习呢？

我认为，这要看我们用什么样的标准来评判。

深度学习反映的是学习者在学习过程中的特征：积极主动、思维参与、问题解决、知识迁移等。这些特征在不同年龄的学习者身上会有不同的表现。比如，大班幼儿会主动提出自己的问题，会积极回应教师的问题，表达自己的意见，也会独立地或在教师的支持引导下寻求问题的答案。这些表现，让老师们感受到对中大班幼儿可以按照"提出问题、头脑风暴、动手操作、得出结论"这样的步骤开展主题教学活动。而小班幼儿多少还具有3岁前直觉行动思维的特征，行动的有意性、目的性、语言表达能力和知识经验都比不上中大班幼儿，所以有些教师认为"引导小班幼儿在主题中进行深度学习"的可能性不大，"很难找到深度学习的点"。

虽然我不能肯定地说，按照老师们总结出的基本步骤在小班开展主题教学就一定不适宜，但也认为这些老师的意见是有一定道理的。维果茨基曾经强调，教学的性质在幼儿的发展中存在着若干由年龄特征所制约的"极限点"。根据这种"极限点"，3岁之前幼儿的学习只能"按照他们自己的大纲"（即发展的内在规律）而不是"母亲的大纲"进行，因此，这个时期的教学是一种"自发型"的教学——幼儿只能做他要做的、与其兴趣相符的事，自己从周围的环境中吸取直接经验进行学习和发展。7岁以后，幼儿已能跟随教师"按老师的大纲"学习，因而可称作"反应型"教学。3—7岁幼儿的学习介于两者之间，要视"老师的大纲"转变为"幼儿自己的大纲"的程度而定，故而称为"自发—反应型"教学。小班幼儿虽然已经进入了维果茨基所说的"自发—反应型"教学阶段，但显然"自发"的特点更浓，不容易有效地按教师预设和组织的"主题"进行深度学习。

但如果我们不拘泥于严谨的概念和严格的步骤，更多着眼于深度学习的核心精神——让幼儿主动地学、智慧地学、在用中学、在学中用，那么，也可以说，不仅小班幼儿，更小的幼儿也是可以进行深度学习的。"摇篮中的科学家"说的就是这个意思吧！

我曾经看到过这样一个观察笔记：一个10个月大小的婴儿坐在地毯上玩积木，玩得正高兴时，妈妈递给他一个装着果汁的奶瓶。小家伙接过奶瓶吸吮两口就把奶瓶扔到一边，继续玩积木。过了一会儿，他似乎想起了什么，于是左手拿着一块积木继续敲打，右手向旁边摸去。忽然他停了下来，看着右手，手指对捏又松开，重复几次之后，开始用手摸身边的地毯。摸一个地方，手指就重复一次刚才的动作，直到摸到奶瓶旁边的地毯上，再一次对捏手指后，他停了下来，看着那一小块有点湿的地毯，又看了看躺倒了的奶瓶，把它奶嘴朝下地拿了起来。果汁一滴一滴地滴在地毯上，他伸手摸了摸，又摸摸其他地方，好像明白了什么，然后，双手举起奶瓶向四边抖动，让里面的果汁四处喷洒，自己则高兴地咯咯笑了起来。

我们很难给这个婴儿的行为贴上深度学习的标签，但也无法说其中完全没有深度学习的因素：他经历了发现问题（手指为什么黏了？地毯为什么湿了？）、解决问题（原来是因为奶瓶中的果汁洒在地毯上）的过程，这个过程中的一系列行为说明他也在积极思考，提出并验证假设，最后得出了结论。当然，这完全是这个婴儿的自发行为、自我学习，没有成人的有意设计与安排，但成人安排的生活环境无疑也是这一自发行为产生的条件。

由此，我们是否可以得到一些启示？

第一，对于幼儿来说，判断其学习行为是或者不是深度学习并不重要，重要的是他的行为是否是积极主动的，是否用来解决问题（问题的复杂程度与年龄相宜），是否有思维参与（不管是动作思维、表象思维还是语词思维都没有关系）。只要包含这些要素，他们的学习就是有意义的、有深度的，或者说是"迈向深度学习"的。

第二，幼儿的深度学习并不只是发生在教师设计或发起的教学活动中，幼儿自发的游戏及各种探究性活动中都可能包含着"深度学习"或"萌芽状态的深度学习"，年龄越小，越是如此。对于小班幼儿来说，如果引导深度学习的主题活动不易组织（当然可以继续探讨和尝试），那么，是否可以更多关注一下他们自发活动中有意义、有价值的学习？

其实，不仅仅是小班，作为幼儿园基本活动的"游戏"，更应该成为各年龄段幼儿"深度学习"或"迈向深度学习"的主要途径。

北京师范大学　冯晓霞

# 29

## ✉ 语言活动中故事教学走向何方?

老师:

　　您好!

　　平时在和同事的交流中,总有老师反映童话故事教学活动开展起来比较泛化,不能很好地挖掘其中的价值。并且幼儿往往在初学时很认真、很专注,但时间长了便出现注意力分散的情况。我也始终为此苦恼着,也希望有所改善。一次偶然的机会,我看到了童话故事《会爆炸的苹果》,虽然故事比较"陈旧",但我还是一下子被吸引了。故事里小猪的勤劳善良爱劳动和狐狸的好吃懒做耍奸诈形成了强烈的对比,这也是童话故事一贯呈现的主题风格。

　　真正吸引我的是故事开放式的结尾,教师可以用提问的方式让幼儿自己去设想最后的结局,以此激发幼儿的想象力。怎么让幼儿始终沉浸在童话的氛围中,并且有所启发和收获呢?我设计了一节大班语言活动"会爆炸的苹果",制定了以下三个活动目标。

　　1. 能结合故事情节为图片排序,并尝试用完整、连贯的语言进行讲述。

　　2. 能开动脑筋,大胆想象故事的发展与结局,编构有趣的故事情节。

　　3. 发展热爱劳动、诚实善良、互相帮助的优秀品质。

　　活动实施前,我们利用阅读时间,和幼儿分享了这个故事。当我刚说出故事题目的时候,许多幼儿就猜测出了会爆炸的苹果就是气球。通过师幼共读,幼儿大致了解了故事情节,正当大家听得津津有味的时候,故事讲到小鸟识破狐狸的诡计就戛然而止了。幼儿带着意犹未尽的感觉追问我

"那后来呢"，我故作神秘地回答："到时候你们就知道了。"

终于到了集体教学活动的时间了。我采用环环相扣、逐步提升的思路来组织此次活动，设计了三个环节：换苹果（故事讲述）、偷苹果（故事创编）、种苹果（情感升华）。活动开始时出示一组打乱了的故事图片，幼儿一看到图片就很清楚活动内容，三五成群地热烈讨论、分析，一会儿就将故事图片理顺了，并且能用自己的语言将故事简略地讲述出来。于是，在幼儿自己的努力下，第一环节的活动结果很好地呈现出来，而且幼儿的积极性很高。

第二环节是幼儿最感兴趣的，故事会怎么发展呢？我引导幼儿："狡猾的狐狸没换成苹果，他又想出了一个坏主意。他打算晚上趁着天黑，去小猪的苹果树上偷偷摘苹果。可小猪早睡着了，一点也不知道。我们一起来给小猪帮帮忙吧。你有什么好办法让狐狸偷不到苹果呢？"幼儿的思路一下子就打开了，大家畅所欲言，想出来许多办法，如做陷阱抓住狐狸、放鞭炮吓跑狐狸、躲在树上用石头赶走狐狸、建起高高的围墙拦住狐狸、利用仙人掌刺跑狐狸等。在这一过程中，幼儿始终顾及生命的美好性，总是想办法赶走狐狸而不伤害它，这一点我很欣赏。

而后，从幼儿的想法中，我们选择了几种方法来试试它们的可行性。幼儿个个跃跃欲试。在材料有限的情况下，幼儿充分发挥自己的想象力，相互协作，努力用身体把想法呈现出来。比如用五指张开、身体打开表现长满刺的仙人掌；用身体蜷缩在一起、突然跳起表现鞭炮爆炸的场景；用手臂、腿相互交叉的办法变成一排没有缝隙的栅栏；等等。然后请一个老师扮演狐狸来偷苹果。表演的幼儿都屏住呼吸，当狐狸来到身边时立刻赶跑他。观看的幼儿也同样屏住呼吸，当发现狐狸被吓到时，也能适时地发出威吓的口令："你这只坏狐狸，仙人掌（可替换）刺跑你，赶快回家去。"看到狐狸无计可施，最后灰溜溜地逃回家时，所有的幼儿都开怀大笑。第二环节的呈现是幼儿状态自然的流露，没有老师的干预，有的是合作和思考的力量，有的是解决问题后语言的流畅和精神的自信。

活动到此就结束了吗？当幼儿准备整理情绪时，我又适时地引导："狐狸偷苹果的事，小动物们都知道了，大家谁也不理它。一个朋友也没有了，狐狸可真难过。终于有一天，狐狸鼓足勇气，去向小猪道歉了。最终小猪原谅了知错能改的狐狸，于是送了个最大最红的苹果给狐狸。狐狸很高兴，连连道谢。可不一会儿又犯难了，苹果一下子就吃完了，以后还想吃苹果怎么办呢？"幼儿的情感又被调动到一个新的高潮，他们一下子就想到了种苹果。于是大家热热闹闹地拿着工具陪狐狸去种苹果，而且说了许多鼓励狐狸的话。

最后一个环节将故事回归到一个合理的、积极的、圆满的结局，即狐狸最终克服不爱劳动的坏习惯，自己种苹果了。这一结局暗合了幼儿向善的心理，同时又应和了故事开头那个狐狸原来是不爱劳动的，让幼儿体会同伴间互帮互助的乐趣，从而以故事为契机，发展了幼儿的社会性。

活动结束后，大多数老师都觉得这样的续编故事形式很新颖，充分调动了幼儿自身的积极性，发挥了幼儿的想象力和解决问题的能力。但也有老师提出不同意见，认为一堂语言活动没有必要搞出这么多的花样，其实只要注重老师的语言引导，也能启发幼儿创编出合理的故事情节，并且，注重发展幼儿的语言能力，也更符合以往语言活动那种安静亲密的活动氛围。

我也困惑了，作为一个童话故事教学活动，如何更好地呈现作品价值？此次活动是否有效呢？对于童话故事，是遵循以往的前辈经验，努力钻研作品讲了什么、表达什么、呈现什么，还是应该更多地站在幼儿的角度，去考虑他们需要什么、他们喜欢什么、他们能收获什么？恳请专家为我解惑。

王婉璐

# 童话故事教学活动的核心价值

亲爱的老师：

您好！

很欣赏您这种积极尝试、不断探索、勇于反思的精神，这是教师专业成长的必由之路。下面我就您的活动及相关的疑问进行分析探讨。

在幼儿园，童话故事教学是一种最常见的语言教学活动，是学习欣赏故事和运用叙事性语言表达个人想法、认识的方法。其核心教育目标指向的是叙事性语言（即故事语言）经验的学习。通过童话故事教学幼儿可以获得的叙事性语言经验具体包括以下几个方面：

1. 乐于倾听故事；
2. 理解并学习故事的语言表达方式；
3. 理解故事的情节、主要人物和语言结构特点；
4. 学习运用表演、绘画、创造性讲述等方式表现个人对故事的理解；
5. 愿意并能够讨论故事的相关内容；
6. 尝试按照故事的情节和语言结构进行仿编和创编。

一个童话故事的教学活动通常是从引导幼儿感受和理解故事的基本情节、人物特点和语言结构开始的，在幼儿初步理解故事内容的基础上，教师需要引导和鼓励幼儿通过多种方式体验和迁移从故事学习中获得的经验，最终实现创造性地运用故事语言表达个人的经验。

## 案例中的有益尝试

从本案例中我们可以看出，王老师设计和组织的"会爆炸的苹果"故事教学活动，在以下几个方面进行了有益的尝试。

### 📝 在设计活动前对故事进行了深入的分析，并挖掘了这个童话故事对幼儿发展的价值

该童话故事看似好像有点"陈旧"，但其情节的趣味性（苹果会"爆炸"）和人物性格的强烈对比（小猪爱劳动和狐狸好吃懒做）能够激发幼儿对故事的兴趣。故事对小猪"热爱劳动"和小鸟与小猪之间"相互帮助"的弘扬，传递了符合中国文化传统的价值观念。故事中狐狸"使坏"情节的可变性和结尾戛然而止等情节设计给幼儿提供了想象的空间，为幼儿仿编和创编故事的部分情节提供了可能。故事的这些特点适合大班幼儿的认知发展特点和已有经验。

### 📝 较好地处理了童话故事的"感知与理解"和"创造性运用"等环节之间的时间安排

围绕一个好的童话故事可以组织多次教学活动，每次教学活动的聚焦点可以不同，但也不宜过多。这次活动可以说是围绕"会爆炸的苹果"故事开展的第二次活动，对这个故事的"感知与理解"环节在这次活动之前已经完成，幼儿在活动前已经初步理解了这个故事的内容，并带着"后来怎么啦"这个悬念参与此次活动。这次活动的重点就在于鼓励幼儿"为小猪想办法，不让狐狸偷到苹果"，并为故事添加了一个"合理、积极、圆满的结局"（狐狸最终改掉了不爱劳动的坏习惯，开始自己种苹果了）。

### 📝 能够鼓励幼儿运用个人经验编构故事的部分情节

《指南》对于大班幼儿的故事学习明确提出了能根据故事的部分情节或画面的线索猜想故事情节的发展，或续编、创编故事的目标要求。在这个活动中，王老师尝试和幼儿一起通过想象续编故事，老师首先续编了一个情节："他（狡猾的狐狸）又想出了一个坏主意。他打算晚上趁着天黑，去小猪的苹果树上偷偷摘苹果。可小猪早睡着了，一点也不知道。"并鼓励幼儿围绕"有什么办法让狐狸偷不到苹果"这个问题进行续编。活动效果证明幼儿非常有兴趣，也非常有想象力。

## 故事教学活动中的注意要点

但是，王老师在几个活动环节的处理方式上值得商榷，建议在以后的故事教学活动设计和组织过程中注意以下几点。

### 活动环节不宜过多，重点应当更加突出

这次的活动过程可以分为借助图片复述故事、共同续编故事的一个情节并表演、教师编出故事的结尾、共同想出"以后还想吃苹果"的办法并付诸实施等环节，其中作为重点的第二环节又包括教师设置问题情境、幼儿分别编构、幼儿共同表演其中一个情节等小环节。虽然王老师没有提到所用时间，但这次活动完整组织下来不会少于半个小时。而且，幼儿需要参与完成排图讲述，根据要求想象编构、表演，想出让狐狸以后还能吃到苹果的办法，种苹果等任务，每一项任务对幼儿来说都是新的。环节过多是一些老师认为这次活动"花样搞得这么多"的一个重要原因。建议每一次活动仅仅聚焦1—2个中心环节，如本次活动最好集中在鼓励每一个幼儿通过想象编构出一个情节，并提供机会让幼儿与同伴分享个人编构的故事情节。排图、表演和种苹果等环节可以放在其他时间进行。

### 要充分重视童话故事学习的"体验"环节

从王老师的描述中我们可以看出，"会爆炸的苹果"的学习，直接从"感知与理解"环节跳到"创造性运用"环节，省去了"体验与迁移"环节。对一个童话故事进行"体验与迁移"的主要目的，是在理解故事细节的基础上欣赏故事情节编构的巧妙和语言的优美，并学习故事编构的方法。该故事内容的细节可以从以下几个方面来理解：情节从"小猪种的苹果树结出了红彤彤的大苹果，而狐狸因不爱劳动没有苹果吃"到"狐狸为了能吃到小猪的苹果而想出一个坏主意"再到"因小鸟戳破狐狸的气球小猪没有上狐狸的当"的变化中，不同人物的对话语言所使用的语气以及语气背后包含的情绪的变化，还有就是故事情节变化背后隐含的主题"不爱劳动就不会有收获"。省去了"体验与迁移"这个环节可能是这次活动中的表演和编构脱离了故事原

有思路的一个重要原因。建议通过引导幼儿倾听与想象、参与讨论和学说对话性语言等方式帮助幼儿进一步体会和理解故事内容，为"创造性运用"环节中的仿编做充分准备。例如，可以引导幼儿通过倾听、想象、讨论（狐狸想出了一个什么坏主意，为什么小猪没有上狡猾狐狸的当，如果小鸟没有把树上的气球啄破小猪还会上当吗）等活动，回顾故事情节，理解故事讲述的方法，通过倾听和使用不同语气模仿故事中不同角色的对话语言体会他们内心的情绪变化。

### 要重点引导幼儿学习和运用这个故事的情节讲述思路

这次活动引导幼儿编构的故事结尾是这样的：狐狸又想出一个坏主意——狐狸因没有得逞而难过——狐狸因向小猪道歉得到原谅而高兴——动物朋友为狐狸想出能吃到更多苹果的办法。相对比较开放，幼儿可以自由想象。这样的续编虽然可以充分调动幼儿已有的故事编构经验，也有利于幼儿创造性想象能力的培养，但是，如何引导幼儿学习这个故事的情节讲述思路，并运用其中的一个情节讲述思路（如狐狸又想出一个坏主意——狐狸的坏主意被小猪的一个朋友识破）进行仿编没有得到足够的重视。童话故事教学中的"创造性运用"环节重点在于引导幼儿理解和学习这个故事提供的新的讲述方法（而不是巩固和运用其他故事讲述思路），因此，建议将理解和运用这个故事的讲述方法作为这次活动的重点，在其他时间让幼儿运用个人在其他活动中获得的讲故事的经验创编故事的结尾。

以上建议只是个人阅读王老师对活动过程介绍和活动反思之后的一些想法，仅供参考。

首都师范大学　余珍有

# 30

## 幼儿的创编能力究竟该怎么发展呢？

老师：

您好！

我有一个令我困惑的问题，即围绕文学作品的语言活动该如何组织？这个困惑源自我利用诗歌《摇篮》开展的一节语言活动。《摇篮》原文如下。

蓝天是摇篮，摇着星宝宝，白云轻轻飘，星宝宝睡着了。

大海是摇篮，摇着鱼宝宝，浪花轻轻翻，鱼宝宝睡着了。

花园是摇篮，摇着花宝宝，风儿轻轻吹，花宝宝睡着了。

妈妈是摇篮，摇着小宝宝，歌儿轻轻唱，小宝宝睡着了。

整个教学活动共分五个环节。

第一个环节是通过谈话，激发幼儿对摇篮、星星的兴趣，进而引出儿歌《摇篮》。重点引导：你们还记得自己小时候吗？你们还是一个小宝宝的时候，妈妈把你们放在温暖的摇篮里，哼着歌哄着你们睡觉，可真幸福呀！你们知道吗，小星星也有它自己的摇篮，小朋友们猜一猜，什么是它们的摇篮？（幼儿充分想象回答）今天我们一起来听一首好听的儿歌《摇篮》。

第二个环节则是帮助幼儿学习理解第一句儿歌。通过播放幻灯片，引导幼儿和老师一起说第一句儿歌：蓝天是摇篮，摇着星宝宝，白云轻轻飘，星宝宝睡着了。然后请幼儿思考并讨论以下问题。

1. 为什么说蓝天是星宝宝的摇篮？（小星星在蓝天上睡觉）

2. 摇篮用来做什么？（让小宝宝睡觉用）

3. 还有什么也可以用来睡觉?(床)

4. 摇篮和床有什么不一样的特点?(摇篮可以摇,小宝宝睡在摇篮里更舒服、更温暖)

5. 谁可以让星宝宝的摇篮摇起来?(白云)

6. 白云在天上怎样动?(飘来飘去,所以说白云轻轻飘,请幼儿做飘的动作)

7. 为什么说白云轻轻飘?(因为星宝宝要睡觉,白云怕吵到星宝宝,就像妈妈轻轻地哼着歌,怕吵到小宝宝一样)

讨论完毕,教师再与幼儿把第一句儿歌说一遍。

活动的第三个环节是引导幼儿创编第二至第四句儿歌。

重点引导如下。

1. 星宝宝有蓝天这个摇篮,鱼宝宝、花宝宝、小宝宝也有自己的摇篮。小朋友想一想谁可以做鱼宝宝的摇篮?(幼儿充分想象、回答,教师播放大海的幻灯片,引导幼儿理解大海是摇篮,摇着鱼宝宝)

2. 谁可以让大海这个摇篮摇起来?(浪花)

3. 浪花在大海里怎么动?(浪花轻轻翻,鱼宝宝睡着了。提示幼儿准确使用"翻"这一动词,想象浪花在大海中翻滚的动态。请幼儿做翻的动作)

运用同样的方法,我又和幼儿一起编出了第三、四句儿歌。 然后引导幼儿一起完整吟诵儿歌《摇篮》。

第四个环节则是引导幼儿尝试创编新儿歌。

重点引导如下。

1. 想一想,蓝天是摇篮,摇着星宝宝,它还可以摇着什么宝宝?(幼儿想象说出根据原文改编的儿歌)

2. 还有什么可以当作摇篮?谁还可以在摇篮里睡觉?(教师适时用图片和语言进行提示)

　　最后一个环节则是让幼儿画出《摇篮》。

　　整个活动组织得很流畅，幼儿表现得也很积极。课后有同事说，这个活动的节奏太快了，学了第一句就开始创编，不符合语言教学活动的特点。可是《指南》中指出，大班幼儿能根据故事的部分情节或画面的线索猜想故事情节的发展，或续编、创编故事。因此，我很疑惑，这个活动到底合适不合适呢？幼儿的创编能力究竟该怎么发展呢？

张硕

# 文学语言活动中的关键经验

亲爱的老师:

您好!

很感谢张老师愿意贡献出自己的教学活动,供大家讨论分析。张老师围绕文学作品学习开展的活动,是幼儿园一种常见的语言教育活动。在这类文学活动中,幼儿获得的主要是理解文学作品内容并尝试运用文学作品中的语言表达个人想法的文学经验,具体包括乐意倾听优秀的幼儿文学作品,理解并讨论作品的情节、主要人物和语言结构特点,尝试仿编和创编作品中的部分内容。幼儿在文学活动中,通常需要经历感知与理解、体验与迁移等几个阶段才能获得对该作品的完整经验。

在设计和组织文学活动时,教师需要重点思考以下几个方面。

## 选择符合幼儿认知经验和语言发展水平的优秀文学作品

该活动选择的诗歌《摇篮》以文学的语言展现了幼儿眼中的外部世界,在前面三句中,客观的自然现象忽然变成了温馨的家庭情境:空中的星星像睡着了一样,静静地躺在蓝天的摇篮里,白云在星星身边轻轻"飘"过,没敢发出任何声响,生怕将星星吵醒……,最后一句回到幼儿的家。诗歌的结构工整、语言生动,诗歌的内容对于大班幼儿来说比较熟悉,因此理解起来并没有太大的难度。

## 根据幼儿文学经验学习的特点设计活动环节

虽然不同的文学作品学习活动的具体环节未必完全相同,但活动环节设计必须遵从幼儿文学经验学习的基本规律。就该活动而言，幼儿需要从感知诗歌开始，在初步理解诗歌的基本含义、通过想象还原诗歌表现的画面的基础上，还需要感知、理解和学习作者用语言生动表现自然现象的方法——将"蓝天""大海""花园"比作"摇篮"，将"星""鱼""花"比作"宝宝"，用"摇""飘""翻""吹""睡"表现家的温暖（体验的过程）。最后，学习模仿作者的这种方法表现个人对外部世界的认识（迁移的过程）。

该活动设计以"谈话：什么是星星的摇篮"激发幼儿对该作品学习的兴趣，以"讨论：为什么蓝天是星宝宝的摇篮"和念诵诗歌等方式引导幼儿学习和理解诗歌的第一句，通过引发幼儿想象、创编等方式学习和理解另外三句诗歌，最后鼓励幼儿通过绘画表现自己对诗歌的理解。

对照该活动环节设计和幼儿文学经验学习过程，我们可以发现，张老师虽然已经注意到让幼儿感受理解和仿编等过程，但对这几个学习过程的理解和处理存在误区。

首先，让幼儿仅仅感知第一句话就让幼儿讨论，无助于幼儿理解诗歌描述的情境内容，也不利于幼儿对诗歌语言结构特征的把握；其次，文学作品学习中的仿编创编是基于对作品表现手法的完整理解后的创造性表达，而非学了第一句就编出第二句、第三句；最后，画出诗歌展示的情境是加深对诗歌的理解和体验诗歌内容美的过程，但对作者生动表现这种情境的语言手段的体验明显不够。

## 突出活动的重点

不同年龄的幼儿在学习不同的文学作品时重点不完全相同，在引导大班幼儿学习《摇篮》时重点应放在体验和仿编上，因此，该活动将目标重点放在创编或仿编而不仅仅是感知与理解上是非常合适的。但是，该活动过程的设计对实现这一重点目标的环节突出不够。

该活动的第三个环节与其说是创编，不如说是通过预测和想象感知诗歌内容，因为诗歌创编是创造性地运用诗歌的结构表达个人的经验，每个幼儿编出来的诗句通常是不同的，而该活动的要求是"编"出作者的诗歌，与诗歌创编的本意不符。

此外，幼儿在学习《摇篮》时可能较难理解每一诗句描述情境的合理性和"白云飘""浪花翻""风儿吹"等词语搭配的准确性。如果没有教师的适当引导，在仿编时幼儿可能会编出如下诗句："树叶是摇篮，摇着燕宝宝，风儿轻轻吹……"（燕子很少落在树叶上），或者"大地是摇篮，摇着种子宝宝，小雨轻轻下，种子宝宝睡着了"（通常情况下，春天里一下小雨，种子就要"醒"来发芽，而不是"睡觉"）。

## 注意鼓励幼儿与文学作品之间的充分互动

鼓励幼儿与文学作品充分互动，目的在于帮助幼儿更好地理解作品的内容和语言表达方式，为幼儿仿编和创编奠定基础。与作品之间互动的方式很多，就该活动而言，教师可以引发幼儿讨论"这四句话中哪些地方是一样的，哪些地方不一样"，"为什么蓝天（大海、花园、妈妈）是星星（鱼儿、花儿、小宝宝）的摇篮"，"还有谁是谁的摇篮"等，也可以鼓励幼儿观察、想象或绘画等。

建议在修改和调整该活动设计时，考虑如下几点。

第一，将该活动分两次进行，活动一重点放在引导幼儿感知和理解诗歌展示的情境和语言表达方式上，活动二重点落到仿编诗句并共同学习大家仿编的诗歌上。

第二，引导幼儿迁移作品经验时最初可以只鼓励幼儿仿编一句，且重点放在三个人物的仿编上，在其他内容的仿编时教师给予更多的帮助。

第三，如果幼儿兴趣不减，仿编活动（幼儿说或幼儿绘画后说，教师记录）可以持续到两次活动后的若干天，每天可以和幼儿一起念诵大家共同"创作"的新编《摇篮》（将幼儿仿编的诗句加在原诗的最后一句之前）。

第四，在最初仿编时，如果幼儿遇到困难，那么，教师可以进行示范仿编（如"小草—蝴蝶—风儿"），或允许幼儿只替换原诗中某一个角色（如将"鱼儿"换成"虾儿"）进行仿编。这样同样可以帮助幼儿学会迁移文学经验。

以上建议只是个人的一些想法，仅供参考。

首都师范大学　佘珍有

# 31

## ✉ 如何开展诗歌创编活动？

老师：

　　您好！

　　每逢秋天，总会想起那首儿童诗《落叶》，想起诗歌里那些优美的诗句：树叶落在地上，小虫爬过来，躺在里面，把它当作屋子；树叶落在沟里，蚂蚁爬过来，坐在上面，把它当作小船……

　　诗歌里反复出现的句式曾一度引起我的兴趣。于是，我设计了一节中班语言活动"秋天的树叶"，并确定了以下三个活动目标：①感知秋天树叶飘落的美景；②学习用"落在××，××看见了，把它当作××"的句式进行大胆想象与表达；③享受想象和创作诗歌的快乐。

　　为了让活动顺利实施，活动前，我带着幼儿在幼儿园里寻找秋天的落叶，观察落叶，在纷飞的落叶前留影，还踩在落叶堆上，听落叶嘎吱嘎吱地响。此外，我还和幼儿一起上网欣赏森林里、池塘边、马路边、公园里等许多地方的落叶美景图，感觉妙极了。眼看着幼儿对落叶的兴趣与关注愈来愈浓，我便带着幼儿学着诗人的样子，开始浪漫起来。

　　活动是在轻松的聊天中开始的。我问幼儿："秋天到了，秋风吹起来了，小树叶会怎样呀？"幼儿纷纷模仿树叶飘落的样子，说："小树叶会飘下来。"我点头说："对，秋风吹过，小树叶飘呀飘呀。今天，我们就一起来说一说'秋天的树叶'。"接下来的环节是活动的重点，支持幼儿大胆想象，运用句式结构表达。在这个环节中，我分两步来完成预定的目标。第一步，我问幼儿："小树叶离开妈妈，飘呀飘呀，会落到哪里呢?"就如预料的一样,幼儿的回答可丰富了,我从中选择幼儿描述的三个地方用简笔画的方式记录下来。第二步,我引导幼儿根据小树叶飘落的三个地方展开合理想象,尝试用固定的句式来创编诗歌。我说:"小树叶落到屋顶、草丛和池塘,可能会被哪个小动物看见? 它会把树叶当作什么?"幼儿的想象真丰富。有的说:"小树叶落在草丛里,小蚂蚁看见了,把它当作棋子。"有的说:"小树叶落在屋顶上,小鸟看见了,把它当作发卡。"还有的说:"小树叶落在池塘里,小鸭看见了,把它当作金手帕。"在这个环节,幼儿真的像诗人一样,浪漫地说着树叶的那些浪漫的事。活动进行到这里,我感觉自己仿佛与这群幼儿一般大,彼此间的对话是那么温暖与流畅,幼儿学习的兴趣也是那样的浓厚,他们都争先恐后地把自己心中的想法说出来。最后,我指着记录纸说:"秋天的树叶真美丽。大家你说一句,我说一句,就好像编成了一首很好听的诗歌。现在,我把小朋友编的这首诗歌朗诵给你们听。"

当我朗诵完后,幼儿都情不自禁地拍手,说:"太好听了,我们成诗人了!"接下来,我和幼儿在轻柔的音乐声中,做着飘落的动作,满怀激情地朗诵着我们自编的诗歌。

活动结束后,很多老师都认为这样的活动很自主、很开放,而且还让幼儿体验了成功。可也有老师认为本次语言活动句式只有一个,过于简单,只是丰富了词语,活动中应提供更多关于树叶的诗歌范本,让幼儿在倾听、朗读中体验语言的美,在这个基础上,方能引导幼儿进行创编。

我困惑了,诗歌作为一种文学体裁,如何让幼儿去理解它的特征? 这节活动是否是有效的? 其究竟是属于诗歌创编活动还是儿歌创编活动? 我们又该如何开展诗歌创编活动? 恳请专家为我解惑。

黄贤

# 感悟儿童诗的美与情感　促进幼儿的想象与表达

亲爱的老师：

您好！

您对于领域学科的严谨态度和不断反思的工作作风令人敬佩。您在多数老师的赞扬声中能够清醒地关注少数老师的质疑，并从幼儿诗化语言的学科知识、本次活动目标等角度提出了有探讨价值的问题。下面我们将从三大方面，逐一分析并回答您的问题。

## 音韵与意境——儿童诗与儿歌的区别

儿童诗可以分为诗、歌与韵语三大类。诗包括抒情诗、叙事诗、故事、写景等类型，歌包括儿歌、童谣、民歌、民谣等。儿童诗与儿歌之间既有联系又有区别。其共通点是都能放飞幼儿的想象和天性，语言凝练简洁，诗句结构相对简单且重复性高。二者之间的区别，集中体现在儿童诗侧重追求意象的选择和在简练清新的语言中营造意境，更注重情感的流露和意境的含蓄，篇幅较儿歌要长；其语音形式较为自由，不像儿歌那样讲究音韵的和谐与节奏的整齐，但更富于想象的张力，能使读者获得精神上的享受与提升。儿歌则比较单纯浅易地表现主题思想，更短小精炼、通俗自然，注重合辙押韵、朗朗上口，表现出亲切、幽默、诙谐的风格，适宜于歌唱嬉戏。

依据上述理论阐述来分析，《落叶》无疑应归入儿童诗的范畴。因为这首诗在音韵上并不讲究合辙押韵，而是偏重于精心选择一系列词语构成文学意象，再以这些比拟落叶的文学意象（如屋子、小船、小伞、信），与小动物形象巧妙对应组合，营造出有关秋天恬静、温馨、浪漫、有趣的诗化意境。

作为儿童诗的教学活动，其教育目标应定位于"学习在意象的选择和在简练清新的语言中营造意境"。对照本次活动的重点目标"学习用'落在××，××看见了，把它当作××'的句式进行大胆想象与表达"，前半句话正是让幼儿感悟诗歌简练清新的语言，而后半句中的"想象和表达"，教师意图让幼儿想象什么，表达什么呢？

## 意象与意境——诗化语言的内涵与灵性

诗歌是以富于想象和情感的意境为内涵，以精炼而有韵律的语言为形式的。当独特的意境和精妙的语言巧妙交织着表达出作者的主观情感与体验时，诗歌的特征与魅力就显著地表现出来了。

意境是什么？我们先来认识作为诗歌基础的意象。所谓意象，就是文艺作品中客观物象在融入作者主观的独特体验和真挚感情后，某些精心选择的意象素材及其词语就被升华为诗歌意象，多个意象的奇妙组合构成广阔的想象空间，创造性地表现出崭新的动人心扉的诗的画面、情感与韵味，也就是诗的意境。因此，意境是指文艺创作中的情调、境界。意象与意境承载着诗歌的情感、思想与情趣，是诗歌的内涵与灵性。

结合《落叶》来分析，落叶是客观物象，屋子、小船、小伞和信作为意象素材，作者借用小虫、小蚂蚁、小鱼和小燕子的视角，在投射着自己美好情感体验的想象中，将屋子、小船、小伞和信这些意象素材升华为意象，用来诗意地比拟"落叶"这一客观物象，营造出秋天恬静、温馨、浪漫的意境。其中物象、意象和情感之间的关系具体表现为：当秋风乍起秋雨绵绵时，落叶化作屋子、小伞，给小虫和小鱼带来遮风挡雨的所在，是多么温暖舒心；当秋水渐冷时，落叶化作小船，渡送游水有困难的小蚂蚁，是多么惬意可心；当秋意渐浓时，落叶化作信函，提醒那些还没有南徙的小燕子踏上行程，是多么周到知心！

教师选取这首儿童诗让幼儿仿编，其活动过程应该围绕"借用原诗句结构，围绕营造秋天的意境，引导幼儿在富有感情的想象中将意象素材创造成意象并表达出来"为中心内容。在实际教学过程中，您使用两个提问："小树叶离开妈妈，飘呀飘呀，会落到哪里呢？""小树叶落到屋顶、草丛和池塘，可能会被哪个小动物看见？它会把树叶当作什么？"第一个提问明确了客观物象仍然是落叶，引导了想象的方向与空间；第二个提问暗示幼儿借鉴原有的语句线索，选择新的小动物和新的意象素材。从教学效果看，幼儿确实意会到了原诗的结构和意象素材的选择手法，仿照着分别从小蚂蚁、小鸟和小鸭的视角，选择棋子、发卡和金手帕等意象素材来比拟落叶。正是基于幼儿的这些学习表现与结果，大多数教师对本次教育活动持赞赏态度。

提出疑问的教师发现了什么问题呢？他们发现"本次语言活动句式只有一个，过于简单，只是丰富了词语"。按上面我们对领域学科的分析，儿童诗本来就具有诗句结构相对简单且重复性高的特点。但是我们比较认同他们提出的"只是丰富了更多词语"这一观点。反观活动中幼儿虽然富于想象地选择棋子、发卡、金手帕等作为意象素材，但这些新的意象素材却不再具有让小动物们在日渐寒冷的秋天里获得温暖和依靠的令人心动的情感力量，缺失了情感就无法使意象素材升华为诗歌的意象，也很难再延续原诗"秋天"的美好意境。这就难怪有些老师感觉"只是丰富了词语"。

## 熏陶与感悟——诗化语言的学习特点

本次活动的教学效果表明，教师比较顺利地完成了"让幼儿感悟并尝试使用简练精致的语句结构进行仿编"的目标。但还应在"促进幼儿学习精心选择意象素材，经过饱含情感的想象创造成富有诗意的意象"这一层面的教育目标做深入的引导与帮助。这要求教师对于语言领域的学科特点、教与学的策略有着更深刻的理解和把握。

诗化语言的教与学的特点是在熏陶和感悟中、在情感共鸣中促进幼儿语言能力的发展。因此，教师要给予幼儿充分经历内在心理活动的"沉淀"与"感悟"期，让他们体验所学内容的精神内涵、美感意境，充分酝酿、积蓄仿编表达的情感。幼儿很难在一次语言教学活动后立即就能运用所感知的经验，因此教师应在以下三方面完善教育活动的设计与指导。

### 让幼儿在大自然的审美中产生欣赏与创作的热情

正如案例中您所做的，"活动前，我带着幼儿……，欣赏森林里、池塘边、马路边、公园里等许多地方的落叶美景图，感觉妙极了。眼看着幼儿对落叶的兴趣与关注愈来愈浓……"这样的大自然审美经验将丰富幼儿有关秋天与落叶的客观物象，为幼儿在借鉴原诗句结构的基础上选择并创造新的意象积累素材。

### ✍ 引导幼儿感悟诗歌中的物象、意象、意境和情感之间的关联

教师在引导幼儿欣赏诵读原诗作时，应使用提问或者指导语引导幼儿充分感悟物象、意象、意境和情感之间的关联。比如，通过提问"小虫为什么会把落叶当成屋子呢？"引导幼儿发现选择的意象素材与所比拟的客观物象要有相像的特征；通过提问"小虫躺在里面，它会是什么样的心情呢？"引导幼儿体验在寒冷的秋风中有一间温暖屋子的动人感觉。以此类推，通过对小虫、小蚂蚁、小鱼、小燕子对待落叶的不同比拟视角却类似的温暖情感，幼儿就会对整首诗歌的情感基调（即意境）有鲜明的感知。

同理，当幼儿在仿编过程中把落叶比拟成棋子、发卡、金手帕等事物时，如果教师提问"为什么小蚂蚁会把落叶看成一枚棋子呢？""小蚂蚁在秋天里看到一枚棋子，它的心情会是怎样的？"，幼儿可能会发现他选择的"棋子"与原诗歌的基调（意境）不太一样了，他也许会重新进行选择，当然也许会对"棋子"给出一个尽量符合秋天意境的个性化解释，那么这个词语经过了幼儿的情感投射和个性化感悟，就升华为诗歌的意象了。

### ✍ 提供更多相关主题的幼儿文学作品，并给幼儿沉淀、感悟的时间

正如俗话常说的"熟读唐诗三百首，不会作诗也能吟"，案例中有些教师曾经建议，"活动中应提供更多关于树叶的诗歌范本，让幼儿在倾听、朗读中体验语言的美，在这个基础上，方能引导幼儿进行创编"，这提醒我们，在欣赏诵读和仿编这两个活动之间，教师还应在区域活动中、在日常生活的过渡环节里，投放有关"落叶"主题的多种体裁的文学作品供幼儿欣赏，一来帮助他们积累文学审美与在客观物象的基础上创造文学意象的经验，二来让幼儿有沉淀心得、感悟酝酿的机会和时间，同时有助于放飞幼儿

的想象与心灵。

总之，教师在研究语言领域学科知识、研究教与学策略的同时，应为幼儿积累自然审美和文学审美的经验，让幼儿在富有情感的想象中学习创编诗歌，获得语言能力的提高。


北京联合大学　廖贻

# 32

## ✉ 诗歌教学中幼儿可以自由发挥吗?

老师:

您好!

关于诗歌教学我有一个疑问,希望专家予以解答。

在一次公开课中,我组织幼儿学说儿歌《妈妈您别说我小》。活动开始,我指着班里的剪纸窗花问:"小朋友,这些窗花是谁剪的呀?"幼儿纷纷回应:"我们小朋友剪的。"我说:"你们真是长大了,小手也变巧了,能剪出这么漂亮的窗花!"幼儿脸上笑容灿烂。接着我又引导:"你们升入中班,会做很多事情,想知道是什么吗?"随后出示与儿歌内容相关的照片,如幼儿穿衣、洗脚、种花、扫地等。幼儿看到照片上的自己,一片欢呼。我每出示一张照片,就请幼儿模仿做事的动作,幼儿个个专注、认真。当我说要把他们的进步编成儿歌说给家长听时,幼儿脸上露出惊喜的表情。

幼儿专注地欣赏着配乐朗诵《妈妈您别说我小》,我则用动作帮助幼儿理解儿歌内容。在幼儿自由随音效说儿歌时,我听到有的幼儿说"我会自己穿衣和洗脚",在原诗句基础上添加了"自己"一词。这说明幼儿理解了诗歌内容,但对句式没掌握,于是我让幼儿再听一遍对妈妈说的话是什么,并用诗中的原句回答。幼儿通过倾听,找到了正确答案。接下来,幼儿一会儿与教师对答说儿歌,一会儿与同伴面对面表演说儿歌,一会儿又以游戏的形式说儿歌,很快就学会了儿歌。

课后有的教师说:"要给幼儿更多的自主,当幼儿在原诗句中添加

'自己'一词时无须纠正。"大家对此争议很大。我认为这样会破坏儿歌的句式整齐，也不利于幼儿表达能力的培养。

请问，在诗歌教学中是让幼儿自由发挥，还是按诗歌原句学习呢？

孟祥环

# 幼儿诗歌教学的核心要素

亲爱的老师:

您好!

在您精心设计和组织的儿歌学习活动"妈妈您别说我小"中,幼儿学说儿歌时出现了在原有儿歌句式基础上添加词的现象。您想知道,在诗歌教学中是让幼儿自由发挥,还是按诗歌原句学习?针对这一问题,我们可以从幼儿诗歌学习经验与学习过程的角度进行思考。在幼儿诗歌教学中,我们要把握以下四个核心要素。

## 幼儿是否关注诗歌的节奏韵律

正如您所说,《妈妈您别说我小》是儿童文学体裁中的儿歌。我们通常把儿歌和儿童诗称之为儿童诗歌。儿歌和儿童诗这两类作品共同的特点是它们都源于古代文化中的"童谣",在语言形式上的特征表现为分行分节,在分行排列的基础上,通过句式长短的变化,按照音韵和谐规律塑造出诗歌独特的形式美。与儿童诗相比,儿歌节奏韵律更加鲜明,内容相对简单。儿歌的节奏韵律主要通过押韵来实现。

分析案例中的儿歌《妈妈您别说我小》,我们发现这首儿歌句句押韵,韵脚是"ao",即"小""脚""扫""浇""了""少",整齐的押韵方式使得这首儿歌吟诵起来朗朗上口。在学习这首儿歌时,节奏韵律是幼儿首先获得的文学形式经验。《指南》中有意识地引导幼儿欣赏或模仿文学作品的语言节奏和韵律的教育建议,反映出的正是这一文学经验。案例中的儿歌学习活动在目标设定时可以将这一经验体现出来,如感受儿歌朗读时的节奏韵律和美感,结合拍拍手、跺跺脚等动作表现儿歌的节奏韵律。在活动组织过程中，教师可以通过让幼儿倾听和朗诵儿歌原句的方式，帮助幼儿感受、理解与表达这首儿歌的节奏韵律，从而让幼儿体会儿歌的"文学美"。

## 幼儿是否获得诗歌语言结构的经验

结构可以为幼儿提供理解文学作品内容的"图式"，帮助幼儿在聆听或阅读文学作品时对语言符号所表达的意义进行预测或推理，理解作品表达的情感主题，同时也有助于幼儿能够有条理地仿编文学作品。童年时期，幼儿念一首儿歌或儿童诗，对他们来说不仅是饶有兴趣的事情，而且是获得诗歌语言结构的重要机会。从结构的角度来看，儿童诗歌的结构特征是分行分节的，句式的长短变化多样。

案例作品《妈妈您别说我小》是一首一节式儿歌，句式以七言为主，整首儿歌形式结构整齐，出现了重复的句式"妈妈您别说我小，我会××××"。如何使幼儿获得关于这首儿歌的语言结构经验呢？案例中在幼儿获得了对儿歌的完整感受和初步理解的基础上，教师要利用朗读、提问、分析、提供图谱等多种方式帮助幼儿梳理儿歌原句中的重复句式结构和整体结构，以使幼儿获得关于这首儿歌的"图式"，为幼儿深入理解与仿编儿歌提供语言结构经验的支撑。

## 幼儿是否有充分感知和理解诗歌的时间

3—6岁阶段的幼儿处在皮亚杰所说的"形式运算阶段"，以具体形象思维为主，他们对诗歌节奏韵律和句式结构的感知理解，往往借助具体形象且能感知的事物来实现。幼儿对儿歌形式特征的学习需要借助感官去感知比较，而非理性地去理解应该是什么句式，几言或者几拍，这就需要教师在教学中为幼儿提供充分的感知和理解诗歌的时间。

我们可以看到，本案例活动组织中教师在帮助幼儿理解儿歌时，很好地将幼儿的感性经验与抽象的诗歌内容结合起来。教师首先从剪纸窗花导入，引出了"长大"的概念；接着又通过"穿衣、洗脚、种花、扫地"等幼儿生活中的照片，帮助幼儿理解"长大"的含义，从而为幼儿理解儿歌《妈妈您别说我小》做好了认知方面的铺垫；紧接着教师借助了背景音乐和动作帮助幼儿理解儿歌的内容。那么，当教学活动中有的幼儿说"我会自己穿衣和洗脚"时，教师同样可以调动幼儿的多种感官参与，给幼儿足够的感知和理解时间，比如让幼儿一边拍手打节奏一边念儿歌，比较加了"自己"和不加"自己"的儿歌节奏有什么不同，句式结构有什么变化，然后让幼儿自由地选择更喜欢哪种节奏，是否在句式中加入"自己"。通过这样的感性层面的比较，幼儿对儿歌的节奏和句式结构的经验将更为丰富。

## 幼儿是否有用诗歌语言自由表达的机会

幼儿园的文学作品学习活动应当紧扣幼儿文学语言经验，引导幼儿积极主动地感知和理解文学作品，并能创造性地运用与文学思维相关联的观点、技术和理解力。案例的最后教师提到了幼儿的表达能力培养，反映的正是文学作品学习活动中幼儿运用和创造文学语言的过程。

在《妈妈您别说我小》这首儿歌学习活动组织中，教师如何支持幼儿创造性地运用诗歌语言进行自由表达呢？本次活动教师已经帮助幼儿感知和初步理解了儿歌的内容，要使幼儿能够创造性地仿编这首儿歌，一次集体教学活动恐怕是不够的，教师需要围绕儿歌规划系列的活动。

在系列活动组织中，首先要注意的是幼儿对作品的理解先于创造。文学作品学习中幼儿的创造性表达不是胡思乱想，而是符合作品内容结构的合理而有逻辑的想象。诗歌的句式和整体结构是幼儿仿编时的重要依据。案例中教师想要引导幼儿仿编这首儿歌，就要帮助幼儿理解儿歌的内容结构。

其次要注意的是幼儿学习文学作品时，经验先于想象。幼儿的文学想象往往是建立在生活经验之上的，想要幼儿仿编出"我会做什么"的儿歌句子，就需要教师帮助幼儿梳理出生活中幼儿能独立完成并意味着"长大"的事情，这样幼儿才能自由表达出既具有生活体验又符合儿歌结构、富有想象意境的语句。

基于以上分析，您提出的"在诗歌教学中是让幼儿自由发挥，还是按诗歌原句学习"的问题，不能简单地回答可以添加或不能添加。实际上，案例中幼儿出现的添词现象，反映了幼儿在诗歌语言结构经验获得过程中可能会遇到的困难。对于教师而言，此时正是促进幼儿诗歌学习经验发展的良好契机。教师应给予幼儿充分感知和体验诗歌节奏韵律形式美的机会，并根据诗歌的句式结构特征，提炼能够帮助幼儿理解诗歌内容的问题和句式，为幼儿理解作品结构内容和后续仿编提供支持。在此基础上，连接幼儿已有经验和获得的诗歌的语言结构经验，使幼儿顺利达到运用诗歌语言自由表达的阶段。

孟老师，希望这些分析能对您有所帮助。

苏州科技大学　辛宏伟

# 33

✉ "畅快表达"与"发音正确"能否齐头并进？

老师：

　　您好！

　　我是一名一线的带班老师，每接一个新班，三四十个幼儿当中总有一两个口齿不太清楚的，有的是个别声母发音不正确，有的是邻近的声母音易混淆，有的则是因思维和语速不匹配而表现出来的结巴。每每这类幼儿在集体面前回答问题时，总会出现"笑场"，此时这类笑声无疑令人尴尬、无奈。我们都知道这种笑会或轻或重地伤害幼儿，但又因现场的不可控制性，导致执教老师无力一下改变现状，避免伤害。

　　《指南》提出，应该鼓励和支持幼儿与成人、同伴交流，让幼儿想说、敢说、喜欢说并能得到积极回应。面对这样一些语言交流上有困难的幼儿，在幼儿园不给他们机会说，他们肯定在语言方面得不到发展；给他们机会说，又怕其他幼儿的笑会挫伤他们的自信心，使他们产生自卑心理，从而越来越怕说，导致连想说的念头都没了。

　　记得前年我接了一个中班，班上有个叫浩泽的小男孩，长得虎头虎脑，一看就是个憨厚老实又淳朴的幼儿。上课的时候，只要我眼睛朝他看去，总能瞬即和他闪亮的眼神对接上，因为他上课很认真很专注。每当我提问时，他也总是积极思考，并且很快就举起小手。至今我第一次请他回答问题的情形仍历历在目，他可能是因激动和急切，语速如同"竹筒倒豆"般，用山东方言叽里呱啦讲了一长串，我听得一头雾水，愣是一句没懂。如果说当时浩泽的发言是"火种"，那么我木愣愣的表情则成了"导火索",班上的幼儿一瞬间炸开了锅,笑声此起彼伏,有恶意耻笑的,有故意起哄的,甚至有边笑边学并用手指头指着浩泽的。

这样的状态无论是对个体还是对集体显然没有任何好处。对浩泽而言,这样的语言环境是紧张的、糟糕的;对其他幼儿而言,容易养成不良的倾听习惯,钻进"死胡同"——不专心倾听回答问题者的内容,满足于寻求不正确的发言或其他疏漏,寻找笑柄。《指南》提出,幼儿的语言能力是在交流和运用的过程中发展起来的,应为幼儿创设自由、宽松的语言交往环境。在幼儿园里,这样的环境理所应当由老师一手打造。为了保护浩泽发言的积极性,防止他一回答问题大家就笑的恶性循环的局面,我采取了如下措施。

首先,极力让自己听懂他的话。我有意无意地抽空和浩泽交流,不断揣摩其发音的特别之处,告诉他:彭老师因为刚来这个班,没习惯,所以跟老师说话的时候稍微慢一点,让老师能够反应过来;老师听不懂的地方,请不要嫌烦,多重复几遍,或者是换一种说法。每每浩泽配合我的时候,我都真诚地向他表达我的感谢,并以拥抱或握手增进彼此的感情。渐渐地,浩泽在我面前不紧张了,能自如地说自己想说的话,介绍他的爸爸和妈妈、他的爱好、他的老家……。班上其他两位老师因和他相处时间长一些,有时也义务充当"翻译",帮了我不少忙。

其次,改良环境,保护其愿意说的劲头。幼儿在同伴中的被认同、被接纳往往比我们成人想象的分量重,意义非比寻常。毕竟幼儿与同伴间的交往、交流密度高,也只有多一些交流,幼儿的语言表达能力才能得到有效提高。试想一下,如果浩泽只要一开口,班上的其他幼儿就笑,一次、两次可能不要紧,但长此以往一定会挫伤他的自信心,严重打击他回答问题的积极性。为此,我极力为其改良环境,只要课上看到他举手,我就变着法子表扬,表扬他上课专心,能在最短的时间里听懂老师的提问并找到属于自己的答案,等等。同时明确自己的态度:"这样的小朋友即使他说得不清楚老师也愿意听，而那些自己不动脑筋，还喜欢找茬嘲笑别人的小朋友跟浩泽比起来差远了，以后老师不想再听到这样无聊的笑声，老师要找找哪些小朋友跟老师一样在努力地听、认真地听。"果然，如此这般在课堂上进行了两三次谈话之后，班上没再出现那种恼人的笑声了。

最后，让小朋友也能听懂他的话。试想一下，如果其他幼儿听不懂浩泽的话，势必会尽量减少甚至拒绝与他交流，那样的情形对浩泽而言是孤立、是伤害、是剥夺，所以必须让其他幼儿也能听懂他的话。于是，在课上，有时我会充当翻译，把浩泽的话转述一遍；有时我会评价他想法的合理或独特，然后请听懂的幼儿复述一遍。复述对了，我是绝对要煞有介事地甚至是略显夸张地表扬其"耳朵灵""用心听""会边听边想"。目的不言而喻，就是让每个幼儿都用心倾听，努力听懂。一段时间之后，班上幼儿的倾听习惯得到了提高，能听懂浩泽话的幼儿越来越多，自然就免去了翻译的环节。

大班毕业前夕，本地一所高校的专家来园做美术课题研究"画龙虾"，通过对比研究，探讨"传统的图片欣赏、画法讲解"与"让幼儿与龙虾互动，通过看、逗、抓、玩增加幼儿的体验"两种方法对幼儿作品的影响。实验恰巧选了我班幼儿，浩泽也在其中。当专家让幼儿讲解自己的作品时，浩泽滔滔不绝："我的这只农（龙）虾很腻（厉）害，头像大脑斧（老虎），两只鳌像囊（狼）爪一样锋腻（利），尾巴像小抖（狗），一碰就缩进去。"专家很诧异："这样的孩子居然肯说，且能如此自信地说，实属不多见；其他孩子听他说话居然没有丝毫异样的反应，实在是淡定。"

对照《指南》在"倾听和表达"中要求大班幼儿会说本民族和本地区语言和普通话，发音正确清晰，能有序、连贯、清楚地讲述一件事情，浩泽显然在发音正确清晰、清楚讲述上有所欠缺。我也曾经尝试过帮他纠正发音,可效果并不明显,他仍然会把"l"发成"n",把"h"发成"f",把"g"发成"d",一时半会儿根本扭转不过来。而且我也不敢过于计较他发音的正确与否,生怕因此挫伤他说话的积极性。只是在心里暗暗期待着某一天他能顿悟,忽然之间明白这几个他易说错的声母发音之奥妙。可一直等到大班毕业,他是态度积极依然、发音欠缺依旧,倒是班上其他幼儿听他的话没有障碍,他和其他幼儿交流也挺顺利。

我不知道当时这样处理得是否正确。面对这类幼儿,"畅快表达"与"发音正确"是否该有所侧重?假如我当时偏重于纠错、正音,结果又会如何?到底何时才是老师纠正其发音的良机?如何才能让这一类幼儿在两方面都有长进或是齐头并进?期待专家能为我指点迷津,以便我在今后的工作中面对这一类幼儿时更加坦然、自信。

彭秀萍

# 以积极回应的策略促进幼儿表达能力的提高

亲爱的老师：

您好！

《指南》中有关语言的教育建议提出，让幼儿想说、敢说、喜欢说并能得到积极回应，并对各年龄段幼儿的口语表达能力提出了具体的发展目标，如3—4岁幼儿能口齿清楚地说儿歌、童谣，5—6岁幼儿发音正确清晰，能有序、连贯、清楚地讲述一件事情。

在您提供的教学案例里，您描述了自己的困惑。浩泽不正确的发音经常引起同伴嘲笑、起哄等消极回应，您担心长此以往一定会挫伤他的自信心。如果教师干预他的发音问题，担心会打击他积极的表达意愿；但如果任由这种情况继续，又出现了"一直等到大班毕业，他是态度积极依然、发音欠缺依旧"，使幼儿不能达到"发音正确清晰"的发展目标。

发音不正确是怎样影响幼儿畅快表达的？积极回应就只能是正面、肯定地鼓励幼儿？对这些问题的分析与讨论，将为我们反思并寻求适宜的指导策略指明方向。

## 明确"畅快表达""发音正确"与"积极回应"的基本含义及相互关系

什么是"畅快表达"？怎样理解"积极回应"？"发音正确"与"畅快表达"有着怎样的关系？让我们从这些学科概念的基本词义和在《指南》中的教育学表述来分析与讨论。

### ✒ "畅快表达"包含着语言的流利与情绪的尽情

查阅"畅快"的词义，我们发现"畅快"从时空的连续、无阻碍以及情绪情感等层面，包含着"流利""没有阻碍""尽情""轻松愉快"等要素，用于语言时多表述为"言辞敏捷、自在而流利"的含义。《指南》恰是从流利的角度提出了"连贯"，从无阻碍的角度提出了"敢说"，从尽情的角度提出了"想说"，从轻松愉快的角度提出了"喜欢说"等发展目标。在本案例中，您对畅快表达的理解比较到位，实现了让幼儿敢说、想说、喜欢说以及连贯表达等发展目标。

### ✒ "积极回应"既包括正面的肯定与支持，也包括努力的干预与指导

"积极"一词包含着"肯定的、正面的"促进发展和"努力的、进取的"改变现状这两层基本含义。在《指南》中，"积极回应"既包括接纳幼儿表达水平与说话方式、认真倾听等正面肯定的促进式策略，也包括对幼儿的表达困难用提醒、补充、帮助理清思路等努力进取的改变式策略。但在幼儿园教育实践中，教师有时会片面地仅关注"积极"这一词汇中肯定、正面的含义，而对其还包含着"努力进取"改变现状的意义缺乏理解。

### ✒ "发音正确"影响着"畅快表达"的情境与环境

从词义和相关目标角度看，幼儿只要是愉快尽情、自在流利地说出来了，就是"畅快表达"，似乎与"发音正确"没有直接的关系。但语言交流是具有社会属性的，《指南》提出，教师应为幼儿创设自由、宽松的语言交往环境，鼓励和支持幼儿与成人、同伴交流。可见，交流情境、环境对人们的畅快表达有着至关重要的影响。而一个人的表达能否获得正面、肯定的积极回应，又直接影响着他的交流意愿以及对交流情境的判断。

幼儿发音不正确往往会招致同伴的消极回应。像案例中的浩泽，一开口说话就遭到同伴们的嘲笑和起哄，他对交流情境的判断就可能是"我成了一个可笑的小丑"，对交流环境的判断是"小朋友们都看不起我"，由此产生羞恼、委屈、戒备甚至敌意等消极情绪情感，会不愿意、不喜欢和同伴交

流。如果教师再针对浩泽的发音采用简单、机械地见错就纠的做法，他对交流情境的判断可能就是"我说的都是错的"，对交流环境的判断是"老师不喜欢我"，满怀紧张、焦虑、挫折的情绪情感，结果极有可能像您担心的那样，会"产生自卑心理，从而越来越怕说，导致连想说的念头都没了"。

## 从教师教育行为及其效果反思回应策略的得与失

"尊重和接纳幼儿的说话方式，无论幼儿的表达水平如何，都应认真地倾听并给予积极的回应"，这是《指南》对教师促进幼儿语言能力提高的教育建议。依据这一建议，结合案例，我们来具体分析您在促进师幼、幼儿同伴交流的过程中采用回应策略的得与失。

### 尊重幼儿以自己的说话方式"畅快表达"，是积极回应的教育行为

针对浩泽发音不正确的问题，在浩泽与同伴交流受挫的情况下，您先增加自己与他交流的机会，在交流中自己率先认真倾听。由于可能会遇到听不懂的尴尬，为避免幼儿对交流情境产生消极的误判，您事先坦诚地告知幼儿，事后感谢幼儿的亲密肢体交流，让他明白教师是赞赏和接纳他表达的思想、想法与情感的，但是双方需要共同努力去寻找更多的能让别人听懂的表达方式，比如说慢些、多重复、换一种说法等。您还支持浩泽尽量多地谈他所熟悉的家庭、家乡，一来提供了幼儿表达的素材，激发了表达意愿，二来也让因为说方言被哄笑的幼儿找回作为"山东孩子"的自信与自尊。这些正面的、肯定的积极回应策略，能帮助幼儿正确判断交流情境，强化自主表达的信心，对师幼交流的环境始终保持着放松、友好和愉快的心理感受。

### 引导幼儿群体形成接纳、肯定的良好交流环境，是积极回应的教育行为

中班幼儿正是建立友谊与良好同伴关系的关键时期，因此，师幼交流不

能代替浩泽与同伴群体交流的重要作用。轻松、友好的同伴交流环境对于浩泽和其他幼儿都非常重要。本案例中，您除了态度鲜明地批评了幼儿哄笑别人的错误外，更向全体幼儿示范了倾听时应该听什么，比如，倾听他的独特思想与见解、感受他的学习态度，用当"翻译"的方法鼓励幼儿用心听和耐心听。听什么、用心听和耐心听，正是《指南》中"认真倾听"的组成要素。这些努力的、进取的、指向改变不理想幼儿同伴交流环境的积极回应策略，既促进了全体幼儿倾听习惯的养成，也使浩泽的同伴交流环境获得极大改善。

### ✎ 缺乏对幼儿语言困难的干预与引导，是消极回应的教育行为

尽管您采用"积极回应"的策略为浩泽创设了积极的师幼和同伴交流环境，使他一直保持了"态度积极"的交流意愿和"交流顺利"的状态，但是对照《指南》提出的"发音正确清晰"等语言发展目标，浩泽是没有进步与提高的。

反思您的教育策略，您支持浩泽的交流愿望、营造交流环境方面采用的是积极回应的策略。但对于浩泽的语言困难，您却局限于"积极回应"的肯定、正面的意义，生怕自己的干预与引导会损伤浩泽的自尊心，没有采取有针对性的努力、进取地改变现状的策略，而是采取了消极回应的策略，致使浩泽到大班甚至离开幼儿园，仍然发音不正确、不清晰。

## 以多种适宜的干预方式促进幼儿表达能力的提高

教师应以"润物细无声"的原则，把握正面鼓励与干预改变之间的分寸，注意以日常生活与游戏为干预的适宜时机。在肯定幼儿自主表达意愿的前提下，在分析具体学习困难的基础上，在一日生活与家园共育的过程中，采用有趣的、多样化的、有针对性的策略进行引导。

### 个性化地分析幼儿的问题及成因，为选择适宜策略做准备

舌、唇、齿的精细感知与协调运动能力是人发音正确、清晰的关键要素。教师要观察、分析有发音问题的幼儿的具体情况及形成原因，这样才能制定有针对性、有实效的指导方案。

根据您描述的情况，浩泽的发音问题应该属于幼儿构音障碍中的换音与错音问题，并且问题集中在声母。比如，浩泽把"g"发成"d"（把"小狗"说成"小抖"），就属于换音现象。大部分幼儿在4岁以后便不再出现换音现象，如果4岁以上的幼儿还频频发生换音，需要考虑语言的构音障碍。错音是语音发声时发声位置基本正确但未完全到位的现象，比如浩泽把"l"发成"n"，把"h"发成"f"等。这是需要经过一定的干预才能跨越的怪圈。

另外，幼儿的发音问题还受到社会心理因素的影响。您在引导全体幼儿努力为浩泽创设接纳、理解的交流环境的同时，也让浩泽没有感知到他在表达方面有需要改进的地方，也就不能激发他学习与发展的动机，甚至还可能让他以为这样会获得教师和同伴的特别关注，反而强化了他的发音问题。

### 采用儿歌、朗诵、角色扮演等策略，帮助幼儿意识到问题并愿意主动学习与发展

教师应在日常生活中，在游戏化的情境下，通过诵读特别编制的儿歌，让幼儿按角色朗诵他喜欢的童话故事、角色扮演等方式，帮助幼儿改进发音问题。比如，教师把幼儿发不正确的那几个语音编在一起，像"小鸡尖叫咯咯咯，小马快跑得得得""轰隆轰隆天上雷，唧哝唧哝地下虫""老虎穿着皮衣服，跑得飞快呼啊呼"之类，让幼儿在有趣的诵读中发现并体会发音位置的不一样，有利于他意识到差异并调整发音位置，这同时也为幼儿提供了练习的机会。

我曾经见过一个已经上小学的孩子，平常和父母交流时总是把"刚才"发音成"当才"，但是当他写拼音、读课文时，却从来没有错过，可见他在担当儿子和学生这两种不同社会角色时，对自己的语言要求是不一样的。这启发我们是否可以尝试让幼儿按角色朗读他喜欢的童话故事、表演角色，或者多玩角色区的游戏。当幼儿以另一个角色自居的时候，他可能会调整自己

原有的语言表达方式，尝试正确的发音。

　　需要再次强调的是，我们所提倡的改变式的回应策略，不是见错立纠，让幼儿一对一地跟读、模仿、重复地机械训练，这种方式违背了积极回应的正面肯定的意义，会削弱幼儿主动表达的意愿。

### ✍ 家园共育，共同促进幼儿语言能力的提高

　　研究表明，家庭中父母与幼儿的关系是影响幼儿语音问题的重要因素。因此，教师还应运用家园共育的策略，既有利于深入了解幼儿发音困难的形成原因，还可以和家长一起形成延续一致、互为补充的教育合力，更有效地帮助幼儿克服发音不准确的问题。

　　总之，教师应深入观察、分析幼儿发音问题的具体表现及形成原因，采用积极回应的多种策略，从创设接纳、支持的人际交流环境入手，在接纳幼儿现有表达方式、支持幼儿畅快表达的基础上，帮助他们发现问题并主动调整，促进他们语言能力的提高。

北京联合大学　廖贻

# 34

## ✉ 规律排序难在哪里？

老师：

　　您好！

　　我是一个在一线工作了十几年的老师，我发现，找规律、按规律排序是现下所有幼儿数学书面操作中正确率较低的，至少我在从教十多年的工作经历中一直如此。

　　对于幼儿的错误成因我考虑了很多：是生活中接触得少，因而在活动中乍一接触时因为陌生而难以接受吗？是数学教学内容实践安排中，缺乏像"数"或"量"那样有明显的反复、渐进式的应用吗？是因为幼儿思维水平和能力还缺乏对规律发现的抽象能力，因而在实际操作中难以发现规律也难以将明确的规律内化吗？

　　对于纠正幼儿的错误我在实践中也做了很多的尝试和探索：有意识地将生活中规律排列的图案画面捕捉并张贴出来，让幼儿看看、说说，如夜景中的装饰性有色灯柱、节日庆典中的彩色小旗排列等；在教室环境、区角布置中将规律排序的内容渗透其中，如将泥工板用即时贴纸划分成一个可以在其上进行规律排序活动的操作盘，教室区角本身的装饰就隐藏着某种简单的规律等；还将数学中的规律排序活动煞费苦心地和其他领域的活动结合在一起，如音乐活动中三拍子的节奏特点"强弱弱"用规律的花纹表示，美术活动中的装饰性图案用交替规律排序；等等。

　　不能说我的努力是白费的，但成效并不明显。两年来（经历了小班、中班，现已经是大班），我班幼儿在规律发现中的观察敏感性、自主表现规律时的演绎创造性和其他班级的幼儿比较起来，竟然没什么区别。通过与邻班老师交流时对相关幼儿数学操作情况的了解，幼儿的错误率相差并不太大，这让我对自己所做出的努力产生了很大的怀疑。

除了我所分析的原因外，还可能有什么原因导致了幼儿在面对规律排序时的困难和障碍呢？

除了我所想出的办法（有些也是受到幼儿的提醒和启发）外，还有什么好办法能够帮助幼儿从容面对这样的问题呢？

是不是幼儿思维发展到一定阶段后，有关规律排序学习的能力就自然发生了？

非常想听到专家的指点。

陆小涛

# 幼儿学习规律排序的意义

亲爱的老师：

　　您好！

　　如果我们站在教师的角度，无论什么教学活动，我们都需要思考这样四个基本问题：为什么而教（目标）？教什么（内容）？如何教（教学法）？教得怎样（评价）？这四个问题也正是著名的课程之父泰勒所提出的课程和教学原理的四个基本要素。我反复读了您的这篇文章后，就想用这四个基本问题或叫基本要素作为参照，来讨论幼儿学习规律排序的意义。因为不弄清这个问题，我们很难探索有益于幼儿学习的方法以及做出学习有效性的评价。

　　各国幼儿数学活动的内容都有规律排序，为什么？这难道是必备的数学知识或是必备的数学技能？我认为不是。如果我们把它作为知识或技能来教，就会出现您观察到的幼儿学习现象和对此感到的困惑。

　　幼儿学习规律排序的意义在于发展幼儿的数学思维能力。什么是数学？我认为，数学是一种思维方法，是研究关系和规律的学问。如果我们从数学这门学问的本质和它对幼儿发展的作用来看，学习规律排序的目的，是让幼儿运用自己的思维能力观察、发现和概括出事物之间的关系和规律。另外，如果经常从事这一类活动，也会促进幼儿这种思维能力的发展和提高。所以在幼儿进行规律排序活动的过程中，教师关注的重点不是幼儿做对了与否，而是引导幼儿观察、发现和探讨排序的规律，并用他们自己的语言进行描述，把他们的看法和思维过程外化出来。这样做，教师才有可能认识和了解幼儿是否理解了排序的规律；幼儿也只有能够发现和概括出排序的规律和具备了相应的思维推理能力，他们才有可能有效地进行这类活动。如果是不理解的、只知道结果的、机械模仿而形成技能的，无论练习多少遍都成效甚微。这就是为什么您如此努力，所达到的效果与其他班级比较几乎无差别的原因。

因为幼儿积累到足够的经验时，他们会建构起相应的认知模式和思维能力。

我们明白了幼儿学习的目的，也就是"为什么而教"以后，那什么样的内容有助于幼儿认识和发现事物之间的关系和规律呢？要有意识地建构认知模式和促进思维能力发展，"规律排序"活动当然是一种重要的可选择活动，这类活动也正是我们幼儿数学教育的活动内容之一。

而对幼儿的学习和发展直接产生影响的则是"如何教"的问题。关于这个问题我想从以下三个方面提一些教学建议。

## 活动材料

活动材料可以是各种具有颜色或形状的图片或实物，它们可以按不同的规律排成各种各样的图案（如同幼儿园常见的）。可用的实物是非常多的，我这里仅用图片举例。

一组材料可以只含有一个维度的，如同一颜色、不同形状的图片，或同一形状、不同颜色的图片。当按某种规律把它们排成图案时，幼儿只要观察一个维度的变化，便能发现其中的规律。如图1所示。

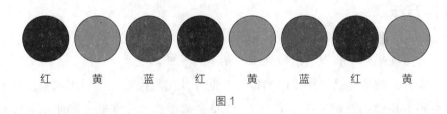

红　黄　蓝　红　黄　蓝　红　黄

图1

或，一组材料可含有两个维度，如不同颜色、不同形状的图片，当按某种规律排成图案时，幼儿需要观察两个维度的变化，从而发现其中的规律。如图2所示。

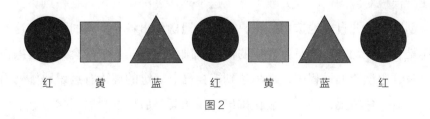

红　黄　蓝　红　黄　蓝　红

图2

或，当幼儿有了数概念时，还可以增加数的元素。如图3和图4。

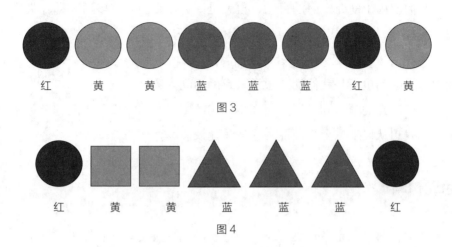

红　　黄　　黄　　蓝　　蓝　　蓝　　红　　黄

图 3

红　　　黄　　　黄　　　蓝　　　蓝　　　蓝　　　红

图 4

从上面举的例子中我们看出，可以通过材料的特征和排列的方式改变活动的难度，教师可以依据幼儿现有的能力，通过提供材料来引导和促进幼儿的学习，但必须考虑材料的适宜性，这要在了解幼儿真实的已有经验和能力的基础上才能做到。

## 操作方法

学习规律排序的方法由易到难，基本有三种。

叠放：教师提供规律排序的模板，幼儿找出与模板上图形相同的图片放在模板上相应的图形上面（覆盖）。这是最简单的操作活动，即使幼儿没有一点"规律"的概念，通过反复尝试也能完成，但是很难维持幼儿的活动兴趣。如果教师提供更多的不同规律排序的模板，也许能吸引幼儿参加活动。

对应：教师提供规律排序的模板，幼儿找出与模板上图形相同的图片，放在与模板对应图形的上方或下方。这个操作方法比叠放略难一点。

创造：幼儿自发地选用材料，有规律地摆放出各种不同的图案。这样的操作是建立在幼儿已经有了规律的概念基础上的，幼儿常常会处在边操作、边思考、边创造的过程中，逐步达到按自己已确定的规律有意识地排列出图案。还有一种情况，幼儿可能在排出一种图案以后再概括出规律。

所以，通过不同的操作方法也可以引导和促进幼儿的学习。使用什么材料或方法都要依据幼儿的经验和能力而定，这就要观察和了解幼儿的"最近发展区"。

## 教学策略

观察和了解幼儿的最近发展区，是教师选择和采用教学策略的依据。所谓最近发展区，是一段距离，即介于幼儿独立解决问题所决定的实际的发展，到他由成人支持或与能干的同伴合作解决问题而产生的潜在的发展之间的距离。教师在幼儿的活动过程中能观察、分析和推测出幼儿的实际水平和潜在水平，是选择适宜的教学策略的前提。

当幼儿还处在尝试错误的阶段，即幼儿比较凌乱地按照模板上的图形找出相同的图片叠放或对应时，这说明幼儿能比较和匹配，但还没有次序的概念，当然更谈不上发现规律。在这种情境中，可以引导幼儿按模板上图形排列的先后次序叠放或对应摆放图形，让幼儿在这些经验中建立起次序的概念，这是幼儿观察、发现规律的思维基础。我们在支持幼儿学习时，不要只关注其是否做对了，而且要关注幼儿完成活动所依靠的认知策略和逻辑观念是否建构了或在建构之中。教师可以提供足够的活动机会让幼儿获取经验，为他们进行概括准备好足够的经验。

当观察到幼儿能够熟练地按照模板的规律有次序地摆放图片时，说明幼儿可能已有了先后次序的概念，这时教师可以引导幼儿观察、分析和概括排列的规律。请幼儿用语言描述出规律，如一个红圆形、两个蓝三角形、三个黄正方形，这是概括的说法。如果幼儿顺着排列的图形一次描述完，仍没有概括出规律，那么教师可以进一步引导幼儿发现重复的规律，进而概括。

当幼儿能够观察、分析和概括出图案排列的规律以后，引导他们发现周围事物之间相互关系的规律，如同您在教学中应用到的例子，以发展他们比较、分析、归纳、概括、推理、类比等数学思维能力。

总之，关于教学策略归纳起来有以下几点：活动材料和方法的提供要由易到难，循序渐进；观察了解幼儿的最近发展区；提供足够的练习和应用的机会；引导幼儿用语言描述活动的过程；引导幼儿用语言表述概括出的规律。当然，这些也不一定完全，仅供您参考。

广东省深圳市教育科学研究院　肖湘宁

# 35

## ✉ 幼儿阶段如何进行分合教学？

老师：

您好！

进入大班之后，就开始有数的分合的学习了。可是在教学的过程中，我却遇到了不少难题。

第一，何谓"分成两份"？将东西分成两份，对于成人来说，是再简单不过的事情，对于幼儿，生活中也多有实际的经验。但是在分合教学的初始阶段，这却是一些幼儿的难点。当请他们将几个东西分给两个小朋友或者分别放在不同的地方，他们会做这样的动作。但是，如果单纯地对他们提出口头上的要求，请他们在桌上将几张卡片或几个玩具"分成两份"的时候，有的幼儿就不理解要怎么做了。从动作过渡到认识再到理解，幼儿要经过怎样的过程呢？这个过程中教师设置的操作活动、讲解过程要注意些什么才能让幼儿顺利地经过这个过程，理解"分成两份"的含义？

第二，认识、理解分合式的难题。记得有一次我请幼儿记录分雪花片的过程，幼儿记录的方式非常丰富，有的用实物记录，有的用圆圈记录，也有的用数字记录，更有几个稍大一些的幼儿是直接用分合式来记录的。可是当问到他们最喜欢哪一种记录方法时，喜欢用实物记录的小朋友最多，喜欢用分合式记录的几乎没有。这是否表示处于前运算阶段的幼儿根本就不适合分合式的学习呢？

此外，幼儿的不同水平也对分合式的教学产生了极大的挑战。每次记录，有基础的（比如几个留大班的幼儿，或者家庭中学得比较多的，或是月份大一些的幼儿）已经能用分合式记录，而大部分幼儿还是习惯用实物记录或用数字记录，怎么来帮他们过渡到分合式记录，进而理解分合式的含义呢？对于那些已经熟练使用分合式的幼儿，又如何在活动中设计属于他们的学习层次呢？

当平行班的幼儿已经能朗朗上口地说出2、3、4、5的分合式时，我却还在纠结是否要将分合式正式地教给幼儿，也纠结其中的过程。怎样的过程才是最好的，如何才能让幼儿意识到并理解分合式的含义呢？恳请专家给予指点！

曹烨霞

# 适合幼儿的分合教育

亲爱的老师：

您好！

在讨论幼儿的分合教育时，我们首先应该考虑清楚一件事，那就是：幼儿阶段的数学教育应该做什么？幼儿的数学学习是怎样的，幼儿能学什么？或者说，幼儿数学教育的根本性含义是什么？当我们真正弄清楚了幼儿数学教育的内涵之后，对幼儿数学教育内容与要求的确定就相对容易一些了，对于如何实施数学教育也会更加科学和有把握。

## 什么是幼儿数学教育及分合教育

什么是幼儿数学教育？在进行幼儿数学教育之前，这是我们首先要考虑的问题。幼儿阶段的数学教育就其本质而言，应是幼儿今后学习数学的准备，它还不是小学数学之下成体系的数学。

幼儿数学教育与小学数学教育是截然不同的。对于幼儿数学教育，不能仅从数学内容上来划分考虑，由于年龄阶段的不同，幼儿阶段和小学阶段数学学习的要求与内容也是不同的。确切地说，幼儿数学教育是幼儿数学学习的准备教育，这个准备不仅是数、量、形、空等内容及其关系的准备，更是幼儿初步数学经验的获得与积累，并对数学产生兴趣和发展初步数学认知能力的基础。

那么，分合教育又该如何考虑呢？关于幼儿阶段的分合教育，它也只是幼儿初步感知事物量的分合的一个重要内容。因而，在幼儿数学教育的目标上，还不能把它考虑得很深、很复杂。因为从本质上来说，数的分合体现出来的是数的整体与部分的关系。分合教育在我们平常的幼儿数学教育中，也是我们所说的数的组成教育。数的组成就是一个数可以分成几个数，反过来几个数可以组成一个数这样一种规律，它是数学思想中比较复杂而又有难度的问题，它并不是一个掌握分合技巧就能够把握的数学内容。这一思想在数学哲学中也是比较复杂而有深度的，因此，在幼儿园阶段，幼儿数学中的分合教育只是考虑一个数分成两个数的情况。无论是分成几个数，还是分成两个数，都是帮助幼儿从整体与部分的关系上理解数与数之间的关系，这不仅能加深幼儿对数概念的理解，更重要的是幼儿的思维能力也能得到发展。

数的分解组成，主要体现了整体与部分的关系。在幼儿阶段，我们可以让幼儿从一个数分成两个数的情况来思考、理解整体与部分的关系。整体与部分存在着这样几种关系：一个整体分成两个部分时（多个部分也如此，这里暂不考虑），它分成的两个部分之和等于原来的整体；整体大于它分成的任何一个部分，反过来，它分成的任何一个部分小于它原来的整体；它分的部分中，一个部分增加多少，另一个部分就相应地减少多少。这些关系蕴藏在数的分合活动中，幼儿理解这些关系有一定难度，但它又是幼儿今后数学学习的基础。

从数学思想的角度，皮亚杰的研究也发现，幼儿理解整体与部分的关系是比较困难的一个内容。因为从某种意义上来看，整体在结构上是一些连接与并列，在数量上是一种累积。特别是当整体被分割之后，幼儿的整体概念很难在头脑中保留直观形象的思想，使他们只能对眼前分割出来的部分清晰感知。皮亚杰最有名的类包含实验研究也证明了幼儿理解整体的特点，幼儿对整体与部分中的类包含关系理解是非常困难的。

那么，难就不学了吗？这里，我们就要理解什么样的学是适合幼儿的学，对幼儿来说，接触、活动、日常生活中的体验都是学习。理解了幼儿数学教育的根本性含义和数的分合的含义与意义，重新看待幼儿数的分合教育就不会那么机械与生硬了。

## 从能力与技能两个方面来看幼儿的分合教育

从幼儿阶段数学教育的目标来看，幼儿对数的初步感知、数概念的初步建立以及数学思维能力的发展，才是最为重要的基础性的基础。因此，幼儿数学教育首先不是技巧性的训练与教育，同样，分合教育首先也不应是幼儿先学会很流畅地说出某个数的几组有规律的部分。

作为数学准备和基础性的学习，幼儿的数学概念以及对各种数量关系的理解，都是长期潜移默化积累而成的，不是技巧性的学习。有关数学技巧性的学习应该是在幼儿基础性数学概念、经验建立到一定基础上的时候才可以学习和掌握的。这好比我们学游泳，我们在对游泳还没有什么概念、经验的情况下，是不可能学一些游泳花样技巧的，即使这时有技巧的学习，那也是针对基本概念或基本经验的理解性的学习。但这时的技巧学习肯定不是学习的主要内容和目的。

同样，幼儿数学的学习也是这样，能够对我们这个世界的数量现象有所感知、有初步的理解，就已经是非常好的数学教育内容与任务了。至于倒背如流的技巧性的学习内容，肯定不是在没有经验的基础上形成的。因此我们主张，幼儿数学教育要从幼儿能力的培养和技能的掌握两方面来思考。

从能力与技能的学习上来看幼儿的分合教育，能力是一个过程性的学习，它也是技能学习的前提。也就是说，在幼儿的早期学习中，能力的逐步培养为先，技能技巧的掌握在后，没有一定能力做基础的技巧是不会被幼儿保留和真正掌握的，特别是数学的学习。

能力是指顺利完成某一活动所必需的主观条件，它是直接影响活动效率，并使活动顺利完成的个性心理特征。在这个过程中，思维与认知活动始终相伴，这也正好印证了"数学是思维的科学"的说法。因此，没有思维活动参与的能力是不存在的。

而技能技巧则是通过练习获得的能够完成一定任务的动作系统。技能的好坏与熟练程度有关，如果进行有组织的反复练习、训练，动作就会趋向自动化，从而达到技巧性技能的水平。由此可见，幼儿反复练习到熟练掌握某个数的分成，并且能很快按一定规律排列说出一个数的全部分解组成式，不用多想就能张口说出，那一定表明这个幼儿数的分成式掌握得很好，那也就意味着，这个幼儿在做这个数的分解组成时，已经不需要更多思维的参与，他的活动已经达到自动化的程度，技能技巧性的特征表现更加突出。然而，这种在数学活动中削弱幼儿的思维活动、以追求熟练技能技巧的教育方式，对正在形成一些数学概念、获得数学思维习惯的幼儿来说是非常不利的。长期处于这样的教育理念与教育方式下，幼儿的数学思维能力和数学思维习惯发展会受到严重的影响，以致对今后幼儿真正的数学学习能力产生不利的影响。

所以，在幼儿思维处于发展的阶段，培养幼儿思维的意识、思维的积极性以及思维的习惯是幼儿数学教育中至关重要的教育目标。如果在幼儿思维能力形成之初就拔苗助长式地训练幼儿的快、准、对等数学技能，这对幼儿的数学准备性学习是没有多少好处的。这里不是说技能学习不好，我们这里讨论的是什么时候最好，特别是数学与其他能力的形成不同，没有思维就没有数学。

## 经验的积累是幼儿数学能力发展的基础

从经验的角度来看，处于前运算阶段的幼儿处于思维形成与发展阶段，这种发展，按皮亚杰的说法是与幼儿的三种经验获得分不开的，这三种经验就是物理经验、社会经验以及数理逻辑经验。这三种经验的获得也是幼儿思维发展的基础。许多幼儿心理学家都非常重视幼儿早期经验的获得，从幼儿数学能力的发展来看，它也是一个经验积累的过程。

所谓经验就是从多次实践中得到的知识或技能。从幼儿数学教育的角度讲，这里面有两个层次的含义：一是幼儿的经验来自他的实践，也就是幼儿的日常生活和活动；二是多次的实践就意味着经验的获得是一个过程，对幼儿来讲学习的过程更加重要。

从经验这个层面来分析幼儿的分合教育我们可以看到，日常生活、各种活动对幼儿的数学学习更为适合，而在幼儿还没有积累多少分合经验、还没有理解多少分合的道理时，过分强调列式子，或是追求结果，只会让分合等数学教育变得单调而枯燥乏味，也会让幼儿没有了经验积累的机会，做几个分合练习之后也就失去了对数学的兴趣。

经验以及日常生活和活动对于幼儿数学学习的重要性之一，在于它们是幼儿获得真正数学学习兴趣的载体和催化剂。没有了生活，没有了活动和游戏，就没有了幼儿获得经验的机会，更没有了幼儿对数学的兴趣。

因此，在数的分成活动中，喜欢用实物记录的幼儿最多，而喜欢用分合式记录的几乎没有，这一现象再好理解不过了。这并不是表示处于前运算阶段的幼儿根本就不适合分合教学，而是适合什么样的分合教学。如果注重幼儿体验、活动，给幼儿充分思考的时间，理解、尊重幼儿经验积累的过程，那么，这样的分合教育对幼儿来说还是非常适合与必要的。同样，理解了经验积累与过程性学习对幼儿数学能力发展的意义，那么，如何对幼儿进行数学教育，或是幼儿数学教育的真正内涵也就不难理解了。

综上所述，文中提出的幼儿阶段适不适合分合教育等问题，应该有了一定的答案。从老师如何给幼儿解释清楚这一点来说，我们还得好好体会什么是幼儿数学教育、数的分解组成的本质以及经验积累与数学学习过程对幼儿学习的意义，这样我们就能够发现问题的答案所在了。

北京教育科学研究院　廖丽英

# 36

## ✉ 幼儿是在分类吗？

老师：

　　您好！

　　我们的困惑源于一次外出观摩到的中班数学有关分类的集体教学活动。教师的教学目标是引导幼儿感知了解鞋子的不同特征，尝试按照鞋子的特征进行一个维度的分类。在活动中教师根据幼儿已有的生活经验，采取操作、体验等方式设计活动，为每人提供了10张画有不同大小、不同颜色、不同材质和用途的鞋子图片和一个三层鞋架图卡。教师的指导语是：请小朋友说说，都有什么样子的鞋？把它们收到鞋柜里，可以怎样放？让幼儿尝试进行不同角度的分类。

　　幼儿表现得异常兴奋，很快就把自己分好的鞋子摆在了各自的三层鞋架图卡上。在分享环节，教师请小朋友说一说：你把什么样的鞋子放在同一层了？幼儿讲述了自己的分类依据。幼儿的分类结果五花八门，很多幼儿表述时都有自己的思考和依据。印象最深刻的是，其中有几个幼儿在第一层放置了红色的鞋5双，第二层放置了室内鞋2双，第三层放置了皮鞋3双。面对五花八门的分类结果，执教教师不知该如何评价，对幼儿的分类依据不置可否。

　　活动引发了我们的争论，我俩的观点对立，互不相让。以下是我们之间的焦点谈话。暂且以甲、乙代表。

　　甲：幼儿这种分类方法教师没有进行引导，是不当的。我认为分类应该遵循一定的科学性。

　　乙：数学本身就是一门科学，我觉得幼儿的分类没有问题，他们有自己的分类标准和依据，在表述中也找出了事物的共同属性。

甲：幼儿虽然找到了事物的共同点，把它们归于一类，但是并没有完成整个"分"的过程。另外幼儿把鞋子分成三部分，各部分之间并没有相应的关系，而是独立出来，这是分类吗？

乙：我认为这就是分类，我查字典，对分类的解释就是指按照种类、等级或性质分别归类。还有一条解释是，把无规律的事物分为有规律的，按照不同的特点划分事物，使事物更有规律。幼儿的分类结果体现了分类的概念。

甲：在分类教学中，幼儿的思维基于原有的生活经验，但是这种分类依据是不科学的。教师应该帮助幼儿掌握更加科学的分类方法，即使多角度或多维度分类，各部分之间也应该存在一定的联系。是否应该纠正幼儿分类的结果，让幼儿知道各部分之间应该有相应的联系或关系呢？

乙：我觉得《指南》中数学学习的目的是激发幼儿的兴趣，尝试发现、解决生活中出现的问题，不应该教条地理解为必须按步骤完成，也不用考虑各部分之间是否存在必然的联系，只要幼儿的分类依据是合理的，有自己充分的理由，就完成了教学目标，幼儿也掌握了分类的核心内涵。因为生活中会遇到很多事情，如收拾屋子时，各种物品繁多，它们并不一定存在必然的联系，难道我们要考虑每个部分之间是否是对应的、是否有内在关系才收拾吗？

甲：数学学习应该是严谨的，必须考虑科学性，这种方法是不科学的，不管是一个或几个分类依据，一级分类、二级分类……，层级分类都应该有必然的联系。

……

我们如何在尊重幼儿的意愿与需求，培养其发现问题、解决问题能力的过程中，正确培养幼儿的科学思维呢？恳请专家为我们解答。

朱继宏　唐静

# 基于核心经验与发展水平　引导幼儿分类能力发展

亲爱的老师：

你们好！

感谢你们的来信。很欣赏你们敏于反思、善于求真的态度与勇气，这些都是我们幼儿园教师提升教育智慧的重要品质。在具体分析活动之前，我们先来厘清一些分类的相关概念，以及幼儿分类能力发展的年龄特点。

## 什么是分类以及幼儿分类能力发展的年龄特点

何为分类？分类即按照某一标准将物体分为几个类别（或集合），类与类的元素之间不能存在交叉重叠，无论这个标准是一维标准或二维标准，或层级标准。一维标准是指标准只涉及一个维度，或形状、或颜色、或大小等；二维标准则是指标准同时涉及两个维度，如颜色和形状（即将图形分为红色的三角形、黄色的三角形、蓝色的正方形等，分类过程中需要同时考虑颜色和形状两个维度）；层级标准是指分类的过程中依次将子集从总集中剥离，有助于幼儿理解集与子集的包含与被包含的关系，如首先将图形按形状分成三角形、正方形和长方形，接着再将各个形状按颜色分开，然后再将不同颜色的不同形状按大小分开，一层一层的分类依次进行。所谓多角度分类，是指分类的角度有多种，如或按颜色分类，或按形状分类，或按大小分类，但上述分类是依次进行的，而非同时混杂出现在一次分类中。如在本活动中，有的幼儿按颜色将鞋分开，有的幼儿按质地将鞋分开（皮质或非皮质），有的幼儿按用途将鞋分开（室内鞋或室外鞋），或者一个幼儿第一次将鞋按照颜色分开，第二次将鞋按质地分开等，都体现了多角度分类。

与分类经常混淆的概念是按共同特征归类或称之为求同。按共同特征归类只是求得一类物品的某一共同特征，故将其归为一类，或说只要存在某一共同特征即可将物品归为一类。因此，在各个类之间有可能存在交叉重叠，如同样是蓝色的五角星，一个蓝色的五角星和蓝色的三角星归为一类，一个蓝色的五角星和红色的五角星归为一类，前者是颜色相同，后者是星的数量相同。我们不能将此类操作理解为按颜色分了一类，按星的数量分了一类，因为前述已强调，分类之后的类与类的元素之间不能存在交叉重叠，而这两个类别中的蓝色五角星是重叠的元素，因此，此操作只是在进行求同而非分类。求同是分类的前提，为幼儿分类能力的发展奠定了基础，但求同尚没有达到分类的水平。

对于幼儿分类能力的年龄发展特点与目标，相关文件已进行了论述与规定。在《北京市贯彻〈幼儿园教育指导纲要（试行）〉》实施细则中规定，小班阶段支持鼓励幼儿发现环境中图形的相似之处，进行初步而简单的求同和分类活动；中班阶段在日常生活和游戏中，引导鼓励幼儿尝试学习按一个维度对常见事物进行分类。在《指南》中规定，4—5岁幼儿能感知和发现常见几何图形的基本特征，并能进行分类。综上可见，小班幼儿以求同能力的培养为主，中班幼儿则开始进行分类能力的培养。而在进行分类能力的培养时，应从理解什么是分类开始，进而按照他人提出的一维标准进行分类，接着进行幼儿自己寻找一维标准的分类活动。无论是按照他人提出或幼儿自行寻找的一维标准的分类活动，都可渗透对于多角度分类的理解。在幼儿具备了自行发现标准进行分类的能力后，可引导幼儿自己尝试多角度分类。一维标准分类能力成熟后则可进行二维标准的分类活动，或层级标准的分类活动，一般来讲这两类活动适宜放在中班后期和大班进行。

基于上述说明，此案例中教师的活动设计和实施可能存在以下问题。

## 案例中教师的活动设计和实施可能存在的问题

### 对幼儿的发展水平把握不准、目标制定不适宜

基于案例说明分析，本次活动中教师试图引导幼儿自行寻找分类标准对鞋进行分类，进而渗透多角度分类的概念。但案例中所描述的幼儿没有理解

教师的要求，或还未建立分类的概念，只是对鞋进行了求同归类，即将具有某一特征的鞋归为一类，红色的鞋归为一类，皮质的鞋归为一类，室内鞋归为一类。在该幼儿的操作中，并没有按照一个标准将鞋分到完全不同的类别中，如按颜色将鞋分为红色鞋和非红色鞋。而只是根据鞋的某一共同特征进行了归类，有可能有的红色鞋是皮鞋或室内鞋，有可能有的室内鞋是皮鞋，有可能有的皮鞋是室内鞋（因没看到具体材料只能做推测）。

鉴于幼儿的操作，可判断该幼儿对何为分类的理解还不够到位，能力发展还处于求同归类水平。不知道此次活动中类似的幼儿是否还很多，如果很多的话，说明教师安排的活动内容过难，不符合幼儿的发展水平。面对此种发展水平的幼儿，教师首先应该进行的教育活动是帮助幼儿理解什么是分类，即教师通过进行分类演示，帮助幼儿理解分类的概念；其次，请幼儿按照教师的要求将物体进行一维标准分类（同一组物体可进行多次一维标准分类）；最后，在幼儿熟练按照外在标准进行一维分类后，再请幼儿自行创造一维标准分类。

## 材料结构化程度不高，无法物化教师的教育目标

如果本次活动的目标是"自行发现标准对物体进行分类，初步感知多角度分类"，那么教师的材料提供必须能够支持并物化教育目标。为做到这一点，材料的结构化程度是非常关键的要素。教师如果希望幼儿以颜色、质地、用途等不同的标准将鞋分开，那么提供的材料则需要能够支持幼儿进行上述分类。以颜色为例，鞋的颜色必须具备两种以上，才有助于幼儿按颜色进行分类。但根据案例所给材料，似乎只有一种红色，没有其他颜色（可能另一种全是黑色？），那么如果幼儿想将鞋按颜色分开，只能分为红色和非红色，直观性较低，幼儿不易发现这一线索。所以，假设教师设计的初衷是希望幼儿从颜色、质地、用途等不同角度将鞋分类，那么10双鞋中可以有5双鞋是红色5双鞋是蓝色，在5双红色鞋中有2双皮质鞋3双布质鞋（之所以分皮质和布质，也是控制质地的量的因素以便更加直观，方便幼儿发现线索；5双蓝色鞋同理），在皮质和布质鞋中分别有几双室内鞋几双室外鞋。如果是第一次进行幼儿自寻标准进行分类的活动，建议类的数量不要太多，两类

即可。控制类的数量的难度，聚焦于让幼儿发现分类的标准，进一步理解分类的含义。

## 核心经验把握不准确，以致指导语不明确

根据案例信息，教师的指导语是："请小朋友说说，都有什么样子的鞋？把它们收到鞋柜里，可以怎样放？"据此指导语，教师希望幼儿自行寻找到分类标准，将鞋分开，然后对比不同幼儿之间的不同分类方法，渗透多角度分类的概念。但"可以怎么放"，这样的指导语过于开放笼统，没有给予幼儿明确探究方向的提示，以致可能有很多幼儿不知道教师的具体要求是什么，如果教师的意图确实是请幼儿寻找一个标准将鞋分类，那就需要将指导语更加明晰，如"请小朋友找找，看能不能发现一个标准，可以把不同的鞋分开，或者分成两种，或者分成三种，分别摆到鞋架的不同层"。如果根据教师对幼儿的了解，只依赖语言指导，幼儿不能理解教师的意图，教师还需要进行示范，帮助幼儿明确什么是发现分类标准，并根据自己发现的分类标准进行分类。

## 分类概念理解不到位，无法判断幼儿的操作并进行指导

教师之所以没有介入去引导该幼儿的操作，原因可能主要在于，教师对分类的概念理解尚不透彻，没有完全理解分类和求同的区别。教师或认为幼儿已经进行了分类，或不能判断幼儿是否进行了分类，或知道幼儿没有进行分类但不知道幼儿是进行了什么操作。如果该教育活动的知识经验目标是"自行发现标准对物体进行分类"，面对幼儿没有达成分类的操作，教师应积极介入对幼儿进行引导。教师应通过提问，如："你是按什么标准把鞋分开的？""为什么把这双鞋放在红色鞋里，没有放在皮鞋里？""我可不可以把这双鞋（红色）也放在皮鞋里，因为它也是皮的？"在引发幼儿认知冲突的基础上，再尝试帮助幼儿理解分类应该有一个统一的标准，按照统一标准分类后，一类鞋与一类鞋不能出现重叠，即不能这双鞋既可放在这一类又可放在另一类，如果出现这种问题则说明没有成功进行分类。

综上所述，就这个活动而言，可以有以下两种调整思路。

第一种是降低活动难度，知识经验目标改为"根据外在标准将物体进行分类"。一般来讲，这个难度更适合中班第一学期的幼儿。活动材料提供如前所述，但分类标准由教师提出。首先，教师提出"请小朋友按照颜色将鞋分成两种"，幼儿分完后，请幼儿描述自己的分类："我根据颜色把鞋分成了红色和蓝色两种。"其次，进行按质地分类。教师提出要求，幼儿进行分类并表达。最后，可尝试请幼儿想想还能根据什么标准把鞋分成两类，如果幼儿可发现用途这一标准更好，如果幼儿不能发现则由教师继续提出标准进行分类。活动的重点是按一维标准分类，难点是理解分类的含义。在活动结尾，教师可总结"同样一组鞋，可根据不同的标准、从不同的角度进行分类"，初步渗透多角度分类的概念。

第二种是仍保留原有难度，目标是"自行发现标准将物体进行分类，感知多角度分类"。基于此目标，材料投放如前所述，环节设置可改为以下五步。①教师提出问题，请幼儿找找可按什么标准将鞋分类放入鞋柜，并说一说。②教师演示一种分类方法（根据班里幼儿的发展水平可删减）。③请幼儿试试自己分一分，摆一摆，第一次探究。④请幼儿表达自己的分类方法，比较与同伴的分类方法有何不同。⑤请幼儿进行第二次探究，按照和第一次不同的标准对鞋进行分类，能力强的幼儿可多尝试几种标准，如有可能也可以记录分类的方法与结果。

希望以上分析与建议能帮助到老师。

首都师范大学　许晓晖

# 37

## ✉ 如何引领幼儿在生活中感受科学？

老师：

　　您好！

　　在和煦的春光里，我喜欢带着我们小班的幼儿，寻找春天，追逐春风，抚摸绿叶，寻找昆虫。大自然总是幼儿最好的玩伴，它毫不吝啬地展现着自己，让幼儿去观察、去发现。

　　那天，和幼儿去草地、树丛中寻找蜗牛，他们仔细地观察着。突然，洋洋大叫起来："虫子！"我顺着他惊恐的眼神看去，原来，在低矮的小叶黄杨树丛中有大量的毛毛虫，它们肆意啃食，使得新生的树叶变得残缺，树木有些变黄。我一思量，虫害到来，何不组织幼儿商量对策！于是，我提醒大家："孩子们，注意了，这里有很多毛毛虫，小心别让它们咬到手。"幼儿纷纷议论起来："我们不伸手去，它们咬不到。""可它们在咬树叶！""树叶都黄了！""小树都快死了。"我说道："是啊！毛毛虫是害虫，它们经常吃小树叶，太多太多的毛毛虫来了，小树都吃不消了！怎么办呢？""把毛毛虫赶跑！"有人提议。幼儿都赞同，伸手就要去捉。我急忙喊停："毛毛虫的毛会刺到我们！"幼儿这才惊觉有危险："那怎么办呢？"卫卫说："可以用农药杀死它们！"我说："你这个办法真好！那你们知道农药是什么吗？""杀害虫的。""有毒的。"我夸他们："你们都很棒，农药是农民伯伯专门用来杀田地里的害虫的，有毒，我们人能碰吗？""不能！"我说："是啊，农民伯伯在用农药的时候都要戴上眼镜、口罩、手套、帽子，把自己先保护好了，再用一种工具喷洒农药。你们说，我们自己能不能用农药杀死这些虫子啊？"

幼儿都确认自己"不能"。"那我们还是把这个情况告诉园长，让园长请专门的人来洒农药吧，有农药的那几天，我们大家都要注意，不用手去碰树叶哟！"

一周后的一天，午餐结束，我和幼儿去散步，顺便看看喷洒农药后的小树怎么样了。整治虫害的时候，顺带也新种植了一些树苗。幼儿都很高兴，关切地去看还有没有毛毛虫。在确认毛毛虫都消失后，幼儿松了口气。我让他们去找找哪里的树是新种的。幼儿可厉害了，看那些松松的土就知道了。只是又一个严重的问题出现了："老师，小树怎么耷拉着头啊？""是不是刚刚种上的小树要喝水啊？"我提醒道。幼儿说："是的，小树渴了，它没有精神，要喝水！"我问："这回我们怎么办呢？""帮它们浇水啊！"政政的提议得到大家的赞同。下午，我让幼儿带来了很多空瓶子，用来给树浇水。幼儿急切地忙活来忙活去，似乎想给幼儿园里所有的树都浇个遍。我提醒他们，水也不能浇多了，要不然小树会被淹死的。幼儿会意，分散着浇水去了。

几天过去，又到散步时，微风轻轻地吹拂着，树枝摇动，一切都生机盎然。幼儿雀跃着。我和幼儿一起寻找春风姑娘，闭上眼睛，舒展身体，伸展手臂，张开五指，让幼儿体验春风拂面的微妙感受。幼儿说："春风姑娘在头发上、衣服上，在给我们挠痒痒，在我的手指尖里……"再去瞧瞧小树吧！我引导幼儿："孩子们，小树在点头和你们说话呢。听，它们在说什么啊？""它们不渴了，很舒服。""它们也在和春风姑娘做游戏！""它们还谢谢我们呢。"是啊，一切是这样的美好。这些真挚细腻的心，这些纯真美好的情怀，是幼儿给予我的，比我给予他们的更加深厚。

可是，在记录这样一则教育日记时，我不禁懊恼起来：《指南》指出，幼儿科学学习的核心是激发探究欲望，培养探究能力，成人要善于发现和保护幼儿的好奇心，要善于充分利用自然和实际生活机会，引导幼儿通过观察、比较、操作、实验等方法，学会发现问题、分析问题和解决问题，帮助幼儿不断积累生活经验，并应用于新的学习生活，形成受益终身的学习方法和能力。而当我就着幼儿的发现，引导他们感受身边的科学时，我似乎太着急让幼儿明白那点道理了，太刻意地将幼儿往既定的道路上引了！正如《指南》倡导的，发现应是幼儿的，猜想也应该是幼儿的，探索更应该属于幼儿！而我，有没有锁定狭隘的科学方向？在生活中应该怎样引导幼儿感受科学，才能实现《指南》中的科学探索真谛呢？期待专家给我指点迷津，让我能更自信地引导幼儿拥有属于他们自己的科学活动。

吴新玲

# 让教育自然地渗透在幼儿的生活中

亲爱的老师：

您好！

《纲要》提出，幼儿的科学教育是科学启蒙教育，重在激发幼儿的认识兴趣和探究欲望；要尽量创造条件让幼儿实际参加探究活动，使他们感受科学探究的过程和方法，体验发现的乐趣；科学教育应密切联系幼儿的实际生活进行，利用身边的事物与现象作为科学探究的对象。这些基本实施与指导要点，是我们开展幼儿园科学教育的重要依据。而《指南》"科学探究"子领域中，从情感态度、过程与方法、经验与结果三个维度对不同年龄幼儿发展的典型表现的举例，又让我们能够明确地了解到小班、中班和大班幼儿的特点和发展水平，我们对不同年龄幼儿应有的预期。可以说，将《纲要》和《指南》相对照、相呼应，能让我们的科学活动做得更加生动有趣而又富有意义。

案例中，您带领幼儿在户外探究中、在散步时的三个有趣的随机发现和教育渗透活动，以及您活动后的反思和疑惑，让我们感到您是一位善于思考、乐于学习的老师，班里的幼儿也是一群善于思考、乐于探究和发现的幼儿。您的做法给了我们很多启示，也引发了我们许多的思考。

## 两个启示

您和幼儿的三个发现给我们两个方面的启示，值得借鉴与应用。

### 启示一：教师要顺应幼儿的兴趣，引导幼儿的探究与发现

对于幼儿的探究和学习来说，兴趣是最为重要的前提和条件，顺应幼

儿的兴趣，支持幼儿的探究和发现，幼儿的学习过程会更加积极主动。这是《指南》的基本要求，也是一个专业的幼儿教师应该具有的基本能力。在"发现一：树叶中的毛毛虫"中，您本来是带领着幼儿去草地和树丛中寻找蜗牛的，却意外地发现了毛毛虫，于是和幼儿进行了关于如何消灭毛毛虫的讨论。在"发现二：小树渴了"中，您本来打算和幼儿一起主要去看整治了害虫后的小树怎样了，却同时发现"小树渴了""要喝水了"，引发了幼儿随后给小树乃至全园的树浇水的活动。其实，这些顺应和引导比较自然和适宜，引导的方向和内容也还比较适宜，符合小班幼儿的年龄特点，没有生拉硬拽、超出幼儿理解水平的感觉，总体上看比较自然。

### 🖋 启示二：教师需要有教育渗透的意识，才能觉察到存在的教育契机

在日常生活中会有很多教育契机，教师应敏锐地觉察并加以适当的利用。您和小班幼儿户外活动和散步时的探究就让我们看到了生活中的随机教育，仅就这三次探究发现来看，就渗透了多方面的教育，包括：引发和支持幼儿对身边小动物的关注和了解，幼儿初步认识了毛毛虫，了解到小树的生长需要水，感受到了风的存在，这些都是科学经验的积累；幼儿还在老师的引导下初步了解了农药及其作用，以及如何避免有关的危险，获得了保证自己的安全等健康领域的经验；社会性方面也有一定发展，愿意照料并学习如何照料小树；在老师的引导下还拟人化地说出了小树在得到照料后的感受，尝试着用诗一样的语言来描述自己的发现和春天的特点。应该说，在这几次渗透中，您抓住了教育契机，进行了灵活适宜的教育渗透，让幼儿积累了有关自然、社会、健康和语言等方面的经验。总体而言，时机、内容和过程的把握都比较灵活和适宜。

## 三点注意

您和幼儿的探究和发现还引发我们思考和讨论另外几个问题，这几个问题也是我们作为专业的幼儿教师需要特别注意的。

### 🖋 第一点：在随机教育时，教师要对幼儿的关注点作基本的判断

尽管在幼儿园生活中有许多教育契机，但需要特别注意的是要保证各个生活环节基本教育功能的实现，在这个前提下，适时适宜地进行其他方面的教育渗透，不能"喧宾夺主"。您和幼儿的三个发现中涉及两类活动，一类是户外活动，另一类是生活活动中的餐后散步。户外活动包括体育活动和自由活动两大类，其中户外体育活动是为了锻炼幼儿的身体而特别安排的环节，国家相关文件规定：幼儿每天户外活动时间不得少于2小时，其中体育活动时间不少于1小时。因此，幼儿应有的体育活动时间和运动量不能减少，应达到基本要求，否则达不到运动和锻炼的目的。当然，如果是户外的自由活动，则可以是幼儿根据自己的兴趣自由地探究与发现。再如，每天饭后的散步特别是午饭后的散步，是要让幼儿吃进的食物得到消化，呼吸到新鲜空气，那就不要赋予它太多的"学习"功能。"散步消食"是这个环节的主要意义和目的，如果让幼儿过长时间滞留、弯腰，则不利于幼儿食物的消化，过多的思考、讨论会使幼儿兴奋，不利于午睡这个环节的顺利进行。

另外，在幼儿关注某些事物时，教师要判断幼儿的这个关注点和兴趣点是不是有意义、有价值。《指南》"科学探究"子领域目标2下面的教育建议中提到，鼓励幼儿根据观察或发现提出值得继续探究的问题，或成人提出有探究意义且能激发幼儿探究兴趣的问题，支持和鼓励幼儿大胆联想、猜测问题的答案，并设法验证。因此，对于幼儿提出的问题，可以采取灵活多样的方式给予回应，如，有些问题通过简单的讨论和教师的讲解幼儿就能明理；有些问题则需要转化成幼儿的探究活动进行比较系统的探究；还有些内容则需要转化为幼儿的日常工作，如到了中班，可将照料小树、每天浇水作为值日生工作的常规内容。不必对幼儿的每个兴趣点和问题都进行探究，更不需要都进行系统的探究。

### 🖋 第二点：教师发现各种教育契机，关注幼儿多方面的发展

在生活中的教育渗透还要注意随意和均衡，看到各个领域教育、幼儿发展各个方面可以利用的契机，适时适当地进行随机教育。为此，教师要全面

熟知幼儿五大领域11个子领域的各项发展目标，随机渗透才有了基本前提，再结合幼儿在生活中出现的各种关注点，进行有效对接，实施切合的随机教育。即先做到"心中有目标"，才能做到"处处有教育"。

特别需要注意的是，教师不能只注意自己擅长的方面，不断强化自己和幼儿这方面的经验，而忽略了其他各个方面的发展。如果因为自己关注和擅长科学而让幼儿每次户外活动都要关注科学的某一现象或一定要发现点什么与科学有关的东西，那么，幼儿的经验会有一定的偏向。因此，从随意而均衡的视角，会看到更多的而且是多方面的发展机会，适时地引导幼儿多方面的发展。

而且，对于小班幼儿来说，根据其年龄特点和发展目标，他们很难进行对比观察和追踪观察，看一看、说一说、做一做，让幼儿亲近自然、乐于观察、有所发现就够了，切忌事事都紧抓不放，否则可能因为教师的"强行渗透"，幼儿对本来感兴趣的事情反而失去了兴趣。

## 🖋 第三点：探究中必须注意幼儿的安全

在《指南》"科学探究"子领域目标1"亲近自然，喜欢探究"这一目标之下的教育建议2第三款当中提到，多为幼儿选择一些能操作、多变化、多功能的玩具材料或废旧材料，在保证安全的前提下，鼓励幼儿拆装或动手自制玩具。尽管"保证安全"是在这样一个比较窄的情境下提出的，但实际上，确保幼儿的安全不仅是幼儿科学探究的基本前提和条件，也是幼儿教育阶段的基本前提和条件，是每一个教师应有的基本意识和职业习惯。

为了确保幼儿在园一日生活、游戏、学习和各种活动的安全，《幼儿园教师专业标准（试行）》中也特别提出了保证幼儿安全的相关要求。如第6条要求幼儿教师要"将保护幼儿生命安全放在首位"，第29条要求幼儿教师掌握在各种情况下"幼儿安全防护与救助的基本方法"，第41条又对幼儿园教师所应具备的相应能力提出了要求。在幼儿的各种科学探究活动中，也常常会遇到各种相关的安全问题，如案例中您和幼儿遇到的毛毛虫就可能刺伤幼儿，喷过农药的植物也会让幼儿过敏或中毒。您的做法值得肯定和认同：在幼儿想要伸手捉毛毛虫时及时制止；在幼儿提到要用农药杀虫子时，通过适当的讲解让幼儿明白农药的作用和危险，需要专门人员来做，自己千万不能动，以及在植物刚喷完农药的那几天也不能用手摸；等等。当然，不仅如此，还应当让幼儿知道并做到不要离这些刚喷了药的植物太近等。应该说，《指南》各领域的要求与实施应相互联系，因为在健康领域也有具有基本的安全知识和自我保护能力的相关目标和要求。

总之，我们的教育没有最好，只有更好。愿每一个幼儿教师都像您这样乐于探究、勤于思考，不断提高自身的专业素养，让我们的教育做得越来越好！

中国教育科学研究院　刘占兰

# 38

 当幼儿的探究兴趣与对生命的爱护发生
冲突时，该如何取舍？

老师：

您好！

在我们班有一个特别的区域——标本制作区。幼儿会收集很多植物放到班中植物角进行观察，时间长了植物就会干枯。为了让植物能够长久地保留下来，幼儿经过调查，最后选择了"滴胶标本制作"的方法，标本制作区就这样产生了。

今天芃芃在标本制作区里做了一件与众不同的事情，他把在植物区发现的蚂蚁直接进行了标本制作。芃芃先把胶配好，再把找来的蚂蚁放在胶里。我很奇怪他为什么选择蚂蚁来进行制作，便上前询问："芃芃，你今天选择了蚂蚁进行制作呀，怎么想到用活蚂蚁进行制作的呢？"芃芃毫不犹豫地回答我："因为蚂蚁是害虫，所以我就拿它做标本。""你认为蚂蚁是害虫，对吗？""对，全世界的人都会认为蚂蚁是害虫的。"在之后的区域分享时芃芃很高兴地将这件事和小朋友进行了分享，而后他还进行了统计："认为蚂蚁是害虫的请举手，认为蚂蚁是益虫的请举手。"统计的结果超出了芃芃的预想，选择蚂蚁是益虫的小朋友占多数。芃芃没有了笑容，小声地说了一句："咦，这是怎么回事啊？"在统计的过程中芃芃还说了自己认为蚂蚁是害虫的原因。但有的小朋友则说蚂蚁是有生命的，我们不能随便结束它的生命。在分享结束时我给小朋友留下了一个小任务：去查一查哪些蚂蚁是害虫，哪些蚂蚁是益虫。

　　分享结束后我也在思考，遵循珍爱生命、爱护小动物这一原则是没有错，但是既然幼儿开始对活体标本产生了兴趣，有了这方面的需求，我要怎样满足幼儿呢？也就是，当幼儿的探究兴趣与对生命的爱护发生冲突时，该如何取舍？

　　期待专家的解答。

曾田璐

# 从生态道德视角反思幼儿科学教育

亲爱的老师：

您好！

感谢您提出了这么好的一个问题，相信很多老师带领幼儿进行科学探究活动时，都面临过类似的问题：当幼儿的探究兴趣与对生命的爱护发生冲突时，我们该如何取舍？

从您的案例描述中可以看出，您是一个善于质疑和思考的老师，是一个以幼儿为中心，能从育人的角度出发思考教育和自己的工作的老师。

从这个案例中，我们可以提炼出三个关键问题：

1. 蚂蚁是"害虫"还是"益虫"（我们借用幼儿的语言继续使用"害虫"和"益虫"）？

2. 动物是否可以被制作成标本（不管是"害虫"还是"益虫"）？

3. 当幼儿的探究兴趣与对生命的爱护发生冲突时，该如何取舍？

这些看似平常的问题，其实触及了生命科学、生命科学教育的许多核心问题。我们来逐一讨论。

## 问题一：蚂蚁是"害虫"还是"益虫"
## 核心：人类不是世界唯一的标准

很高兴看到您支持、引导了幼儿对"害虫"和"益虫"的讨论，相信您慎重对待生命、生物的观念一定会潜移默化地传递给幼儿。而且，从科学教育的角度看，对问题的讨论本身就是非常值得推荐的做法。更何况本案例完全是幼儿生成的讨论，这种探究与讨论是由幼儿的认识冲突所产生的，所以其承载的教育意义更大。

对于幼儿科学活动中常见的"害虫"问题，生态学家有明确的态度：首先，所谓的"害虫"是针对人类而言的，消灭"害虫"也是出于人类生存利益来考虑的；其次，一种"害虫"到底对人有益还是无益，也还是很复杂的一件事情。比如，蚊子、苍蝇、蟑螂等是"害虫"，似乎是人类有共识的，但生态学家经过研究认为，这是在我们的生活环境中需要去消灭的，但如果这些"害虫"在森林里，在湿地里，就完全不需要我们专门跑到那里去消灭它们。而且，生态学家说了，也许它们在那里自有它们的功能和作用呢。的确，我们人类对世界、对大自然的认识还有很长的路要走，有些"害虫"随着科学的发展与进步，人类对它们的认识也在发生着变化。

所以，当老师没有把标本制作当作活动的主要目标，而是将幼儿的注意力引向"害虫"与"益虫"的讨论时，在这次科学活动中，幼儿收获的不仅仅是标本制作之类的经验，而是他们在活动中的思考与讨论，在讨论中他们的思考角度与视野会变得开阔。相信幼儿通过思考与讨论获得的想法和观点，一定会影响他们未来对待这个世界的态度和方式，这正是幼儿科学教育、幼儿教育的本质目的。

## 问题二：动物是否可以被制作成标本
## 核心：人类的道德视野必须扩大到自然

试想，当我们支持幼儿把活蚂蚁做成标本，虽然学到了不少知识，发展了某些能力，满足了探究好奇之心，但幼儿就更有可能将蜜蜂、蚯蚓等各种活的生物做成标本，还包括将各种花草采集来做成标本。当我们幼儿园、学校都这样去做，那会有多少生物遭殃！大家都想尽一切办法（甚至是违背生态环境的发展需要）去建我们的植物角、养殖区和标本室等，再加上大家对这些生命的随心所欲、没有原则地制作和处理，这无论从关爱、保护生命的角度，还是从保护生物环境的角度，都是应该思考与警醒的。笔者多次见到在青蛙产卵时节幼儿园从很远的地方取回大量的青蛙卵，但在大量小蝌蚪出来时，除了让幼儿"观察""探究"，大多就让这些小蝌蚪自生自灭了。想想有多少蝌蚪没有了！且不说会有多少生态遭到破坏，就是幼儿对生命与环境的关爱与敬畏之心也会慢慢淡化，直至荡然无存。很有可能我们培养的人会变得无视生命，会变得无情与冷漠，甚至残酷。这就不怪类似硫酸泼熊（怀着探究心理去做的）等诸多事件会发生，而且类似这样无视生命的行为还会不断出现。

## 问题三：探究兴趣与珍惜生命如何取舍
## 核心：科学教育不是猎奇、占有和掠夺

《指南》指出，幼儿科学教育的核心是激发探究兴趣，体验探究过程，发展初步的探究能力，但这些探究兴趣是有前提的，那就是要以热爱自然、尊重自然、敬畏生命、遵循自然法则为基础。每个人都要从"我"做起，从小事做起，抱持对生命的敬畏态度，尊重自然和法则，我们才能保护环境，保护大自然，保护我们自己。这是幼儿科学教育的一个重要目的与内容。这也使我想到一位日本教育家说过的一句话：科学教育就是要培养幼儿"面对一丛野菊花而怦然心动的情怀"。

北京大学哲学教授刘华杰曾说：博物教育应去掉那些注重猎奇、占有、掠夺的成分，要充分考虑现实社会中人与自然和谐发展的需要。同样我们在进行幼儿科学教育时，探究行为也不能无节制、无限制和无底线，更不应该单纯地注重猎奇和占有，不应以占有和剥夺作为我们科学教育和生态教育的追求和特征。我们应具有基本的生态道德意识。

生态道德是社会公德的重要内容。人与自然是一个生命共同体，人类的道德视野必须放大到自然，这是人作为最高生命物种对自然所应有的道德关怀。是否具有良好的生态道德意识，是现代社会衡量一个人全面素质的重要尺度，也是衡量一个国家和民族文明程度的重要标志。

由此，我们也需要从生态道德教育的角度反思一下当前幼儿科学教育中的植物角、饲养角以及科学标本之类活动的教育目的、教育作用、教育内容以及教育手段等的问题。在自然角的教育中，同样也需要把对自然生命的尊重、爱惜和敬畏放在重要的位置上。幼儿园教室中的植物角是为幼儿提供感受自然及生长的一种特定的环境。虽然我们通常感到它主要是针对科学领域

的教育而存在的，但它却承载着更多、更全面的教育价值与教育功能。一方面它承载着幼儿对生物的生长特征的探究与认知需求，另一方面它更担负着幼儿的观察力、认知能力、爱心、责任感、劳动习惯、人格发展以及对自然的态度和价值观启蒙等的培育功能。自然角设置的首要价值就是培养幼儿对生命的敬畏与关爱，这也是生态道德教育层面上的价值。因此，在自然角的设置与活动中尊重自然、敬畏生命、热爱自然和珍惜生命都应是我们始终遵循的原则。然而，当前有些自然角创设过于求新、求异，冷漠、占有、浪费和管理不善乃至无视生命，特别是小动物饲养中的缺乏科学性以及更换的频繁性和随意性，都对幼儿生命意识的培养产生了一定的负面影响。

因此，从生态道德教育的角度讲，无论自然角、饲养角、种植角，还是大自然中的科学探究活动都要以尊重、敬畏、关爱和热爱为前提。如果不这样，我们幼儿成长中的价值观、生命意识都会存有潜在的危机。正如刘华杰教授所言，不可争辩的事实是，人在生态上犯了大错，侵害了其他物种的利益，而导致自己的整体生存环境变得艰难，人与自然矛盾加剧，演化论上称为'不适应'。现代性的危机早就存在和潜伏着。我们的幼儿科学教育必须着眼于未来。

庄子曰：天地有大美而不言，四时有明法而不议，万物有成理而不说。这里的意思是讲，大自然和万物是有着自己的美的，这一切不需要任何的干涉，不需要任何的加工和作为，应自然而然。

童年是培养幼儿对自然感情的关键时期，曾老师能够把珍爱生命、爱护小动物这一原则提出来进行思考和讨论，让我们看到了幼儿教师的人文修养与专业修养。这一问题的思考对我们当今幼儿科学教育的发展大有裨益，因为它让我们重新思考幼儿科学教育的目的和原则。幼儿科学教育是幼儿对世界、对大自然的探究，但它又不同于职业化的科学家的探究。幼儿以及幼儿教师还不能以专业的、安全性的和伦理性的方式处理和对待科学探究中的诸多问题。刘华杰教授认为，有别于职业科学家，普通人应通过日常生活、日常活动的观察、感受来记录大自然的现象，思考发现大自然的现象、规律，理解、赞美大自然及其自然演化，知道自己在大自然中的准确位置。笔者认为，这正是幼儿科学教育应该持有的态度。为幼儿科学教育准确定位，关系到幼儿未来对世界、对大自然、对一切生物以及对生命的态度和认识，也会关系到他们的科学精神、科学价值观的形成。从这个意义上来讲，曾老师的思考与提问真是太有意义了。

北京市教育科学研究院　廖丽英

# 39

## ✉ 美术活动中如何支持幼儿大胆表现？

老师：

　　您好！

　　最近，我在设计和组织大班美术活动"小兔子去旅行"中产生了一些困惑。这个活动源于图画书《小兔子去旅行》，很多幼儿喜欢阅读这本书并在区域活动时自发地画兔子。我观察到幼儿能画出兔子的基本特征——长耳朵，但经常忽略兔子的其他一些细节特征，比如尾巴。并且，兔子的姿态基本是僵直站立的。

　　为了支持幼儿大胆表现兔子的多样性，我设计了这个活动，将活动目标设定为：①发现小兔子的细致特征和不同姿态，并尝试用泥塑大胆表现；②愿意进行联想，并能根据联想大胆添画背景；③喜欢绘画活动并能表达自己的所见所想。

　　活动中，我先引导幼儿观察兔子的图片，特别将兔子的耳朵、牙齿、尾巴三个局部特征放大；接着，我又呈现了一幅有三种不同姿态兔子的图片——趴着的、站立的、侧身的，并请幼儿说说如何用黏土制作不同姿态的小兔子；之后，我引出了小兔子要去旅行的话题，出示了旅行场景中小兔子的图片；最后，我请幼儿说说想让小兔子去哪儿旅行，并把旅行场景以添画的方式表现出来。

　　创作环节中，幼儿认真地制作兔子，可以看到兔子姿态还是以站立的为主，只有少数幼儿创作了侧身的兔子。并且，幼儿迟迟没有进行背景添画。在个别指导时，我询问一些幼儿"你的小兔子要去哪儿"，他们回答"还没想好"。但之前的引导环节，他们说到了"去海洋"

"去草原""去宇宙"等。直到结束活动时，只有一个幼儿完成了背景添画。

幼儿为什么不表现兔子的不同姿态，也不添画旅行背景呢？是因为时间不够吗？我该如何支持幼儿大胆表现这些内容？

安鑫

# 在支持幼儿自我表达中培养美术表现力

亲爱的老师：

　　您好！

　　您精心设计和组织了"小兔子去旅行"的活动，期望能够帮助幼儿学会细致、生动地表现小兔子，然而，大多数幼儿并没有能够大胆表现小兔子的姿态和添画背景。您想知道，您设定的活动目标为什么没能实现？又该如何调整这个活动？我想我们需要认真思考以下四个问题。

## 幼儿是否真正具有表现"小兔子去旅行"的需求

　　如您所说，这个活动来源于教师对幼儿日常活动的观察，但遗憾的是，教师的观察似乎还未深入便得出了结论。当教师看到幼儿喜欢阅读图书《小兔子去旅行》，便判断出幼儿对表现兔子旅行的景象感兴趣。然而，幼儿对这本书感兴趣的原因究竟是什么？是兔子的身体特征？是穿戴各异的兔子？是旅行中发生的趣事？又或是其他？那些在区域活动中自发画小兔子的幼儿，他们在交流什么、探索什么、心里在想什么……，教师并没有细究这些至关重要的问题。教师从幼儿作品中看到的是兔子造型缺乏细节并且姿态单一，并由此设定了"发现小兔子的细致特征和不同姿态，并尝试用泥塑大胆表现"和"大胆添画背景"的教育目标。"小兔子去旅行"的主题更多地被视为是提升艺术表现力的载体，教师却没有充分挖掘不同的幼儿对于这个主题的想法和诉求。整个活动的重心落在了介绍清楚兔子的特征和姿态以及如何用泥塑制作上。

　　的确，大班幼儿在逐步学习表现细节、姿态和背景，但这些表现力的培养只有与幼儿的想法、需求和愿望相结合的时候才可能实现。艺术表现力的发展和幼儿的自我表达并不矛盾，二者可以而且应该很好地整合在真正符合幼儿兴趣的活动中。当幼儿从事符合兴趣的艺术活动时，他才会积极主动地探索各种材料和创作方法，艺术表现经验和能力也在这个过程中得以积累和发展。

从案例的描述中我们看到幼儿投入地制作兔子，这一定程度说明幼儿对为小兔子造型是有兴趣的。教师需要做的是，更进一步地挖掘幼儿的想法，并引导幼儿将想法付诸视觉形象，而不是贸然就设定表现兔子去旅行的主题。

如果设定了"小兔子去旅行"的主题，那教师要清楚，小兔子去旅行实际上是幼儿自己去旅行，他去了哪里、和谁一起去的、如何去的、看到了什么、遇见了谁、做了什么、这些景象是什么样的……，充分唤起和回应幼儿对这些内容的表达愿望才是这个活动首先需要考虑的问题。添画背景也是如此，时间不够并非幼儿不画背景的关键所在。画背景是为了说明故事发生的场景、交代主体与空间的关系。倘若幼儿心中没有"小兔子去旅行"的故事，他们自然迟迟不会添画背景。

## 幼儿对不同姿态的兔子和旅行场景是否具有充分的感知觉经验

幼儿的生活经验相对有限，反复出现在其作品中的形象，通常都是他们熟悉的并且有清晰的影像认知的。案例中的幼儿或多或少见过兔子或是相关图片和视频、听过相关的故事或儿歌，这是他们为什么能够画出长耳朵这个最显著特征的原因。然而，要画出完整的细节则需要更多的视知觉经验，而画出姿态各异的兔子甚至还需要动作表象。

幼儿自发绘画的兔子都是直立姿态，这既是泛灵论的体现，也是他们表现最熟悉的形象"人"的翻版。形象期的幼儿在画人形时基本是直立的，不管表现什么动作都是僵直的躯干。按照皮亚杰的观点，幼儿一般到7岁左右才会在头脑中形成动作表象。这也是为什么幼儿难以表现肢体动态，即便他们不止一次地见过动态的人。幼儿并非见过就能画，但也不是没见过就不能画，不论见过或没见过的事物，在下笔之先，必须建立清晰的视觉影像。同样，当幼儿说出去海洋、去草原、去宇宙旅行，他们对这些场景是否有足够的影像记忆？即便幼儿只是绘画自己想象中的事物和场景，也需要依托于他们头脑中表象的拼接和组合。

活动中，教师出示了若干图片并引导幼儿观察兔子的细节特征和不同姿态。从这些图片中，幼儿看见了多少？知道了多少？看见、知道以后，能画出来的又有多少？这些都是教师必须正视的问题。知觉不单是"教师输入、幼儿接受"的被动过程，而是幼儿在环境中积极主动地发现、探索、参与和抽取信息，为实现自己的活动目标服务的过程。所以，知觉学习最好的方式是将知觉任务与幼儿的主动活动相结合。美国美术教育家罗恩菲尔德曾写过这样一个案例，他在接触一年级孩子时，发现他们用一条短线来表示人的嘴。于是，他先请孩子们吃硬糖果，当孩子们再画嘴时就都画上了牙齿。孩子们在咀嚼硬糖果时主动抽取了有关牙齿的信息，在之后的绘画中他们表现出了那些他们认为重要的事情。本案例中，如果期待幼儿知觉并表现兔子的细节特征和姿态，教师应该先思考：表现兔子的嘴巴、尾巴对幼儿的意义是什么？趴着、站立、侧身的兔子形象与幼儿的表达诉求有什么关联？什么情境可以让这些教师希望教授的内容与幼儿直接的行为与情感反应内容融为一体？

## 幼儿是否喜欢并能够使用限定的创作方式

也即，幼儿是否喜欢并能够使用"先用黏土制作兔子，再用油画棒添画背景"的表现方式？假设幼儿有表现小兔子去旅行的愿望，教师应引导幼儿对表现内容进行构思，然后为他们提供适宜的表现材料来实现想法。本案例中，教师设置了"先捏泥，再添画"的创作方式，在绘画和泥塑两种方式之间切换的意义何在？如果幼儿只是使用绘画的方式可以吗？对大多数幼儿而言，绘画是最熟悉的表现方式，他们用绘画表现情节时比泥塑更得心应手。当然，如果幼儿单纯地使用捏泥的方式来塑造小兔子去旅行也未尝不可。泥塑是一个很好的、帮助大班幼儿探索不同的姿势动态的美术形式。因为通过实际捏塑、随时的增减修改，幼儿在"做"的过程中可以慢慢形成对肢体动态的清晰认知。

当然，幼儿能否真正做出姿态各异的兔子，还依赖于上文所说的动作表象的出现，所以这个过程既需要引导更需要耐心。幼儿需要更多的时间来探索和创造，并非一次集体活动能够完成。教师要有预期和规划，以免让幼儿承担在有限时间内"赶工"的压力。幼儿艺术教育的一个重要目标是培养幼儿对于艺术活动的积极情感态度，即《指南》中所提出的，喜欢进行艺术活动。在仓促的赶工中是很难实现"喜欢艺术活动"这一目标的。

## 创作是否一定要依照某种顺序

教师要求幼儿按照"先捏兔子，再画背景"的顺序创作的依据是什么？其实，画什么不画什么，先画什么再画什么，都应取决于幼儿的想法和偏好。幼儿的作画顺序通常是先画他们认为最重要的人或物。观察大班幼儿的自发绘画活动会看到，有些幼儿会先画几笔背景，再画人物；有些幼儿先画人物，再画背景，之后可能再对人物添上几笔。尽管大班幼儿在创作前可以事先构思，但构思也只是对绘画做一个大致安排，创作过程中还有很多即兴成分。不管是背景、人物，还是背景与人物之间的匹配，在创作中都有很多空间可以添添改改。这种添添改改也是幼儿创作的乐趣之一。固定幼儿创作人物与背景的顺序既不符合幼儿的创作特点，也不益于幼儿感受和想法的呈现。

总之，发展幼儿艺术表现能力的追求超越了对幼儿表达愿望的回应，这可能是本案例不够理想的主要原因。

回看《指南》艺术领域目标的描述，出现最多的词汇是"自己"：画出自己想画的人或事物，表现自己观察到或想象的事物，表现自己的情绪……。归根到底，幼儿美术活动是幼儿本位的，艺术表现能力的发展也是在满足幼儿的自我表现需求的基础上展开的。

以上是我对这一活动的思考，希望能对您有所启发。

首都师范大学　张瑞瑞

# 40

## ✉ 如何把握幼儿自由表现和技能提高 之间的关系?

老师:

您好!

最近观摩了幼儿园里老师上的一个美术活动,我产生了一个困惑,想得到专家的指导与帮助。

活动的流程大致是这样的:老师先出示了一张彩色的海底世界的图片,引导幼儿说说海底世界有些什么。幼儿自然一眼就看见了各种颜色、各种形态的鱼。老师接着问幼儿喜欢哪一条鱼,为什么。有的幼儿说:"喜欢这条,因为这条小鱼颜色鲜艳。"老师追问:"用了什么颜色?"接着幼儿的回答,老师就水到渠成地引导幼儿发现小鱼身上红色、橙色、黄色等颜色由深入浅的渐变。还有的幼儿喜欢另外的小鱼,老师也从色彩上引导幼儿发现了蓝色与红色这两种色彩在冷暖色上对比用色的技巧。细致地讲解过后,老师拿出了没有涂色的鱼,向幼儿提出涂色的要求:用渐变或者冷暖对比的方法来装饰小鱼。幼儿爽快应允。可是,在幼儿涂色装饰的时候,我却发现了一个普遍的现象:他们几乎用上了所有的颜色,小鱼俨然成了一条条"彩色鱼"。我统计了一下幼儿完成的作品,全班42个幼儿,只有5个幼儿是按照老师的要求进行涂色装饰的,即能够从他们的作品中看出是用了渐变或是冷暖色对比的涂色技巧。

看到这样的情景,我感触很深。经常看到幼儿在完成一些涂色时,不能按照老师提出的要求来涂色,而是出现了很多彩色的鱼、彩色的花、彩色的水果……

《纲要》指出，幼儿的创作过程和作品是他们表达自己的认识和情感的重要方式，应支持幼儿富有个性和创造性的表达。鼓励幼儿运用不同的、自己喜爱的方式进行艺术活动，不追求所有幼儿"一刀切"的发展，帮助他们认识自己的独特价值，形成个性的审美情绪。如果用《纲要》的这种精神来评价这次活动，可不可以这样来说：虽然不是所有的幼儿都按照老师的要求完成了作品，但是对于幼儿自身来说，每个幼儿都用自己喜欢的方式完成了作品，是不是就可以说活动中幼儿都获得了愉快的涂色体验？但令我困惑的是，这种创造美的自由表达和幼儿涂色技能的获得、提高是否矛盾？幼儿自由表现美的这种内在需求与其掌握渐变涂色、冷暖色对比涂色的技能之间的度应该如何来把握？如何评价幼儿在这种自由下所完成的作品？希望得到专家的释疑。

卢燕

# 引导幼儿画出心中的美

亲爱的老师：

您好！

您文中提到的这一美术活动非常典型，同时提出的问题也很有针对性和普遍性。下面，我想先就这一活动本身的特点及其结果做一些分析，然后再来回答您提出的疑问。

## "结构性涂染"是幼儿绘画用色的年龄特点

您文中提到，"经常看到幼儿在完成一些涂色时，不能按照老师提出的要求来涂色，而是出现了很多彩色的鱼、彩色的花、彩色的水果……"，您提到的这些是幼儿用色最正常不过的现象。

为什么这样说？我们先来看看艺术家会用色彩做些什么。

色彩是绘画中的重要元素之一。艺术家会用色彩再现物体的客观颜色，会表现主观情感，会进行画面或形象装饰。所谓以色彩再现物体的客观色彩，即绘画时艺术家力求真实地把物体本身的颜色画出来，如蓝天绿水、红花绿叶，看起来非常逼真。而以色彩表现主观情感时，艺术家则从画面所要传达的情绪、情感出发，发挥色彩的情感表现性，如以黄、橙、红表现出温暖柔和、热烈躁动，以青、蓝、紫表现冰冷宁静、低沉哀伤。色彩用于装饰时，艺术家则脱离物体的客观固有色，按照色彩美的规律处理画面的色彩，获得特定的视觉效果。比如，以对比色相配，红与绿、蓝与黄、橙与紫等，产生分明而强烈的效果；以同种色即明度不同的某种颜色相配，如红色、粉红、浅粉等相配产生层次感，具有柔和细腻效果；以类似色相配，即以一种色彩为主，掺有其他颜色，黄绿、青绿、橄榄绿等相配，产生稳中有变的效果。

下面再来看看幼儿绘画用色的特点。

年幼的幼儿，4岁之前，喜欢摆弄画笔，用颜色涂涂抹抹，但这大多与再现事物的客观色彩和表现主观情感无关。这时幼儿对颜色没有选择，图画中的颜色很单一，因此与装饰也无关。他们摆弄这些东西如同摆弄一只摇铃，是在探索和认识这些东西，我们称之为涂抹阶段。

经过一个阶段摆弄绘画工具、材料和较单调地用色之后，幼儿对颜色的认识和经验达到一定程度，对色彩产生了极大兴趣。他们开始到处运用自己认识和掌握的颜色，画什么东西都涂得五彩缤纷。此时，幼儿对色彩的运用没有再现或表现的意图。我们所看到的幼儿画中那些美丽的色彩与实物并不一致，与一定的情绪情感亦无关联。那些缤纷的色彩主要出于视觉对色彩刺激的需求，有初步的装饰意味。有些研究者将此称为"花哨涂染"或称"结构性涂染"。这是幼儿绘画中一种很普遍、很突出的现象，几乎贯穿于整个幼儿期，所以，我们将其看作幼儿用色的年龄特点。

由此可见，幼儿画中出现您前面提到的情况是很正常的。

## 画出"渐变色"需幼儿具备一定的心理条件

您文中还说："我统计了一下幼儿完成的作品，全班42个幼儿，只有5个幼儿是按照老师的要求进行涂色装饰的，即能够从他们的作品中看出是用了渐变或是冷暖色对比的涂色技巧。"这就是说，只有极少数的幼儿用色有深浅变化。为什么会出现这种情况？答案依然与幼儿的心理发展有关。

幼儿心理学的研究表明，3岁前的幼儿已具有辨别红、蓝、黄、绿等色相的能力，但是对颜色的细微区别还不能很好地辨别。这种细微区别，包括某一种颜色的深浅变化和某种主色颜色掺入其他颜色后产生的色调变化。4岁开始，幼儿对这种颜色细微变化的区别能力才逐渐发展。毋庸置疑，只有在幼儿视觉能够对颜色深浅变化有较精细的区别之后，才有可能画出深浅渐变的颜色。

另外，画好颜色的深浅变化，还需要一个条件，就是幼儿的头脑中建立起颜色深浅变化序列的认知图式，如红、浅红、深粉、粉色、浅粉等属于同一颜色深浅变化的序列等级，当然其中还有无数的等级。当幼儿还没有建立起这一认知图式时，他们会把像红色与粉色这样明度差别较大的颜色看作各自独立的颜色，这样，他们在用色时就缺乏整体自觉性，不能有序地画出颜色的深浅渐变。如果老师刻意要求，他们可能会被动地拼凑上深浅不同的颜色，但难以形成有序的颜色渐变。

除了上述心理发展条件，幼儿若想画出颜色的深浅渐变还需对此怀有美感，并认识到如此做的必要性。比如，画鱼时，涂上有深浅变化的颜色，会在一定程度上表现出鱼的光滑亮泽之美；画花朵或焰火，通过颜色深浅的变化，会使形象更自然、生动。幼儿体会到如此之美，便会主动设法将其再现出来。当幼儿具有了这种需要之时，教师再向他们介绍相应的技巧，便可达到水到渠成之效。

对照您文中前一部分对活动的描述，我们不难看出，为什么只有极少数幼儿画出了色彩的深浅变化。您文中没有介绍幼儿区别颜色细微差异的心理水平。然而，有一点可以肯定，教师只要求幼儿画出颜色的深浅变化，或许也做了这方面的观察，但是并没有引导幼儿体会到颜色深浅变化之美。我认为这是这个活动中只有极少数幼儿画出了颜色深浅变化的主要原因。4岁以上的幼儿，如果体会到色彩深浅渐变之美，其中会有一定数量的幼儿在画中或多或少地将其呈现出来。

## 幼儿不具备或不充分具备色彩冷暖感受的心理条件与相关经验

您提到，只有极少数的幼儿用色有深浅变化，同时还提到能运用冷暖色对比涂色的幼儿同样极少。为什么会出现这种情况？

首先我们要弄清何谓"冷暖色"。颜色是光波作用于人眼所引起的视觉经验，它的一个重要特性是"色温"，这是人对颜色的心理反应。对于大多数人来说，橙红、黄色以及红色一端的色系总是和温暖、热烈等相联系，因而称之为暖色调。而蓝色系则和平静、安逸、凉快相连，故称之为冷色调。人对颜色产生冷暖感，较之产生红、黄、蓝、绿等色调感要复杂许多，原因在于其中既包含着初级的生理反应，也包含着更高级的情感和联想。

一种单纯的色彩能通过初级的感官在生理上给人以某种感受。法国心理学家佛艾雷在实验中发现，在彩色灯的照射下，肌肉弹力会增加，血液循环会加快，其增加的程度以"蓝色为最小，并依次按绿色、黄色、橙色、红色的排列顺序逐渐增加"。法国另一位心理学家古尔德斯坦也经过多次试验得出结论：凡是波长较长的色彩，都能引起扩张性反应；凡是波长较短的色彩，都会引起收缩性反应。大量的心理学研究与艺术实践、审美事实都证明，人们对色彩的冷暖感具有初级生理感受基础。同时，也应看到，当人们对某种色彩产生冷或暖的反应时，通过联想的作用，相应的物体经验和社会情感会渗透其中。比如，当一个人看到带着凉意的青蓝色时，青蓝色水天的冰冷会投射到蓝色调之中；看到散发着热感的橙红色时，橙红色的火焰与阳光的炙热自然也会投射到红色调中。同理，关于无情人的冷酷感会被投射到那些看起来冰冷的色彩中，而从热心人那里得到的温暖将会投射到温暖的色彩中。于是，色彩冷热感的来源与形成变得复杂，同时也更加个性化。

虽然，我还未见到关于幼儿对于颜色冷暖感的研究，但是波恩斯坦对成人的研究发现，4个月婴儿对颜色的偏好与成人相似。这种偏好应该不仅仅来自视觉的快感，还应伴有机体的反应。可以推断，颜色刺激同样可以使幼儿产生如同成人那样的生理反应。当然，这一推测还应由严格的心理学实验来证实。如果这一假设成立，意味着机体反应参与了幼儿对颜色偏好的影响。然而，重要的是对某种色彩产生冷热感，仅仅存在机体生理反应远远不够，还需大脑在此基础上对不同颜色引起的生理反应有足够的意识。显然，幼儿这种自我意识的强度与清晰度都是不够的。他们对颜色的直接视觉感受更具优势。简单地说，见到红、黄、蓝、绿时，幼儿明显体会到的是这些颜色单纯而鲜明的视觉快感，而忽略相伴随的那些微弱的机体生理反应。幼儿很少意识到色彩引起的机体生理反应的存在，这就意味着，幼儿难以在高级中枢中将来自视觉的色彩感觉与机体扩张、收缩的生理反应整合为包含着温度感的色彩知觉。显而易见，任何一个人，他若不能由色彩感受到冷暖，亦不可能运用色彩画出冷暖色调。

那么，以特定事物色彩与其物理温度同时存在的经验作为基础，将由关于特定事物的冷暖感投射到相应的色彩中，是不是可以使幼儿产生关于颜色的冷暖感觉呢？从道理上说，这应该是可以的。比如，橙红色的火焰散发着炙热和温暖，青蓝的水天凝聚着寒冷和清凉，因此见到橙红色时联想到火焰，产生热烈温暖的感觉；见到青蓝色时联想到水天，产生冰凉寒冷的感觉。然而，如果细细思考就会发现，幼儿对给人以冷暖感的事物的接触可能寥寥无几，经验乏乏。现今，以火取暖的家庭和场所已不多，特别是在大城市，燃气燃烧的火焰呈冰冷的湛蓝色，而水天的冰冷感与蓝色颜料直接给人的冰冷感本质上是差不多的，都是视觉性的；有谁能接触到蓝天的冰冷，又有多少人能看到青蓝色的水，同时又身感它的冰凉？由于生活的局限，幼儿接触到的能够引起冷暖体验的事物并不多。他们得到的物理冷暖经验多来自无形无色的气温与水温，而并非那些有形有色的物体。因此，欲使幼儿从事物的冷暖和色彩联想中产生颜色的冷暖感觉，只是一种轻佻的臆想。因此，您的案例中即使少数幼儿看似画出了冷暖色调，其实也只是排列上老师要求的几种色彩，而无冷暖意的传达。

幼儿是很实在的，他们不会运用那些他们似懂非懂、无感觉亦无用途的技能。您案例中所述的活动吸引幼儿之处在于鱼的美丽，他们渴望表现鱼的鲜艳与明亮的色彩，此一审美需求使他们沉醉于活动，并画出了色彩缤纷的鱼。活动中，教师没有提示幼儿为什么要让色彩呈现出冷暖变化，因此，对他们而言，色彩冷暖既无助于表现鱼的美丽，且不可理解也无用途。这也是除了心理成熟和经验不足以外，幼儿为何不采取冷暖色表现技能的另一原因。

## 基于以上分析对"彩色鱼"活动的建议

首先，关于对这个活动及幼儿作品的评价。这一活动虽有瑕疵，但还是应该加以肯定。活动内容符合幼儿的认知与美术再现能力水平，并且生动、美丽，对幼儿有极大的美感吸引力。由于这一条主线的存在，幼儿成功地完成了作品，获得了愉快的体验。这一活动的瑕疵，在于教师不适当地提出了"深浅渐变"和"冷暖对比"涂色的技能要求。对此前面已做了具体分析。在这里还想强调一点，无论是教育目标还是技能要求，在智能方面一定要符合幼儿发展的规律和年龄特点，瞄准他们的最近发展区。另外，绘画作为一项艺术活动，对美的欣赏和表现是幼儿内在的心理需求、幼儿创作的内在动力。技巧是满足他们这一需求的手段。技巧无论高低、精湛粗略，能画出他们心中的美即好，无须额外的要求。

就这个活动来讲，如果可以做出纠正和修补的话，我的建议是，去掉"深浅渐变"和"冷暖对比"涂色两项技能要求，强化审美体验。具体做法是，引进实物观察，让幼儿观察欣赏活生生的美丽的鱼。在此基础上，以视频、图片扩展欣赏的广度，为幼儿展现一个五彩缤纷的鱼的世界。当幼儿被绚丽的鱼世界吸引、沉醉之时，教师将幼儿的热情导向创作，铺开画纸，打开颜料，让幼儿心中美丽的鱼游向画面。这样，活动就不会出现您所说的矛盾，关系也就理顺了。

其次，如果说"创造美的自由表达和幼儿涂色技能的获得、提高存在矛盾"，那也仅指类似您所提到的某些具体活动，不能说两者本质上存有不可调和的矛盾。其实，那些所谓的矛盾都可以通过整体课程和具体活动的合理设计得以解决。幼儿园美术课程作为一个整体包含有不同类型的活动，各种类型美术活动的侧重点不同。在目前国人对艺术的认识和审美需求的背景下，通常难度稍高的技巧有利于美感的传达。特别是当幼儿达到一定年龄时，他们也渴望运用有一定难度的技巧表现他们的经验与情感时，就更是如此。因此，在幼儿园美术课程中应有包含适量的侧重于技巧培养的活动。只要进行精心地设计，便可避免上述矛盾的产生。

合理的活动设计应当遵守如下的原则与路线：先确认某种艺术要素符合幼儿的发展水平，然后以要素的美感为中心，在表现内容的选择和表现方法、技巧运用上下功夫。下面以色彩渐变为例，简介如何设计侧重技巧类的美术活动。

首先，向幼儿传授美术技巧的时机很重要。这一时机应选在幼儿觉察到色彩渐变之美之时。遇此情况，教师应意识到需要传授给幼儿相应的表现技巧，以助于他们将朦胧的美感外化为清晰的艺术形式美。

随后，教师需要辨析渐变色的美感特点。一般说来，渐变色包括深浅渐变和色调过渡，通常会使画面显得更加丰富而有层次、柔和细腻。当色彩渐变的美感特点澄清之后，教师应当着重考虑哪些事物明显具有这种特点，鱼或鸟或许在可选范围以内，那么，应该向幼儿提供相应的优质观察与欣赏素材，并鼓励幼儿接触这些素材，细心体会其美感。

接下来，选择表现方法的技巧。如果采用硬笔涂色，可以选择具有多种色调、24色以上一套的画笔，按照渐变顺序选取画笔一点点涂色。这是一种笨方法。巧妙一点，可以采用穿插涂色的方法。选定画纸或形象的一个区域，先从一端涂色。开始时笔道涂得紧密，渐渐稀疏，越来越稀；涂到中间时，换一种颜色的笔，在已有的稀疏笔道间一笔笔涂色，逐渐紧密，最后涂满。如果采用可调和的颜料，色彩的渐变则是无穷无尽的。教师需要传授给幼儿调色的最主要技巧是选一主色，然后一点点添加其他颜色；边调色边观察颜色的变化，边在画纸上涂色。诸如此类的方法很多，可以从众多的教参类书籍中找到，采用何种技巧应视幼儿的能力和经验而定。有心的教师亦可举一反三，自创更好的方法。

如此做来，即使是侧重于技能培养类的美术活动，也不会限制幼儿自由表现美的需求，反而为他们表现美的需求提供更得力的手段。他们会把这些技巧运用得淋漓尽致，青出于蓝胜于蓝。所以，"彩色的鱼"与"深浅渐变、冷暖对比色鱼"不相矛盾。

最后，如何把握"幼儿自由表现美的这种内在需求与其掌握渐变涂色、冷暖色对比涂色的技能之间的度"？其实，前面的论述对此已有所涉及，下面再简单说几句。幼儿的发展规律与水平是选择教育内容、形式和方法技能的尺度，也是建构美术教育课程框架的依据，因此掌握幼儿美术发展的理论，熟悉自己的教育对象，是幼儿教师的必修课。审美为美术教育的核心，是美术活动内容、形式和方法选择与创新的出发点、线索与归宿，为此，研究美术媒材的性能就成为幼儿教师的专业课。两条线索有机结合起来，不断实践、思考，则可把握好幼儿的自由表现需求与各项美术技能难度之间的对应关系，作为教师则可最大限度地发挥自己的主导作用。

北京师范大学　张念芸

# 41

📧 **开展美术欣赏活动，教师需要做足哪些功课？**

老师：

您好！

幼儿园的美术教育课程是丰富多彩的：除去各种美术材料的变化和推陈出新外，也有不同形式的写生、素描、想象添画、玩色等活动，伴随着主题活动纷纷展开。但，最让我担心和发愁的就是——美术欣赏。

有时候，只是一个名家的一幅名画；有时候，是一组陶艺作品……。让幼儿去发现美吧，即便是结合幼儿自身已有经验的努力提取再加上认真的观察，再努力和丰富的表达也常常是生涩和枯燥的：总是说、听，听、说……。因为并不是所有的幼儿都对艺术敏感，所以，在这个欣赏环节中常常需要老师不断去组织、提醒幼儿注意倾听，集中幼儿的注意力。又因为对美的捕捉表达是一个细微的个性化的过程，常常幼儿所表达的并不是老师或其他幼儿能够理解和领会的，或者幼儿自己所领会和理解的又不能恰当地表达出来，所以欣赏这个环节本来能够精彩的地方却不时让人感到沮丧——你能从幼儿的眼中读到对美的发现的种种惊喜和激动，但幼儿却支吾着表达不出，或是不再愿意站起来表达。

有时候，我也让幼儿在发现美、欣赏美之后去尝试着创造美，比如领略一种新的作画方式。过程还算美好，但结果却不甚如人意，常常挫伤幼儿的作画激情，打击幼儿的自信。对比大师的作品，幼儿常常自己都觉得自己的画、自己的泥工作品、自己的剪纸作品是那么笨拙："老师，我的作品真难看！"如果这种评价出自同伴口中，那么任凭老师怎么欣赏、鼓励和诱导，作品的主人都不好意思把作品呈现给老师，而是自顾自地折叠成一小方块放在自己的作品文件夹中，或者塞进口袋里。也曾经和幼儿一起欣赏过图画书《点》，讲述过达·芬奇画鸡蛋的故事，但收效甚微。

最尴尬的莫过于园长听推门课，偏偏遇到美术欣赏活动。单一的组织形式，可以预见的活动过程和环节，再加上老师不自信的内心状态，熟悉的幼儿也变得陌生，寻常的教育机智也逃遁无影。于是，自己努力建立起来的在他人心目中的工作印象大打折扣。

困惑时，也曾想在美术欣赏活动中借鉴他人的经验，但类似的公开展示活动少之又少，而且成功的展示活动常常是一些极其容易让幼儿获得成功的特殊课题，如米罗的《星空》，幼儿对色彩和线条的观察、理解以及再创作相对而言都比较容易，教师在作品展示时也好展示；另外，围绕美术欣赏活动的专题研讨、教学经验、论文，也很少见。

美术欣赏，真的是，想说爱你不容易！

非常想了解：在主题活动背景下，美术欣赏活动在课程中有着什么样的地位？美术欣赏活动的意义和价值是什么？要成功开展美术欣赏活动，教师还需要做足哪些方面的功课？

期盼专家的引领。

陆小涛

# 美术欣赏中的积累和出路

亲爱的老师：

您好！

非常感谢您的提问！您真实而又真诚的表述激活了我的许多相关思考，让我对长期纠结的一些问题有了进一步澄清的动力！为此，我特别查询了一些心理学的相关著作，请教了一些在这方面有特别研究和实践的幼儿园教师，并就此整理了我最近的学习心得与您分享。

## 从不同领域看教与学不能匹配的问题

您所说的问题其实不仅仅发生在美术领域，在我自己比较熟悉的音乐舞蹈领域，最初也存在着非常严重的与您所说的类似纠结：所谓刻意设计的欣赏活动总是说、听，听、说；总是需要老师不断去组织、提醒幼儿注意倾听和观看……。即便你能从幼儿的眼中读到因为发现而产生的某种惊喜、激动，但幼儿也往往总是不能恰当地表达，支吾着表达不出，或是不愿意站起来表达，或是讲者愿讲、听者却没有兴趣听下去。

这是由于我们通常简单地认为，"欣赏"是与"创作"完全不同的艺术实践活动，是反复观看、倾听所谓专业人士的讲解、交流心得或发表评论的活动。所以无论是美术欣赏、音乐舞蹈欣赏还是文学欣赏，都被定位和设计成了与作品创作表演那些"由内而外"的活动不同的"由外而内"的活动。同时，为了了解这些"内"到底是怎样的，我们又简单地认为：只有使用语言"说"，才能够让幼儿把他们内心被激发出来的感受表达出来。于是，所有的艺术欣赏活动也就无一例外地被定位和设计成了由艺术品欣赏任务引发出来的"谈话"活动。

实际上，不但在幼儿期，创作表演和欣赏评论是一体的、未分化的，即便是成年人，欣赏艺术美的方式也是多种多样，不会仅仅局限于"清谈"的。更何况，艺术清谈的水平和享受，必将是与人的实际生活经验、艺术经验的丰富性、深刻性以及语言表达发展水平所能达到的丰富性、深刻性密切相关的。因此，在艺术欣赏活动中的谈话行为，不仅仅是欣赏者在玩味艺术作品的过程，同时也是谈话者在玩味谈话语言本身艺术性的过程。

正因为如此，对于实际生活经验、艺术经验、相关的概念和概念词，以及表达相关经验的句式语法等还都仅仅刚刚开始积累的幼儿来说，这种教学目标的定位和设计，应该是与幼儿艺术学习的自然方式不相匹配的。

## 从发展和学习心理学看幼儿的困难和需要

有些研究宣告说，幼儿具有惊人的感知、想象、表达能力，因为他们的这些能力没有受到过多、过久不良教育的压抑，并具体提供出一些的确令人"惊艳"的幼儿对艺术作品的反应事实来支持此结论。但这样的结论往往并不是从大面积的抽样调查中得到的。搜集到这些实例的幼儿园，往往拥有较高文化艺术素养的家长群体或特殊的教师群体，这些特殊社会资源也往往是该幼儿园幼儿发展的特殊影响因素。这一点，应该是毋庸置疑的。为什么这样说呢？

首先，人对外界事物感知的敏锐性，除了先天的潜在基础以外，更多是靠后天磨炼发展起来的；其次，人的想象力的发展除了靠想象实践的磨炼之外，还必须不断积累用来进行想象加工的素材；最后，人的语言表达能力的发展，更是绝对在后天进行的社会交流和学习中不断有效积累的结果。以上三种后天学习中的任何一种如果积累不够丰富、实践不够充分，都不可能产生我们在前面提到的那些往往会令成人也"惊艳"的幼儿艺术评论反应。而幼儿在以上三方面的有效、充分的积累和实践，绝对又与家长和教师为他们创设的丰富、适宜、有序的交流环境关系密切！

正因为如此，您所提出的纠结，才真正会成为一线幼儿教师普遍的纠结：为什么我和幼儿谈艺术，就谈不出那种能够让师幼双方都感到愉快的效果呢？更不要说令人"惊艳"了。

## 从创作心理学看教学价值选择的可能性

从艺术创作心理学的角度来看，专业艺术家创作艺术作品是有许多不同角度的考虑的。虽然在许多时候幼儿作为艺术作品的读者，可以有一些直觉的认识和体验，这些认识和体验的角度以及性质不一定与艺术作品原创者相同或类似，但这一点也不妨碍幼儿通过与家长、教师、艺术家以及同伴相互交流，去获得更宽广的视野和更丰富的积淀。

从专业艺术家创作的实践活动中，我们大约可以分析出以下四个可以讨论的角度：艺术创作想要使用的材料和工具，艺术作品想要采用的形式语汇，艺术作品想要表达的内容情感，创作者、评论者对艺术作品的个人价值和社会价值的思考和再思考。专业的艺术家在进行艺术作品创作的时候，一般都会从这四个方面进行思考。因此，了解别人创作思考的思路本身，无论对于职业艺术创作人、评论人还是艺术爱好者来说，都会是一个充满好奇探究以及自我完善的愉快旅程。

好奇心、好胜心、爱美之心人皆有之。对于幼儿，如果能够引导他们真正进入其中，应该也是同样愉悦的。因此，只要我们在艺术活动的"对话"中能够真正激发出幼儿的这"三心"，并能引导幼儿通过自己的努力去获得"三心"需要的满足，愉快的艺术活动过程和美好的艺术活动结果也就自然能够得到实现了。

## 从教育心理学看受幼儿欢迎的实践范例和我们的出路

虽然我自己也是个美术爱好者，但由于我本人并没有亲自实践或研究过与幼儿的美术互动，所以我特地翻阅了一些幼儿园教师给我提供的美术教学实例，也专门去请教了一些在此方面学有专攻的朋友。下面我想通过一些真实的例子来向您说明目前的一些新认识。

第一，我们来说说艺术视野的拓展和艺术经验的积累。因为，只有"见多识广"，才可能积累丰厚；只有积累丰厚，才能够厚积薄发。

美国画家波洛克在工具和材料的使用上非常独特，这就可以成为很好的欣赏谈话的话题。教师可以通过画家作画的图片、画家的作品展示、教师现场的演示以及个别幼儿的探究性演示等，来引发幼儿对这种作画方式的好奇心。因为这种创作的方式与幼儿的一般经验差别很大：是将比较黏稠的颜料用滴、撒、甩、拍、印等不同方式在铺在地面的画纸上"弄"出印迹来，用看似非常自由的动作进行美术创作的"实验"游戏。

哥伦比亚画家波特罗在创作形式上非常独特，他始终以胖胖的、充实的造型贯穿作品始终。虽然各个主题都不同，但无论男女老幼，也无论是工人、农民、总统，还是基督、圣母，在他的画作中，个个都臃肿得好像是充气充得已经水肿的气球。大大的脸庞，几乎没有脖子，五官都积聚在脸的某一个局部。这种颇具卡通诙谐味道的画风，本就可以给好奇的幼儿一个非常好的话题。而法国画家莱热创作的形式语汇也非常独特，在他的典型作品中，无论是什么现实事物，都由各种管状体和各种工具或机械零件组合而成。受这种思路启发，幼儿不但可以尝试使用这种莱热式的体现机械美的语汇来作画，还可以使用类似的废旧材料制作浮雕和雕塑。这也是非常有趣味的一个谈话话题。

第二，我们再来谈谈语言能力发展的积累、应用和提高这三者的关系。因为，只有和爱说的人在一起才会爱说，和会说的人在一起才能会说。在这方面，教师需要具备以下几种支持和挑战幼儿语言表达能力发展的能力：①幼儿找不到合适的表达词汇的时候，教师可以提供几种表达语汇供幼儿选择；②当幼儿表达的词语不能够为教师和其他幼儿理解的时候，教师要善于追问，引导该幼儿寻找到合适的表达方式；③幼儿中出现良好或独特表达词汇或句式的时候，教师能够立即引发全体幼儿的关注、欣赏和模仿；④教师应擅长使用比喻或类比的语言，在幼儿的原有经验和新经验之间搭建桥梁；⑤教师自身应该积累丰富的语言表达经验，经常及时地向幼儿提供各种高级的语言表达榜样。

例如，江苏省南京市北京东路小学附属幼儿园吴邵萍园长在指导幼儿欣赏波洛克的画作时，一个幼儿说："像游乐场。"吴老师问："为什么这么说呢？"幼儿无语。吴老师追问："游乐场是热闹的还是冷清的呢？"幼儿回答："热闹。"吴老师："你在游乐场玩还是看人玩呢？"幼儿回答："也玩也看。"吴老师接着问："那你的心情是高兴还是难过呢？"幼儿："高兴！"吴老师："哦，我现在知道你的意思了，你们大家现在知道他的意思了吗？"

第三，我们还要来聊聊对多元化表达方式的接纳和鼓励。我们早就承认每一个幼儿的发展都是很不相同的，不同的幼儿早年擅长使用的表达方式自然也各不相同。尽管如此，在教师良好的引导和积累下，幼儿也是愿意努力使用和发展自己不太擅长的表达方式的。因此，扬长补短，也应该是教师在美术欣赏设计中应该特别考虑的。

一般来讲，应该允许和鼓励幼儿使用动作、语言等不同方式来相互补充，但在美术欣赏活动中，更应该给幼儿提供充分的时间并创设适合的环境、条件，来鼓励幼儿使用美术本身的语言表达方式来进行表达。因此，谈话的时间不宜过长，否则，幼儿非常容易对听说感到疲劳、厌烦，同时尝试美术创作实验的兴趣也容易因压抑过久而逐渐降低。

第四，我们来说说选材和选话题。简单地说，选材和选话题就是要选在刚好挑战幼儿现实经验的范围中。北京师范大学张念芸老师从几米的作品中专门选出纵向两点一线构图语汇的作品，如一面高墙上面一个幼儿倒水流到墙根另一个幼儿的头顶迸溅出水花。教师设计开展了"长长的画"为主题的欣赏谈话后，这种夸张的瘦长底版和两点一线的独特视角一下子就吸引了幼儿的注意力，并在欣赏后相当长的一段时间持续，幼儿不断创造出视觉效果惊人、想象效果浓厚的美术作品。同样是几米作品，浙江省宁波市宝韵幼儿园的老师则选择了由大的重复形象组成背景，在强烈韵律感的背景上添加很小的自画像的构图语汇。同样，这种超越幼儿原有经验又让幼儿能够理解的创作思路立刻引起了幼儿的狂喜和追逐！

第五，必须还要提示一个重要的问题。我们提供给幼儿创作作品所需要的技能不能够超过幼儿的现实水平太多。无论是工具、材料，还是形、色或形式、内容，甚至包括最终如何布展幼儿的画作等，都需要教师通过专业学习不断去把握：哪些方面是可以通过隐性的控制，来保证最终作品的效果让幼儿能够为自己"自豪"的？否则，您前面所说的遗憾、沮丧、尴尬的情境，便是无法避免的了！

谢谢您的提问。让我们一起不断学习，相信学习后我们一定会做得更好！

南京师范大学　许卓娅

# 42

## ✉ 为什么幼儿对美术作品欣赏不感兴趣？

老师：

您好！

我在幼儿美术欣赏方面有一些困惑希望能得到解答。为了引导幼儿学会感受和发现美，我组织了大班幼儿欣赏凡·高名作《星月夜》。我先是让幼儿简单描述作品内容，然后引导幼儿感受和理解作品的形式美，包括笔触的断断续续、色彩的对比、画面的流动感。我让幼儿用动作模仿画中柏树的样子，出示普通的星空绘画作品让幼儿比较不同，播放模拟流动星空的视频，等等。但很多幼儿一会儿就没了兴趣，在座位上做起别的事情。接下来，我出示了凡·高的《自画像》并讲述了画家的小故事，希望幼儿理解凡·高创作时的心情。幼儿注意到画家的烟斗和耳朵上缠的绷带，对什么是烟斗和为什么割耳朵等话题表现出了很大兴趣。可是在我看来，这些是和作品欣赏无关的内容。平时我们班很少开展美术欣赏活动，幼儿欣赏美术作品的机会并不多，我自己的经验也不太足。我怎么做才能让幼儿投入作品欣赏呢？如何让幼儿产生对美术欣赏活动的兴趣，并从中获得更多美的熏陶呢？

赵良娜

# 幼儿美术欣赏从图像识读开始

亲爱的老师：

　　您好！

　　美术欣赏是幼儿美术学习的重要组成部分，也是促进幼儿完整发展的有效途径。美术教育研究者对幼儿美术欣赏能力和活动的研究目前并不多，在这个领域还存在着不少争议。例如，如何看待幼儿美术欣赏活动的过程？幼儿欣赏美术作品时发生的经验是否都是美感体验？幼儿的美术欣赏活动与成人的艺术鉴赏有什么不同？如何从幼儿的发展特点出发开展美术欣赏活动？如何通过美术欣赏帮助幼儿养成未来社会所需的公民素养？结合分析前文赵老师的案例，本文尝试对上述问题进行一些初步的探讨。

## 作为新手欣赏者，幼儿是如何欣赏美术作品的

　　在这则案例中，教师重视通过美术欣赏提升幼儿的审美素养，也做了非常有意义的尝试。她采用了多种方法来引导幼儿感知《星月夜》的色彩、造型、线条和笔触等要素。然而，幼儿对欣赏作品似乎没有多大兴趣，却更关注"烟斗"和"割耳朵"等话题。为什么会出现这样的现象？

　　我们首先需要正视的是：大多数幼儿对美术作品的欣赏能力还处在相对初级的水平，审美素养的培养也不是一蹴而就的。尽管在国内外一些优秀的幼儿美术教育项目中，幼儿对艺术品表现出了令人称赞的感受力和洞察力，但我们不能将良好教育的干预结果作为刚接触美术作品欣赏的幼儿所应有的常态。如果缺乏足够数量和质量的艺术经验，即便是成年人，在艺术欣赏方面也会停留在初级阶段。"新手欣赏者"可以是任何年龄段的人，关键取决于其多大程度被艺术熏陶过，而不是一般意义的生活经验积累或心理成熟。

按照案例的描述，这些幼儿的美术欣赏经验并不多，接触美术作品的机会也不多。他们是新手欣赏者或者称为初级欣赏者，这个阶段对美术作品的欣赏有什么特征呢？帕森斯曾提出颇具影响力的审美能力发展五阶段，即主观偏好、美与写实、表现性、形式与风格、自主。处在第一阶段（主观偏好）的欣赏者以自我为中心或者主观偏好来欣赏和理解艺术，他们不能从整体上把握一幅作品，仅仅对作品中符合自己喜好的方面或性质做出反应，如与自己兴趣相关的表现内容或是鲜明艳丽的色彩等；第二阶段（美与写实）关注的是作品描绘的逼真程度和熟练程度，观赏者往往用"美"来表达自己对一幅画的肯定性评价；第三阶段（表现性），观赏者的焦点是作品所表达的情感，他们大大脱离了早期的自我中心倾向；第四阶段（形式与风格）的观赏者会分辨作品的媒介、形式和内容，并自觉地将作品放在一定的历史背景和社会背景中去解释；达到第五阶段（自主）的观赏者则既能够用合理的理由来支持自己的审美判断，同时又能够内省和质疑自己的判断。豪森称新手欣赏者为讲故事的人，其特点是运用感官、记忆和个人联想对作品进行观察和识别，记流水账一样罗列所看到的东西，他们更倾向于欣赏画面具象的表现。新手欣赏者首先看到的"这是一棵树"，而非"这是图像中的一棵树"。"图像是创作者表现自我想法的媒介"这一概念是伴随着艺术修养和感悟的增加逐渐发展起来的。

了解了新手欣赏者的特点，我们就能理解幼儿为何难以投入对《星月夜》的欣赏。他们可能对黑夜、星星、柏树和房舍这些事物缺乏兴趣和喜爱；又或者感到图画中的夜空看起来和生活经验中的太不一样而产生排斥；还可能因为作品大面积使用了深色调的蓝色而觉得压抑。近景树的表现也会让一些幼儿本能地选择逃避，他们还不能看出远处星空的流动所蕴含的生命爆发力。幼儿只是用已有的生活经验去识别和理解他们所看到的东西，他们对烟斗和绷带用途的关注正反映出这样的特点。幼儿需要足够的学习和实践才能体悟美术欣赏的基本语言和思维方式，这绝不是一两次活动就可以达成的。

# 如何提升幼儿美术欣赏的兴趣和能力

教师提升幼儿美术欣赏能力的方法有很多种，比如丰富幼儿的美术创作经验、布置艺术化的教室环境、利用美术馆和博物馆的资源等，这些很难在一篇文章中穷尽。针对这则案例，我主要从以下三个方面来谈。

## 🖋 欣赏活动的重点放在引发幼儿主动地观看和思考上

美术是视觉图像的艺术，陪幼儿欣赏美术，观看是放在首要位置的。有了观看才有感受，有了捕获才有后期分析的基础。观看不是未经选择的被动获得，而是一个积极能动的再创造过程；视觉经验必须通过自己的思考才能提炼和赋予意义。现代社会中，幼儿的视觉越来越被大量的信息图像填满，但他们的观察力以及思考能力却显得薄弱，常常看一眼就以为自己知道了答案。幼儿美术欣赏活动首要的也是最重要的，是激发幼儿去观看和思考，帮助他们发展出投入观看的态度和方法。

如何支持幼儿成为主动经营并能检视自己思考的观看者？一种名为"视觉思考策略"（Visual Thinking Strategies）的欣赏方法带给人们很多启示。"视觉思考策略"从让幼儿安静地观看2—3分钟的图画开始，然后，教师会用三个开放性问题来引导幼儿观看和讨论。第一个问题是："在这幅图中发生了什么？"这个问题激发了欣赏者去发现作品所表现的行为和现象，也符合新手欣赏者讲故事的倾向。教师要允许幼儿充分说出自己的感受和理解，有些幼儿未经细致观察就随意猜测，教师也无须纠正，而是用第二个问题来回应："看到什么让你觉得（认为）……"这个问题会让幼儿不断回到对画面的观看上，从画面上找到"证据"来支持或推翻重建自己的观点和判断。第三个问题是："你还看到（发现）了什么？"该问题用来鼓励幼儿去发现被忽略的画面细节。第二、三个问题可以反复多次使用来推动观赏的进程。美术不同于其他学科，没有一定的标准答案，也不需要定律与规则。只要能够基于对图像的深度、细致观看，幼儿可以融入个人的性情和经验来给出不同的诠释。教师要认真倾听每个幼儿表达的全部内容，以中立态度来对待每个评论。

值得强调的是，"视觉思考策略"和其他欣赏方法并不矛盾，比如基于内容和形式的分析方法、调动多感官体验、作品对比的方法等。这些欣赏方法可以综合使用，但不论使用什么方法欣赏，都应尽可能多地引发幼儿对图像的主动观看和探索。教师要避免幼儿被动地吸收接受，应支持他们成为能主动经营、自我反思的欣赏者。

## ✒ 选择幼儿喜欢并具有探索空间的作品

案例中赵老师并没有描述为何选择了《星月夜》，很可能因为这是一幅名家名作。尽管幼儿需要接触艺术佳作，但不能仅从作品的艺术价值来考虑是否适合幼儿欣赏。幼儿更容易对自己喜欢的事物做出反应，教师应注意捕捉幼儿日常生活中的趣味，甄选以他们感兴趣的事物、活动为题材的作品。教师可以在教室里投放艺术名作的仿制品、优秀的图画书和画册等，留心观察幼儿对作品的反应、倾听他们有关作品的自发谈论，在这个过程中逐渐发现幼儿喜欢的作品类型。"幼儿喜欢"是选择作品至关重要的标准，《指南》在艺术欣赏领域发展目标中有如下描述：能够专心地观看自己喜欢的文艺演出或艺术品，愿意和别人分享、交流自己喜爱的艺术作品和美感体验。应该说，幼儿对艺术作品的观赏和评论的能力是围绕"自己喜欢"的作品发展起来的。

当作品中包含幼儿喜欢和易于理解的部分，他们就有机会利用已有的经验、兴趣和能力开始学习。这增加了幼儿参与欣赏活动的信心。此外，作品还需要适度的多义性和新鲜感，以便激发幼儿的思考和探究。以齐白石的作品《花与蝶》为例，蝴蝶与花是多数幼儿在生活中见过且乐见的画面。画家有意将花画得与蝴蝶形似、与蜜蜂色近，在真真假假、假假真真中营造出悬念和趣味。幼儿在细致的观赏和思考后给出很多既合理又个性化的诠释："蝴蝶飞去找蜜蜂玩，因为蝴蝶的触角是朝着蜜蜂方向的。""蝴蝶不是去找蜜蜂，因为蜜蜂和花的颜色很像，蝴蝶没看到它。""蝴蝶是去找花的，因为花和蝴蝶的样子很像，它把花当成了伙伴。""花吸引了蝴蝶和蜜蜂，因为花开得很大、很多。""它（画中左下角的花）如果有两个触角就是蝴蝶，但它只露了半个身子，所以不能确定。""它应该是花，因为它还有很多的小角（花蕊）。"在对这一作品的观看中，幼儿开发了视觉智能，亦体会到齐白石用心营造的似与不似之间的妙趣。其实，现代艺术思潮本来就不追求精确答案，很多画家甚至用心营造模糊和多层次的诠释方法，并期待观赏者能从不同角度来解释作品，即使与他们的创作初衷不同也没关系。卢梭的《睡梦中的吉普赛姑娘》：夜幕下的沙漠里躺着一位睡着的女孩，旁边是一只低头的狮子，画面充满了梦幻和神秘的色彩。观看之后，有些幼儿认为狮子想吃人，有些幼儿则说狮子是在保护女孩……，教师只需再问"看到什么让你觉得狮子要吃她"或者"看到什么让你觉得狮子是来救她"，引导幼儿继续从画面中为自己的答案找出理由。这里并没有一个正确或标准的答案，作品的开放性有助于幼儿融入个人的性情和经验来与艺术对谈。这个过程不但启发了幼儿的主动思考，也帮助他们学习接纳不同角度的观看。

## 丰富幼儿对自然和生活中美的事物的欣赏经验

自然和生活中的美丽事物比艺术品更加直观生动，也更容易引发幼儿愉悦的反应。史密斯甚至认为，在早期阶段，周围世界的直观性质而非艺术品才是美术欣赏的重点。比如，《日本幼儿园教育要领》中将美术欣赏的内容定位在生活中美好的事物和触动内心的事件，却并没有涉及艺术品。尽管在我国《指南》中没有专门说明"喜欢自然界与生活中美的事物"和"喜欢欣赏多种多样的艺术形式和作品"这两个目标之间的内在关联，但我们应清楚：幼儿在生活中累积欣赏经验会为他们欣赏艺术品打下良好基础。艺术元素（线条、色彩、形状、肌理、空间等）和设计原理（对比、平衡、动感、韵律等）都蕴含在自然界和生活环境中美的事物中。在与这些事物的直接互动中，幼儿会潜移默化地受到美的熏陶，其效果胜过教师直接的讲授和教导。幼儿的思维特点是具体性和形象性，他们能够掌握代表实际东西的概念，而不易理解抽象的语言和概念。通过观察树叶和花朵的颜色与形状、不同时刻光线的变化、器皿和用具的造型和质感、人和动物优美流畅的动作等，幼儿获得了丰富的感性经验，并增强了对美学特征的敏感度。幼儿会意识到事物还有专供审美观看的一面，并逐渐树立一种艺术世界的概念。他们还会发现哪些事物更值得观看，这正是美感的萌发和内在审美标准的建立。

欣赏自然和生活中美的事物是幼儿自主的活动，但需要教师的精心设计和引导。在创建游戏区域与布置材料时，将颜色、纹理、色调、透明度和光线等设计元素纳入考虑，让迷人的艺术元素唤起幼儿天生的对美的追求。各个区域（不仅是美工区）都可以提供有审美吸引力的材料——贝壳、松果、橡子、豆粒、树皮、树枝、石头、丝巾、碎布料、纽扣、琉璃瓦片等。物品的呈现方式也能唤起幼儿的审美感受，将天然材料放在篮子、木碗或陶器中比放在塑料盒里更好看；把彩色玻璃花瓶排成一行摆放在窗台上，当光穿透花瓶时会映照出漂亮的颜色光束；将材料摆放在镜面桌和光桌上会呈现物体的多个维度。教师需要有意识地引导幼儿去注意不同事物的视觉性质，仔细分辨事物的图案、颜色和其他基本细节。例如，秋天的时候，引导幼儿观察树叶颜色的变化范围，从亮红色、橘色、黄色到棕色和绿色；注意树叶的不同尺寸和形状——大的、小的、薄的、厚的、圆的、尖的；感受树叶的质感和叶脉的纹路；等等。幼儿会感到叶子并非都是一样的，并逐渐抽象出大小、形状、色彩、肌理这些概念。当幼儿平时观察和创作注意到色彩和线条的性质，体会过一些形式美的原理，他们当然会更感兴趣于讨论作品的形式特征。

## 如何看待幼儿美术欣赏活动的价值

案例中的赵老师重视艺术本体能力的培养，把幼儿的审美素养放在了活动目标的核心位置，与此同时却有意无意地忽略了美术欣赏的多元价值。实际上，美术欣赏的价值不囿于审美素养，更为幼儿综合素养打下了基础。美术欣赏可以发展幼儿的视觉素养、沟通表达、问题解决和批判思维等诸多未来社会不可或缺的能力。即便单纯地从艺术领域的角度来看，美术欣赏也不仅在于培养审美判断能力（对美术作品和现实中的审美对象进行感知、评价、判断与表达），还包括图像识读、文化理解和美术表现等素养。如果没有认识到这一点，当幼儿对"烟斗"和"割耳朵"感兴趣时，教师自然会觉得"这是和作品欣赏无关的内容"。实际上，幼儿讨论的这些内容不正是《自画像》传递的重要信息吗？他们不是在对图像进行观看和解读吗？

"图像识读"已被我国美术教育界人士列为美术学科核心素养之首，所谓图像识读是指以获得美术知识和有益信息为目的对图像的观看、识别和解读。幼儿与美术作品互动时并不一定产生纯粹的美感经验，图像识读反而是更具普遍性的体验，审美判断也是在图像识读的基础上衍生出来的。通过对视觉感知能力、视觉理解能力、视觉运用能力的培养，幼儿会逐渐感受和认识美的独特性和多样性，形成基本的审美能力和健康的审美趣味。总之，教师需要以包容的态度看待幼儿观看美术作品时发生的所有经验，接受幼儿"欣赏"的视角和维度，激发幼儿主动地观看和思考，让他们体验欣赏的乐趣，并提高视觉智能、审美、表达、创造力、批判思维和自省等方面的综合素养。

首都师范大学　张瑞瑞

# 43

 为什么有的幼儿不喜欢画线描画，如何引导？

老师：

　　您好！

　　最近，有个问题一直困扰着我，让我不知所措，渴望得到专家的解答。

　　中国的绘画源远流长，其中线描画是美术作品中一道耀眼的风景线。英国美术批评家罗杰·弗莱写道："中国艺术首先引人注目的是在其中占首位的线的节奏，我们注意到这种线的节奏总是具有流动和连续的特征……，这真可以说是一种用手画出舞蹈的曲线。"线描画以线条为主要表现手段，是用线条作画、用线条说话的一门艺术，有很强的装饰性及独特的视觉效果。它正是以这种清秀、隽美、含蓄、夸张的特点被越来越多的人所喜爱。

　　中班上学期，我在班级开展了线描画的集体教学活动，第一次让幼儿接触线描画，让他们欣赏点、线、形组成的美丽图案。刚开始，幼儿兴趣很浓，我尝试着让他们用传统线描画的方式画美丽的大树。有的幼儿能专注地画出各种线条来装饰大树；有的幼儿在绘画的过程中向我提出，这些大树都是黑色的，一点都不好看，想把大树涂上漂亮的颜色。考虑到幼儿的年龄特征，他们对色彩明亮的东西更感兴趣，我同意了他们的要求。于是，活动结束后，幼儿的作品一部分是线描画的大树，一部分是彩色的大树。

　　在第二次组织线描画时，我考虑到幼儿喜欢色彩丰富的东西，选用了在彩色卡纸上画线描画。在画线描画"美丽的围巾"时，还有部分幼儿依旧专注于把围巾涂上颜色，对用点、线装饰围巾一点都不感兴趣。我尝试着用线条和他们一起装饰围巾，他们说"都是黑的，丑死了"。

在平时的活动中，我有意识地让幼儿观察事物中的点、线，引导他们对事物线条的审美，激发他们对线描画的兴趣。在组织线描画时，我改变了传统线描画的方式，允许幼儿用不同颜色的点、线来装饰围巾，结果，仍有部分幼儿专注于给围巾涂色。

面对这样的情况，我是该继续引导这部分幼儿用点、线的方式来画线描画呢？还是顺应幼儿的兴趣，满足于他们涂色的需要？

申爱萍

# 以多样之美激发不竭的创造力

亲爱的老师：

您好！

您在指导幼儿线描的过程中遇到了一些困难。我反复阅读了您提供的案例，感觉您所面临的困扰，部分来自幼儿，但究其根源还在于教育方面的偏差与缺失。下面，我谈一下自己的看法，与您和读者分享。

## 什么是线描画

首先，为了让大家能就一共同的对象在同一概念下讨论问题，我先对所谓的"线描"做一个界定。什么是线描？线描也叫"白描"，即以线条作为造型手段，用线条勾画物体的轮廓和细节，描绘出画面形象。线描既是独立的画种，又可用于起草绘画上色之前的图稿。幼儿线描画亦是如此。幼儿绘画大多是先用画笔勾画出物体轮廓线，然后在轮廓线内涂上各种颜色，完成绘画作品。若只用线条构成形象，不加涂色，就成为线描画。当然，以线描为最终作品，在创作时，对线条的描绘比起草上色图稿的线条要讲究和精致许多。无论作为独立作品还是上色前期的图稿，线描及线条是幼儿绘画形象的骨架，亦是幼儿绘画的基础。

"儿童线描画"指仅用线条勾画物体轮廓和细节，不加以涂色的绘画作品。这种线描画一般采用单色，多为白底黑线，别具美感。

## 为什么有些幼儿不采用线描画法

从您的叙述中，感到您是一位好老师，为了让幼儿能够接受线描想方设法做了反复的探索。开始时采用常见的白纸单色线条的画法；后来将白色画纸换成彩色画纸；最后又换回白色画纸，将单色线条扩展为彩色线条。遗憾的是，无论怎样，总有一些幼儿不接受只用线条不涂色的线描。

为什么幼儿总是要给画出的形象涂上色彩，即使是彩色的画纸和线条亦不能使他们满足呢？从道理上来讲，线描对幼儿来说没有很高的难度，只要用线条勾画好形象不再涂色即可。如果希望画面美观，也只需稍加点缀。但是幼儿为什么非要舍易求难、舍简趋繁地去涂色呢？我反复阅读，仔细思考了您叙述的情况，发现幼儿不采用线描画法不是因为他们不能，而是他们不愿。

幼儿不愿意采用线描，就他们自身来讲，有以下原因。

### 视觉感受力的发展使色彩在幼儿眼里特别美妙

进入中班以后，幼儿对色彩的感受性与分辨能力，特别是对色彩细微区别的分辨能力发展起来，对色彩产生极大的热情。与小班时期相比，中班幼儿画中的色彩多起来，色彩的种类和范围越来越广。将形象涂得五彩缤纷，使幼儿得到极大的心理满足，甚至有些幼儿对涂色乐此不疲。五颜六色的画面带给幼儿的愉悦非成人所能体会，于是我们看到，只画线条不涂色，如同舍弃好玩的玩具、好吃的糖果一般让他们非常不情愿。色彩感受力的发展为幼儿的眼睛打开了一扇窗，通过这扇窗，幼儿品味到色彩之美妙。相比之下，单色的线描在幼儿眼里则缺乏那样的魅力，这是他们拒绝线描的主要原因。

### 审美趣味的个体差异使部分幼儿极为偏爱丰富的色彩

幼儿虽年幼，美感尚处于萌发之中，但已表现出审美趣味的差异，显现出不同的类型特点。观察一下幼儿的日常绘画，即可看出男女孩在审美上具有明显不同的倾向。多数女孩喜欢漂亮丰富的色彩，对色彩有较高的敏感性；而男孩则缺乏女孩那般对色彩的热情和敏感，部分男孩甚至喜好以单色描绘故事或场景。个体审美差异普遍存在于幼儿之中，可以想见，一个年龄班中总会有一些幼儿欣然采用单色线描的画法，另有相当部分的幼儿在教师的引导下会逐步接受线描，同时也必定会有一部分幼儿死死坚持给画中形象涂满色彩。正是这种个人的审美偏好，造成了一部分幼儿不论教师怎样苦口婆心地诱导，依然始终不移地坚持涂色，不接受线描画法。所以，个体审美差异也是部分幼儿不愿接受线描画法的重要原因。

### ✒ 一些幼儿对色彩产生了审美定势

幼儿不愿意仅以线条描绘形象，除了发展上的原因以外，还因为有些幼儿形成了一定程度的审美定势。这些幼儿只认那些他们熟悉的、习惯了的美的样式，排斥那些他们鲜有接触、不熟悉的样式。产生审美定势的主要原因在于幼儿的生活与教育环境中美的样式太单调，教师与家长及其周围的成年人审美趣味贫乏。我观摩过不少幼儿园，各地幼儿园的环境在审美方面几乎都差不多，内外装饰基本是没有风格区别、平淡的彩色平涂。大量幼儿读物的绘图技法与风格也都近似，区别仅在于有的描绘精致，有的描绘粗糙。在对幼儿创作引导方面，教师普遍强调变换颜色，在画面上涂满各种鲜艳漂亮的色彩；对那些用色丰富、涂色饱满的作品加以肯定和表扬。在这样屏蔽异调、耳濡目染、反复强化之下，幼儿的审美很难不被局限于某种样式之中。结果，在他们的眼里，美似乎就是那么一种固定的模样，失去了对美的丰富多彩的样式的敏感性和接受能力。这是导致幼儿不肯采用线描的另一原因。需要指出的是，此种审美定势与上述发展过程中产生的阶段性审美偏好不同，属于不良与有害的审美倾向，为有碍发展的惰性。

## 思考与对策

您文中最后的问题是："面对这样的情况，我是该继续引导这部分幼儿用点、线的方式来画线描画呢？还是顺应幼儿的兴趣，满足于他们涂色的需要？"是的，当我们知道了相当部分幼儿不乐于接受线描的原因以后，就面临着您提出的这个问题了。但仔细思索，您提出的这个看似二选一式的问题，其实两个选项并不矛盾，也不绝对相斥，完全可以兼顾。虽说由于发展上的原因，进入中班阶段的幼儿对于色彩格外青睐，但是，线条画也别具美感，对幼儿也很具吸引力。您所遇到的幼儿对线描的抵触，很大程度上来自教育方面的问题，因此，只要对课程与活动设计及指导方法方面做出调整，我相信，幼儿会在沉浸于缤纷色彩的同时，愉快地尝试线描绘画或其他任何新异形式的美术创作。对此，我建议您和有兴趣的老师不妨进行以下尝试。

## 建构更广博、更具包容性的艺术教育课程

长久以来，我国大部分地区幼儿美术创作所用媒材都较单调，水彩笔、油画棒和白色画纸为常见的主要用材。媒材贫乏，创作手法单调，造成了幼儿美术创作方式单一，作品种类和风格雷同，这便形成了一些幼儿创作的模式化倾向。近年有些发达地区的幼儿园扩展了幼儿美术用材的范围，有的幼儿园还建起了幼儿美术活动室，丰富了幼儿创作的用材。但是，从更广阔的范围看，还远为不够。幼儿教育机构普遍需要扩展美术创作的媒材和方式，以打破幼儿创作模式化的倾向。

另外，美术欣赏不到位至今也是幼儿园美术教育的一大缺失。大部分幼儿园美术课程中没有这方面的内容；少数幼儿园有零星的美术欣赏，但其欣赏对象和欣赏过程极为简陋、粗糙，欣赏对象无美感和艺术性可言，欣赏过程与看图讲述无二致。除此之外，把美术欣赏等同于美育，以欣赏自然、社会之美代替艺术作品的欣赏也是一大问题。缺少对真正的艺术作品的广泛欣赏，很难想象幼儿能够不固守已习惯的创作方式，欣然接受新的艺术形式的挑战。

上述问题即您所面临困境的大背景。幼儿不接受线描看似小事，其实反映出幼儿美术教育中的深层问题。这一深层问题得不到解决，类似的小问题便会时有出现。解决这一问题的出路在于建立一种广博的艺术教育课程。这样的艺术教育课程既含有创作，又包括欣赏；创作和欣赏在形式与内容上多样均衡，进而形成创作方式与方法种类各异的教育活动。实施过程中，各种创作不是杂乱无章堆砌或随兴拈来，而是事先经过统筹规划设计，形成系统的活动方案，循序推进。推进过程中，每一种新形式的创作或欣赏活动，都由前期的铺垫自然导入，同时与下一活动相衔接。所有教育要素成为一个有

序、有效的系统。一个更具包容性的课程，易养成幼儿对不同形式艺术作品的开放心态，从而乐见并乐于尝试新形式的创作，因此，不会因为引进任何新的创作形式而产生如您所遇之阻力。

### ✒ 以欣赏扩大眼界，把欣赏作为新创作形式的先导

引进新形式的美术创作之前，教师应选择那些与创作相关的、真正具有艺术性的优秀作品向幼儿展示，并引导幼儿欣赏，发现其美之所在。例如，在进行线描创作之前，教师可以在图书角放置线描作品画册，于活动室张贴线描画作品，并引导幼儿关注、欣赏这些作品；也可以组织专门的线描欣赏活动。从您的叙述中可以看出，您所组织的幼儿线描创作活动由欣赏入手，这一安排很好。但是否选择了具有一定艺术水平的线描作品作为欣赏对象，作品质量如何，不得而知。我认为提供给幼儿欣赏的作品质量对于接下来的创作很重要，或许您对此没有给予足够的重视。如果确实如此，这是一个可以改进的方面。

为了使欣赏起到激发创作的作用，在欣赏过程中，教师要有意识地提示幼儿注意那些在下一步创作中可能涉及的艺术要素。如线描画的黑白对比的明快之美；线条曲折、粗细、长短等变化带来的顿挫或流畅之感；图形的曲直、大小、疏密等形成的圆润、丰满或粗壮、纤巧之态；等等。这一环节十分重要，如果欣赏与创作脱节，则难以达到预期的创作效果。从您的叙述中，我看到一个问题，您对前期欣赏与后来创作之间的关联处理得不够好。欣赏了点、线、形组成的美丽图案，而后画"美丽的大树"，但"美丽的大树"与前期欣赏的作品有什么关联，如何将大树图案化，如何把图案中的点、线、形运用于大树，您未做提示与铺垫。

现在回过头来分析这个活动，其实当时您可以有两个选择。一是选择创作与所欣赏作品图案形式接近的线描装饰画，如画"美丽的桌布""美丽的头巾"等，这样，幼儿比较容易自发地将欣赏作品中的图案要素迁移到形式类似的创作中，教师可以少做一些铺垫。二是教师事先对线描"美丽的大树"可能涉及的艺术要素进行分析，找出那些使大树美丽的必不可少的要素，如粗粗的树干和细细的枝条，线条曲折的大树冠和树冠内重复排列又有

变化的小图形，等等。在实际欣赏时，教师注意提示幼儿留意欣赏对象中的这些要点。如果当初这样做了，那么在后续创作中，幼儿或许会觉得线描也很有意思，线描画也很美，不会因为热衷于色彩而拒绝线描。

### 让线描美起来

幼儿不愿线描，根本原因是他们觉得线描不美。能不能让线描美起来呢？如何让线描美起来呢？下面提供几个"小窍门"。

第一，设计单元活动时，争取做到美术创作的形式与内容的最佳配合。

人们往往以为任何工具材料可以表现任何题材的内容，其实不是这样的。很多时候，创作特别是幼儿的创作能否取得好的表现效果，在选择和确定内容时就已经决定了。为什么这样说呢？因为有些工具材料只适合表现某些题材内容，线描就是如此。我们看到一些幼儿线描作品非常美，总以为是幼儿有天分，老师教得好。其实，除此之外，还有一个秘密，大家很少去想，就是内容和形式的匹配。只有内容和形式配合得好，才能出好作品。以蔬菜为例，像西红柿、茄子或更光鲜的蔬菜用涂色法肯定要胜于线描，而像苦瓜、蒜头这样颜色浅淡的蔬菜，它们或有曲折的轮廓，或有明显、细致的纹路，用线描反而比涂色会有更好的效果。如果不加斟酌，反过来让幼儿用线描西红柿，为圆白菜涂色，结果肯定大为失色。

具体来看圆白菜，把它切开来画，切开后的圆白菜叶子呈一层层包裹着的样子，这样幼儿就有的可画，画出来就很好看。如果简单地从外部画，圆白菜光秃秃的，就画不出什么来。同样，挑选长着很多叶子的萝卜来画，肯定比光光的大萝卜更容易出好的作品。还有，玉米和苦瓜，把它剥开一部分，这样幼儿就要用不同的线条来画，有了线条的变化，就增加了画面的美感。对于线描创作来说，达到表现形式与内容的良好配合，其表现对象的选择尤其重要。至此想到，您最后选择画围巾，围巾本身外形平直，美在色彩亮丽，舍色彩为白描，显然不合适，无怪幼儿说"丑死了"。如果您能选择更适合线描的对象引导幼儿描绘，充分发挥线描的优势，我想幼儿也会像迷恋彩色画法一样喜欢上线描画法。

第二，充实技法，让图像丰满起来。

为了让线描画美起来，还需要对幼儿的线描技法加以充实。

最单纯的线描画为"白描"，只勾线不上色，不皴擦，不渲染，这就需要线条画得具有表现力。幼儿运用线条的能力有限，教师可以指导他们在描绘形象外轮廓时让线条有一些曲折变化。另外，线条的粗细变化也能增加形象的美感。这不难做，用粗细不同的画笔来画即可。外轮廓和大块的图形用黑色水笔勾画，内部的小花纹用签字笔描绘，画出后会非常好看。

除了让线条更有变化以外，在实际创作中，加强其他的元素也是有效的办法。近年来，线描画中的"勾线+装饰"被一些教师看好，幼儿也十分乐于接受，产生了不少让人眼前一亮的作品。通常，幼儿画画先画轮廓，然后涂色。而这种涂色既无再现性，也无表现性；既费时，又费力，且枯燥乏味。但单纯的线描画缺少色彩，又略显单调。如以轮廓线内填充小花纹代替涂色，则可以避免不涂色的单调，不但形象能充实饱满起来，画面还会显得更加精美。我见到很多幼儿很喜欢这种装饰过程，重复地画出各种小花纹，正好让他们把学习的装饰规则运用熟练。

还有的幼儿教师发明了一种"线描+剪贴"的画法。有两种做法：一种是先用彩色纸将主要形象剪出来，粘贴在颜色相异的底纸上，然后再在上面用线条加以描绘和装饰；另一种是先在画纸上用线条描绘出形象的主体部分，然后用彩色纸剪形象的局部和细节，拼贴在主体形象上，最后再用线条描绘和装饰。这种"线描+剪贴"装饰方法创作的作品，相比于单纯的线描或"线描+装饰"的作品，色彩更丰富，装饰更有层次，创作的过程相比于单纯线描程序多一些，对幼儿，尤其是年龄大一些的幼儿，也更有意思一些。

总之，在引进像线描这样的新的创作形式时，要让幼儿充分感受到这种新形式的美。我们说，美是幼儿创作的灵魂和内驱力，只有把美贯穿于幼儿美术的整体课程和具体活动的方方面面，才能激发幼儿创作的积极性。同时，美的样式又是丰富多彩的，只有打开幼儿的眼界，使他们拥有广泛的审美趣味，才能产生不竭的创造力。从理论上讲，线描是适合幼儿的创作方式，应在幼儿的美术课程中占有一席之地，让幼儿在愉快地运用色彩描绘的同时也体验一下简洁、雅致的线描画法。在实践中，很多老师和幼儿在线描方面都取得了可以说是超出预期的成果。希望您不要灰心，再试试看。

北京师范大学　张念芸

# 44

## ✉ 幼儿园舞蹈教学需要规范吗？

老师：

　　您好！

　　我是一名有着多年农村幼儿园舞蹈教学经验的老师，我非常热爱我的工作。幼儿园舞蹈教学是艺术教育中的重要组成部分，可以很好地培养幼儿对美的感受力、表现力和初步的鉴赏力、创造力，促进幼儿人格和身心健康全面发展。结合农村幼儿腼腆、不善表达、舞蹈基础差等特点，我总结了农村幼儿园舞蹈规范教学的"四要"，简述如下。

　　选舞要适合。选舞是学舞中首要的一步，也是决定成败的一步。因此，教师在进行舞蹈教学前要根据幼儿的生活环境、生活经验的不同，选择适合农村幼儿学习的舞蹈。为了让幼儿易于理解和接受，学起来觉得轻松快乐，教师选舞时要以动作少、难度低、时间短、富含趣味性等小舞蹈为主，如《小蝌蚪找妈妈》《小脚丫》《向快乐出发》《小海军》《拔萝卜》等。

　　教舞要慢准。教舞是学舞中重要的一步。根据幼儿的接受水平，进行舞蹈教学首先要慢。速度慢、节奏慢，幼儿才能看清动作的分解，牢记动作的顺序，区分动作的变化，领悟动作的要领，不至于感到难、繁、惧。其次，进行舞蹈教学要准。如果教师的示范动作不正确，讲解不到位，使得幼儿理解不透，难以接受，那么幼儿就会越学越乱，越学越厌。因此，一开始的示范动作一定要正确，讲解一定要准确，让幼儿一学就对，少走弯路。

习舞要反复。习舞是学舞中关键的一步。在舞蹈教学中，教师教完并不等于幼儿学会。步伐、手势、摆姿等都是舞蹈中的基本动作，这些动作不是单靠学会就能舞得好、跳得美。由于农村幼儿很少接触或根本没有接触过舞蹈，即使学会了舞蹈的动作，手势还是很僵硬，步伐还是不够轻盈协调，舞姿还是不够柔美……，因此，除了教会幼儿舞蹈的基本动作外，还要让幼儿多练习，通过不断练习每一个动作、每一个舞姿、每一个部分，才能真正地达到熟能生巧。同时，教师在观察幼儿练习时，要有针对性地、适时地对幼儿做出指导或指正，这样，才能不断提高，不断进步。

演舞要表扬。学会了舞蹈，还要敢于在舞台上表演，才算真正地学舞成功。许多农村幼儿学会了舞蹈，只敢回家偷偷地表演给父母看，或勉强地在老师面前羞涩地舞几下，更甚者，旁边的小伙伴如果说不好，连舞都不敢跳了。因此，作为农村幼儿园的教师，除了教舞外，还要帮助幼儿"壮胆，树信心"。在每一次表演舞蹈的前后，都要给表演的幼儿点赞、鼓励、表扬！哪怕幼儿的舞蹈不是很完美，也要挖掘幼儿的一个闪光动作，给予他们肯定和鼓励。渴望得到表扬的幼儿，得到了老师的肯定，心里美滋滋，对跳舞更加充满信心，自然会越演越好，越演越美。

这就是我在工作中总结的农村幼儿园舞蹈教学规范的"四要"，我也是这样实践的，收到了很好的效果。但是最近听到一些声音，比如，艺术教育要鼓励幼儿的想象力与创造力，要鼓励幼儿自由表达，不要纠正幼儿的动作。听到这些声音，我很困惑，幼儿园舞蹈教学究竟要不要规范？我总结的经验还有意义吗？很想听到专家的解答。

蒋敏

# 教育理论和实践都要避免"非黑即白"

亲爱的老师：

您好！

感谢您提出的问题，更感谢您在农村幼儿园舞蹈教学中做出的探索。

我个人认为，您总结的经验非常可贵，因为这些做法支持了幼儿发展中非常重要的一面：继承！在有效的继承学习中，幼儿不仅为将来的进一步学习奠定了必要的基础（一切教育教学必须建立在幼儿原有知识经验基础之上，而这个基础也是必须在不断建构之中）；也为将来的发展锻炼了认真、严谨、谦逊、坚韧、主动追求自我完善等良好的学习品质和人格品质；同时也为未来创造性的工作、学习和生活积累了大量可以随时迁移应用的各种基本知识技能。

我们来看看教育心理学大师是怎样说的吧。美国心理学家布鲁姆说过，有效的"掌握性学习"必须具备以下四个条件：乐观的学习心态、必要的学习基础、充足的练习时间、及时有效的外部"反馈—纠正"系统。而且布鲁姆认为，在这四点当中，教师的"及时有效外部反馈—纠正系统"是教师的"有效教学"暨学生的"有效学习"的核心。

从布鲁姆所提到的这些必要条件来看，蒋老师您所总结的"选舞要适合（对应幼儿的现有基础）、教舞要慢准（不怕慢就怕不到位，因此老师必须随时反馈纠正）、习舞要反复（充足的练习时间，掌握程度等于个人实际练习的时间除以个人实际应该练习的时间）、演舞要表扬（有快乐才会有乐观）"，几乎就是与布鲁姆的主张一一对应呢！

所以，您总结的经验一点儿也没有错！

但是，您的观点也不是没有拓展、深化和继续完善的空间。

首先，布鲁姆的另外一个重要理论认为，思维分为六种级别：识记、领会、应用、分析、评价、创造。自他之后，这六种思维级别被广泛接受和使用。而您的经验总结中，似乎仅仅关注了第一级"识记"，也许还有少量第二级"领会"，但缺少了对第三级到第六级的思维能力发展的关注。

最近，我还特意比较、归纳和提炼了国际上公认的多种教学法体系，比如游戏化教学、计算思维教学、多元读写及基于讨论的教学、混合学习、具身学习、体验学习、STEAM课程等教学法阐述的要点，发现"英雄所见略同"，现分享如下。

1. 吸引学生投入的情境（无论是真实情境还是假想情境，都应该是一个学生觉得有意义的情境）。

2. 清晰具体的和层层递进的学习任务。

3. 明确的（学生能够理解和追求的）学习达成标准。

4. 及时的富有激励性的反馈（必须让学生明了对错并主动追求自我完善，教师不但承担主要直接反馈义务，还要承担引导学生自我反思和鼓励学生相互反馈的义务）。

5. 教师引导的建设性质疑和学以致用性迁移。

6. 感性—理性学习，模仿—创造学习，独立—合作学习，线上—线下学习，校内—校外学习，道德、科学—审美学习，工作、生活—游戏学习等学习要素的全部一体化，最大程度发挥的整合互补效率。

我想，如果您——对照上述要点，一定会找到继续自我完善的空间。

比如，对于"情境性"，您选择的作品倒都是拥有具体情境的。但从舞蹈这个特殊领域来讲，可以拓展的还应该有道具使用学习和舞蹈队形的学习。幼儿喜欢玩具，喜欢和同伴一起游戏，特别是中大班幼儿，通常也非常喜欢使用道具和队形的学习挑战。

对于"循序渐进"，您特别强调了"分解"动作的教学策略，这个往往是非常必要的。但需要注意的是：①有些动作是不适合分解的，如跑马步、跑跳步等，越分解越难掌握；②有些动作是需要以下一层次的同源动作的掌握作为基础的，若没有下层次同源动作的基础、循序渐进的学习步骤，一味生硬地教生硬地学，不但事倍功半，还会影响幼儿的学习信心和兴趣。

如，大班舞蹈"秧歌十字步"，起点是我们惯常的走路动作；第一步，合乐行走；第二步，自由地合乐前进后退行走；第三步，合乐前进 8 步后退 8 步；第四步，前进 4 步后退 4 步；第五步，前进 2 步后退 2 步；第六步，加大步幅；第七步，加上肢自然协调摆动；第八步，前进时左脚向右前方，右脚向左前方，形成交叉步态，后退时自然解除交叉；第九步，前进身体前倾，后退身体后仰；第十步，加蹬地腾空（走步变成小跳）……

再如，中班舞蹈"踮步"，起点是坐姿一只脚动，另一只脚不动；第一步，合乐踮动；第二步，立姿单脚合乐踮动；第三步，自由合乐前进、后退和旋转；第四步，加上肢简单动作，如合乐拍手；第五步，加其他上肢动作，如摆动手臂或翻腕（上肢动作应该单独学习）；第六步，（大班）进退步；第七步，退踏步；第八步，前进时上身低伏，后退时上身抬起直立（可表现船舰在波涛中颠簸）；第九步，加更多民族舞蹈上肢动作……

对于"及时反馈"，您明确说明了应该指导和纠正"到位"。现在许多教师认为艺术活动不应该严格要求，错也不必纠正，那才是鼓励创造。而我认为这实际上是在培养坏习惯。创造是有意识的努力，而记忆和再现错误，却不是有意识的努力。但可以拓展的是：教师还应该注意引导幼儿自我反馈（反思—评价）、自我决错—自我纠错，还应该鼓励引导幼儿相互评价、相互纠错。如果仅仅教师提供反馈信息，容易养成依赖教师检查纠错的坏习惯，对长远发展是不利的。

对于"建设性质疑和学以致用性迁移"，您可能是不太了解的。这并不是要对您提"刁难性"的要求，而是每一个教师，无论指导什么领域的学习都必须努力做到的，虽然目前一下子要做到还有些困难。"建设性质疑"可以具体指：对于自己不甚满意的作品或作品的局部，不仅仅是表示不满，而且应该提供建设性的完善方案或意见。对"学以致用性迁移"更朴素的理解就是：教师还是需要拿出一些主题（情境），拿出一些音乐，拿出一些动作，来引导幼儿参与舞蹈创编（哪怕是参与一个舞蹈作品的局部创编）；甚至也可以创造一些机会鼓励幼儿跟随音乐"随便跳"，或者是在一个舞蹈作品的局部"随便跳"。不要以为幼儿年龄小，要求他们做这种事情是"天方夜谭"，只要鼓励引导到位，他们也是可以做得很好的。

　　最后一条很宏大，但思路是明确的，幼儿学习舞蹈不仅仅是学习舞蹈，也不仅仅是在幼儿园，只有通过教师教授。如果教师知道怎样激发幼儿对舞蹈的热爱，知道怎样引导幼儿关注到周围可能获得的舞蹈学习资源，农村的幼儿也可以通过学习舞蹈学习到更多的东西，真正达成您在前面所说的：培养幼儿对美的感受力、表现力，以及初步的鉴赏力、创造力，促进幼儿人格和身心健康全面发展。

　　关注、尊重幼儿的学习特点，了解并体现不同领域的学科特点，多给幼儿提供自由探索和操作、自主表达和表现以及自愿合作与交往的机会，才能实现幼儿的主动学习和良好发展。

　　以上是我个人的观点，希望能对您有所启发。

南京师范大学　　许卓娅

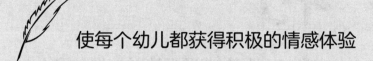

# 使每个幼儿都获得积极的情感体验

"让幼儿共赢"是处理问题的原则。作为专业的幼儿教师，我们要把事件对每个幼儿的教育价值最大化，使每个幼儿都获得积极的情感经验，尽可能地将负面影响降至最低，当然没有负面影响最好。……要避免将个体的不适宜行为公之于众。

——刘占兰

# 45

 当幼儿遭遇同伴的"冷暴力"，
该如何引导？

老师：

您好！

在最近的教学中，我碰到了一个问题，希望得到专家的指导。

这几天，优优的妈妈向我们反映了一个问题：优优回家说，同班的盈盈说优优的名字不好听，还"教唆"另一个小伙伴小艺不要和优优一起玩。优优十分沮丧，尽管爸爸妈妈仔细地给她解释了其名字的丰富含义，但面对同伴的冷遇，优优显然还是高兴不起来，这几天的情绪都相当低落。

虽说在成人世界里，我们不可能做到"人人都喜欢我"，也做不到"我喜欢每一个人"，但是，在天真无邪的孩童时代，在一个我们看来应该团结友爱、有凝聚力的班集体中，幼儿间的这份疏离似乎太不和谐了！面对自尊心受到伤害的优优，我们立即组织幼儿进行了一次集体讨论："你喜欢优优吗？为什么？""喜欢，因为她聪明。""喜欢，我觉得她很可爱。""我喜欢优优，因为她有好吃的东西爱和我们一起分享。"……幼儿热情地各抒己见，充分表达着自己对同伴的喜爱，优优的小脸渐渐灿烂起来，我们也很欣慰。

可是，当我们请所有喜欢优优的幼儿向优优举手表示时，却分明看到了盈盈没有举手，且脸上的表情十分严肃。于是，我当即请盈盈说一说自己的理由。盈盈十分坚持自己的想法："不喜欢！"回答十分坚定，当我追问她为何时，她酷酷而又冷漠地说："就是不喜欢！"

在我们看来，优优和盈盈都是班里相对优秀的幼儿，她俩的座位也挨得十分近，本该是友好的一对，怎么会产生如此矛盾？私下里，我找来盈盈询问究竟为何这么不喜欢优优，盈盈板着小脸，侧着头，不肯回答。中班的幼儿已经相当有主见了，我一时探寻不到盈盈的内心，也不知如何引导才好。

仔细想想，升入中班后，幼儿接触的第一个主题活动就是"我们都是好朋友"。在这个主题的开展过程中，我们通过各种形式引导幼儿发现同伴的优点，感受集体的快乐，鼓励大家相互尊重、相互喜爱，开展了一系列的活动，如"认识你呀真高兴""朋友越多越快乐""朋友船""采访朋友""朋友，你好""我们都是好朋友"，这些活动的顺利开展难道只是形式？幼儿的内心深处难道并没有萌发相应的积极情感？

究竟幼儿间的友谊是怎样的？为何小小年纪的盈盈会有这样的思想？面对幼儿间的这份矛盾，我该如何有效调解？还是允许其顺其自然，承认幼儿的个性？

王瑛珠

# 社会领域教育的关键是增强幼儿的情感体验

亲爱的老师：

您好！

看到了您的来信，信中描述了您在自己的教育实践中遇到的一个真实的教育案例，同时附上了您在教育过程中的思考。看完信后，我感觉您是一个喜欢反思、善于反思的老师，这主要表现在您对所出现的问题进行了较为准确的归因，并针对问题采取了较为有效的对策。下面，我想围绕文中涉及的几个方面与您进行一些探讨。

## 社会领域教育的关键是增强幼儿的情感体验

案例中，您对所出现的问题的归因——"这些活动的顺利开展难道只是形式？幼儿的内心深处难道并没有萌发相应的积极情感？"一语切中要害。目前，幼儿园社会领域中最常见的问题恰恰是，教师费尽心思和精力搞了不少活动，但由于过于注重形式的多样和翻新，却逐渐无意识地偏离了社会领域教育的核心价值和目标——情感培养。我们常常会看到，教师进行了一系列"我爱妈妈"的活动（说妈妈、画妈妈、给妈妈做礼物、做妈妈的小助手等）之后，幼儿会说"妈妈，我爱您"，但行动上依然不尊敬妈妈、不关心妈妈；教师进行了一系列"我爱家乡"的活动（游览家乡的风景名胜、品尝家乡的特色小吃、谈论家乡的风俗习惯等）之后，幼儿会说"我喜欢×××"，但当您接着问"为什么"时，幼儿却一脸茫然。

社会领域的教育离不开知、情、意、行。在知、情、意、行四个要素中，社会认知是关键，有了深刻的认识，才有可能表现出相应的行为；社会行为是体现知、情、意的结果；而社会情感则是其中最为关键的因素。没有情感的参与,社会认知是苍白的,是难于产生行为动机的;社会行为则是表面的,是难以持久发生的。因此,幼儿园社会领域教育的关键是增强幼儿的情感体验,只有通过增强情感体验,才能加强幼儿的社会认知,从而真正改善幼儿的社会行为。

回过头来看您所提到的案例,您虽然也开展了"我们都是好朋友"的系列活动,而且您的切入点也很正确——"在这个主题的开展过程中,我们通过各种形式引导幼儿发现同伴的优点,感受集体的快乐,鼓励大家相互尊重、相互喜爱"。但关键的问题是,这些活动是否真正触碰到了幼儿的情感?幼儿体会到朋友越多越快乐了吗?幼儿感受到生活在集体中的快乐了吗?从您的信中,我们看不出您开展这些活动所采用的具体形式,但这其实是问题的关键,它直接关系到您的教育成效。如果我们只是通过讲故事、讲道理的方式告诉幼儿"朋友越多越快乐",是很难达到我们所希望的结果的。如果我们能结合幼儿过去的经验,让幼儿体会朋友多的快乐,如生日会的热烈气氛、户外跳大绳的有趣,或者现场创设情境,让幼儿体验大家齐心协力做一件事的"快"和"好",这样就容易让幼儿切身体会到"朋友越多越快乐"。

## 帮助幼儿的自我概念免遭破坏

当优优面对同伴的冷遇情绪十分低落时,您并没有视而不见、袖手旁观,而是利用集体活动及时对优优的自我概念进行了"修复"。您针对问题所采取的对策是恰当的、有效的。我们知道,影响一个人自我概念发展主要有两大因素:一是内部因素,如能力、成就等;二是外部因素,即个体周围的人对个体的评价与态度。对于成人来说,内部因素起更重要的作用,能力强、成就多的人往往自我价值感水平比较高,周围人对他们的评价与态度往往难以左右其自我评价。但对于幼儿,从两者的影响力来看,外部因素影响更大。这是由幼儿自我评价的特点所决定的——他们多以别人的评价与态度作为自我评价的主要甚至是唯一的标准,他们对自我的评价往往是别人尤其是成人对其评价的"翻版"。可见,幼儿良好自我概念的发展更多来源于别人的积极肯定和正面评价。相反，过多接收别人消极否定和负面评价的信息，会对幼儿自我概念的发展造成不利的影响。案例中，当盈盈说优优的名字不好听，并"教唆"其他小朋友不跟优优玩耍时，优优的自尊心一定会受到伤害，进而自我概念也会遭受威胁。如果教师没有采取一定的补救措施跟进，那么优优的自我概念就会受到一定的破坏。事实上，生活在幼儿园的幼儿，经常要面临这样的"自我概念破坏事件"。所幸的是，优优遇到了您这样的好老师，在您的引导下，同伴们对优优的积极评价及时抚慰了优优受伤的心，优优的自我概念得到了及时"修复"。

靠外界的"修复"是自我概念免遭破坏的一种方法。如何面对他人不好的评价或者自己的缺点？这是每个幼儿从小都应学习的功课。虽然幼儿自我评价的特点是以他人的评价作为自我评价的标准，但是让幼儿逐渐学会自己评价自己，也是有可能的。要让幼儿知道，他可能不漂亮，但很可爱；虽然有缺点，但是一个好孩子。总之，每个人都有缺点，这是再正常不过的事情；每个人更有自己的优点，虽然这些优点可能与众不同。当幼儿认识到这些道理后，他就容易学会正确地自我评价，容易做到泰然处之。

在幼儿学习自我评价的过程中，还有非常重要的一点，那就是让幼儿学会把自身的价值与自己的缺点区分开来。我们要让幼儿明白一个道理，并不因为你有某个缺点，或者别人嘲笑或冷落了你，你就变成了一个毫无价值的人，你依然是原来的你。当幼儿掌握了正确自我评价这个武器以后，他就有了一定的"免疫力"，这时来自别人的冷落、贬低甚至羞辱就不会对他起太大的作用了。当然这对于幼儿的要求未免太高。我想表达的是，学习正确的自我评价是幼儿的"必修课"，这对于人一生的发展将产生深远的影响。

## 正确对待优优和盈盈的关系

至于如何对待盈盈，也许我们一时半会儿搞不清楚她为什么那么排斥优优，但是您可以通过以后的观察和见缝插针的询问慢慢搞清楚其中的原因。我们要把这与盈盈的教育问题联系起来。是盈盈挑剔、嫉妒优优，还是优优本身也有一些令人难以接受的毛病？如果是前者，我们可以对盈盈进行一些如何客观、正确评价别人的教育，因为盈盈一旦形成不能客观、正确评价别人的习惯思维模式，那将对她以后的发展非常不利，她将会面临人际关系上的种种麻烦。教师还必须让盈盈认识到，你可以不喜欢一个人甚至讨厌一个人，但你不能采取贬低别人、怂恿他人不理别人的做法。也就是说，别人无法干涉你的喜恶情感，但你的行为方式却要受到社会道德的制约。对他人持有礼貌、尊重的态度，是一个社会文明人应有的最基本的道德素养。

关于优优与盈盈的关系，还有一种可能，那就是两人之间缺乏"人际吸引"。社会心理学的研究揭示，人与人之间的心理距离是不等同的。有的人与某个人距离很远，缺乏人际吸引，他却可能与另外一个人距离很近，发生人际吸引。一个人会喜欢什么样的人呢？心理学家研究证明，人们通常会喜欢信仰、利益与自己相同的人；有技术、有能力、有成就的人；具有令人愉快或崇拜的品质的人，如忠诚、理解、诚实、善良等；喜欢自己的人。正像成人之间，你会喜欢某个人却不喜欢另一个人一样，这种现象是很正常的。如果排除优优和盈盈之间存在不良关系（如挑剔、嫉妒等）的可能，她们目前存在的关系也是很正常的，教师可以不要多加干涉。幼儿之间只要是相互礼貌、尊重的，班级关系就可以算是和谐有序的。

以上是我对您所提出的问题的一些看法，不知对您有无启发？个人意见，仅供参考。祝您工作顺利！

北京市教育科学研究院　刘丽

# 46

## ✉ 如何对待集体活动中幼儿的"问题行为"？

老师：

您好！

最近，有一个问题一直困扰着我，让我很矛盾，渴望得到专家的指导。

幼儿园的集体活动是实现幼儿园教育目的的手段之一，是保证幼儿全体参与，获得有益的学习经验，促进幼儿全面发展的一种活动形式。对幼儿来说，幼儿园除了引导他们认识周围世界、启迪心智之外，更多的是培养他们生活和做人所需要的态度和能力，如文明卫生习惯、生活自理能力、自立意识、与人相处时应有的态度和能力等，这些态度与能力的学习内容更多地来源于幼儿生活，贯穿于幼儿一日生活。

但在集体活动时，总有一些幼儿因为生性好动、注意力容易分散、自我控制力弱，而出现一些小动作。比如，老师讲故事时，有的幼儿因为手里没有东西，玩起了头发、衣服角，甚至吃起了手指，被老师提醒甚至点名；上下楼梯时，大家都讨论好了要保持安静，不推不挤，谦让，做到既不影响别人也不影响自己的安全，但仍有幼儿相互打闹甚至手脚着地爬，摽着楼梯扶手阻止同伴或者因为插队被小朋友告状；午睡时，总有那么几个精力旺盛的幼儿在床上翻来覆去，甚至钻到被罩里，以为老师看不见，或者在老师不注意时，挠挠别人的脚心或把手脚伸到同伴的床上去；做操时，总是那么几个幼儿在队伍里手舞足蹈，做夸张的动作，出怪样来逗旁边的小朋友笑，吸引别人的注意力，影响班级活动的正常秩序……。往往这些问题都相对集中在几个幼儿身上。有些时候，教师会注意到教育的方式，单独找这些幼儿或私下提醒。当出现的问题对全班小朋友有借鉴时，在教师的引导下，全班幼儿会就一个问题进行讨论，通过讨论、归纳、梳理，提升幼儿的已有经验。虽然教师是就事论事，并没有提到那个小朋友的名字，但同伴的口无遮拦、伸张正义，会在集体面前说出这个小朋友的名字，久而久之，给同伴的印象就是这个小朋友比较淘气，有时在家长接幼儿离园时，幼儿对家长说的第一句话就是"×××在我们班又淘气了"，这个"×××"就成了班级里淘气幼儿的代言人。

而且，在接手新班级（尤其是大班）时，我经常听到班级老师或是小朋友进行介绍："×××在我们班最淘气了。"往往正如老师或小朋友所说的，这些幼儿身上的问题很突出，而且这些问题确实是一些明显的行为问题。有时候，这些幼儿还表现为自尊心不强，甚至会说："我就是淘气，我就是控制不住自己，我就是不行……"这样导致的结果就是，幼儿在对自己失去信心的同时，也为自己的淘气找到了借口。

在工作中，我们会遇到这样、那样的幼儿，有的乖巧，有的多动，集体活动中，教师坚持正面引导、积极鼓励，但有时也会出现一些问题需要教师进行指导。这时，如何发挥好集体活动的教育功能，既起到以点带面的教育效果，又能保护幼儿的自尊？希望得到专家的指导。

李艳红

# 正确看待幼儿的"孩子气"

亲爱的老师:

您好!

您所在的北京市西城区棉花胡同幼儿园是我20世纪80年代初上大学时教育实习所在的幼儿园。那时的棉花胡同幼儿园是一个四合院,规模不大,硬件条件不是很好,但幼儿园的气氛非常好,尤其是师幼关系融洽,家园关系和谐。

我是在大班实习,班上有几个"有影响力"的男孩子——他们的举动经常会影响老师对活动的评价,也影响其他小朋友的行为。不久,我成了班里的孩子王,大部分幼儿包括那几个"有影响力"的幼儿都争着抢着跟我玩游戏,每一次户外活动都是一身汗。那次实习使我对幼儿的认识发生了很大的变化,其中有两点:一是教师的评价影响着幼儿的行为;二是幼儿的精力比我想象中更旺盛,引导他们或跟上他们的活动,对老师来讲要付出更多的精力。

您在来信中描述,集体活动时,总有一些幼儿因为生性好动、注意力容易分散、自我控制力弱,而出现一些小动作。比如,老师讲故事时,有的幼儿因为手里没有东西,就玩起了头发、衣服角,甚至吃起了手指;上下楼梯时,尽管老师事先强调了要求,但仍然有个别小朋友相互打闹甚至手脚着地爬,摽着楼梯扶手挡着不让其他小朋友过去;午睡时,总有那么几个精力旺盛的小朋友在床上翻来覆去,或者钻到被罩里,以为老师看不见,甚至在老师不注意时,挠挠别人的脚心或把手脚伸到同伴的床上去;做操时,总是那么几个小朋友在队伍里手舞足蹈,用夸大的、怪模怪样的动作来逗旁边的小朋友笑,吸引别人的注意力。

可以看出,您对幼儿的观察与判断是非常准确的。从您所讲述的案例中，我们可以看到幼儿有以下表现：生性好动，自我控制能力差；当手里没有可玩的东西或无所事事时，常常有许多"小动作"；精力旺盛，所以总是表现得好动或过动；为了吸引别人的注意力，动作夸张，行为怪诞。

那么，如何看待幼儿的上述行为呢？从您的描述中可知，幼儿的这些行为是不正常的，至少是教师所不喜欢的。教师能够敏感地观察到幼儿的行为表现，并给予一定的关注，这是十分可贵的，值得我们赞赏。但是如何看待或对待幼儿的这些行为表现，却是一种教育价值选择，体现着教师的儿童观、教育观。

在我看来，您列举的幼儿的行为表现，基本上是正常幼儿的正常行为表现，至少是性格活泼幼儿的正常行为表现，这些行为表现更具有"孩子气"，是幼儿年龄特点的具体体现。幼儿的行为表现不同，我们对幼儿行为表现的态度也不同。即使是同样的行为，由于发生在不同的情形下，我们也可能对其持有不同的态度。由于受到不适宜的教育观念的影响，我们对幼儿行为的判断出现了一些偏差，正常的说成是不正常的，而那些被我们控制和管束得不像"孩子"了的听话的孩子、乖的孩子，却常常是我们要树立的榜样。因此，我的观点如下。

第一，案例中幼儿的行为是正常的。一般情况下，如果没有什么特别有意义的活动，或者即使组织了活动，但对幼儿的智力、语言、行为等没有什么特别的要求，幼儿一般会表现更多的"多余的"动作或行为。

第二，教师应该反思自己的儿童观。对于幼儿的一些表现，如精力旺盛、活泼好动、调皮、恶作剧等，都是身心健康幼儿的行为表现，至少教师不应该把这些行为表现看作是问题。

第三，教师对幼儿的行为管理要有分寸。不论幼儿的行为是值得鼓励还是需要批评、制止、纠正，我们都不应该不加分析地轻率地处理，更不能没有原则地、以教师自己的好恶来评价幼儿的行为，否则可能使幼儿产生不良的情绪反应——对教师的管理行为反感。对于个别不良行为的纠正，既要能起到教育幼儿的作用，又不能有意或无意、直接或间接地伤害到幼儿。

第四，建立必要的、合理的规则，并帮助幼儿学会执行规则。比如，在一日生活中一些特定的过渡环节上，幼儿的行为混乱，以至于出现违反一般规则的拥挤、打闹、大声喧哗等行为，说明幼儿还没有掌握关于这一环节应遵守的规则，教师有必要和幼儿一起讨论并形成这一环节应该遵守的规则。此外，教师应该耐心细致地引导幼儿学会遵守规则，直到他们能够自觉行动。当教师不再强调规则，幼儿也能很好地度过这一环节，说明幼儿已经掌握并领会了这些规则。

广州华商学院　张博

# 47

## ✉ 怎样处理幼儿的"偷拿"行为？

老师：

　　您好！

　　我们大一班的玮玮小朋友连续两天丢了6支勾线笔，他可是一个非常善于保管自己的物品的孩子啊！玮玮感到难过和委屈，家长的意见也很大，要求我们一定要查一查。我也感到这个事情有查的必要，于是，一场"查笔"行动展开了。

　　我发动全班幼儿找遍教室所有角落无果后，又用"是不是错拿回家""拿错了放回来"之类的言辞动之以情、晓之以理地进行引导，也以无效而结束。于是，我问幼儿："如果你们家丢了东西，怎么找也找不到，那该怎么办呢？""找警察叔叔帮忙！""对！警察最会抓小偷！"平时爱看侦查、办案故事书的男孩们打开话匣，七嘴八舌地热烈讨论着警察的无所不能。

　　突然，涵涵趴在桌上哭了起来，声音越哭越大。我连忙走过去问："怎么了，涵涵？"涵涵用略带颤抖的哭腔小声说："我，我，我没拿。"我正想安慰她，哲哲抢先说："涵涵别哭，警察只会抓做了坏事的人，还可以用警犬来闻坏人。"话没说完，涵涵哭得更凶了。答案似乎已经很明显了，可是，我却不知道接下来怎么办……

　　在小朋友的眼里，涵涵可以说是一个被忽略的角色。涵涵自小就由奶奶抚养，父母双双外出打工，是一个典型的留守儿童。父母角色的缺位，让涵涵的家庭教育相对落后，加之奶奶没有什么文化，在教育的配合上也很缺乏。因此，涵涵没有优秀的表现，也不能够常常被老师表扬和关注。在购买相关学习用具上，不是不买，就是买的东西不好。涵涵相对比较自卑，少言寡语。这次可能也是这样，奶奶没有给涵涵买勾线笔，课堂上又需要，所以……。看到涵涵惊慌失措的样子，我内心十分不忍，生怕处理不当会伤害到她。

我把这个事件拿到教研会议上讨论，请大家出主意。老师们七嘴八舌议论开了，有的老师说，要查下去，否则对其他幼儿的是非观念建立没有益处，对于丢东西的幼儿，也没有交代；有的老师则说，没有必要查下去，答案已经很明显，可能是该幼儿一时糊涂，看到别人的东西想要，一时忍不住，一旦当众查处，无疑就将该幼儿的行为上升到了道德层面，无形中就给她加上了一个"标签"，对于她的成长是非常不利的；还有的老师说，该幼儿的行为问题很大程度上是家庭教育的问题，应该约谈家长，找出该幼儿问题背后的原因，共同配合教育；有的老师说，该幼儿当场哭，表明她已经惧怕了，这个时候，应该适可而止，保护她的自尊心；等等。

老师们的讨论都有自己的角度，也都有各自的道理，可是，怎么样处理才是最合适的呢？"案子"是否还有必要查下去？查出是谁的意义何在？如果不查下去，对于丢失物品的幼儿公平吗？对于拿东西的幼儿是否又丧失了一个教育的契机？尺寸如何拿捏呢？希望专家老师能给以分析解答。

汪玲　王艳芳　程运梅

# 勾线笔丢失事件带来的教育反思

亲爱的老师：

您好！

很多教师可能都曾经历过这样的事情，班上的幼儿把幼儿园的或同伴的东西悄悄地"据为己有"。经过多年教育改革的我们，肯定不会简单地给幼儿贴上"偷"的标签，而是既承认处于成长发展中的幼儿出现各种偏差行为是正常的，但同时也会非常为难：怎样的引导才能让幼儿认识到这个问题的严重性并从行为上改正，同时又不会伤害他呢？

这个案例给我们提供了一个讨论这个问题的契机。但是案例并没有告诉我们"偷拿"的那个幼儿究竟是不是涵涵，为方便讨论，我们姑且用涵涵这个名字指代那个真正"偷拿"的幼儿；同时我们把涵涵的行为称作"偷拿"，这个"偷"字更多是"偷偷"的意思。下面让我们从周围的人对"偷拿"行为的反应、心理学家的研究，从幼儿的道德判断水平，从涵涵在"偷拿"过程中的情绪体验等方面进行梳理和探究，并尝试提出教育建议。

## 怎样看待"偷拿"行为

玮玮两天丢了6支勾线笔，玮玮委屈、家长生气，这些反应带给汪老师很大压力，于是她发动全班幼儿在教室寻找。未果后，教师推断丢失的勾线笔是被班上的某个小朋友"偷拿"了。教师的提问"如果你们家丢了东西，怎么找也找不到，那该怎么办呢"，这让全班幼儿把注意力聚焦到怎样动用"警察"查寻事情真相上。这时戏剧性的一幕发生了，涵涵哭了出来，而且哭得越来越大声，虽然她哭着还在申辩自己没拿，但这个表现反倒使得她成了最可疑的对象。

当汪老师和其他教师谈论这件事时，教师们或认为这是"是非观念"，或说幼儿是"一时糊涂"，几乎都是从道德判断的角度在看待这件事。而班上幼儿既从"小偷""坏人"的道德判断角度来看待"偷拿"的人，也从"找警察"这样的法制角度谈到对这类行为的惩罚。可见，涵涵周围的成人是从道德层面、同伴是从道德和法制层面，来看待"偷拿"行为的。

我们再来看一看，心理学家是怎样定义"偷拿"行为的。

心理学家1967年编制的Rutter幼儿行为问卷，将幼儿问题行为分为两大类，其中第一类称为"A行为(Antisocial Behaviour)"，即违纪行为，包括经常破坏自己和别人的东西、经常不听管教、时常说谎、欺负别的幼儿、偷东西共五类。可见，心理学专家是把"偷拿"定义为违纪行为。也有研究将这一行为归为"人际关系的基本道德准则"范畴里的损人行为。无论怎样命名这一行为，看来专家和普通人们都认为这样的行为是非道德、非亲社会的违纪损人行为。

## 与"偷拿"行为相关的幼儿认知与情感特点

由于这个事情发生在大班，我们来看一看，5—6岁幼儿在道德判断与道德情绪归因发展方面的应有水平和年龄特点，然后再分析涵涵在"偷拿"中的心理状态与变化过程。

### 幼儿道德与所有权概念发展的年龄特点

1. 4—6岁幼儿的道德认知与所有权认知都达到了较高的水平。

研究显示，4—6岁幼儿懂得必须遵守与享用财物有关的道德规范，如"不能拿别人的巧克力""商店的东西得拿钱买"等，懂得不能侵犯别人的财物所有权，做出损人行为后损人者将受到惩罚或不良评价等。幼儿不仅能据此做出道德判断，并能以此指导自己的行动。

所谓所有权，既包括对所有者拥有的特殊权利的认知，同时还包括认识到所有权是可以发生转移的，而且只有通过合法的转移才能拥有所有权，比如买卖和赠送。相反，非法转移（如偷窃）不存在所有权转移。研究表明，

4—5岁幼儿已经理解物品所有者可以允许或者拒绝他人拥有这一物品。5岁幼儿已经能够正确理解所有权的转移，并对偷窃情境下所有权无法转移的正确判断达到较高水平。此时幼儿基本能正确区分所有权的合法转移和非法转移。

2．4—6岁幼儿的道德情绪归因停留在结果定向阶段。

研究显示，在犯过情境中，大多数4—6岁的幼儿对"偷拿"行为的情绪归因是以结果定向占优势，向道德定向发展的转折年龄大约在6岁。具体来说就是，如果一个人偷拿别人的东西成功了，幼儿就认为他是高兴的，如果他偷拿没成功，幼儿才判断他是难过的。但从6岁开始，幼儿逐步建立正确的道德导向的情绪归因，即认识到无论偷窃是否成功，偷窃者的情绪体验都是负面的。另一研究表明，对违反道德的行为产生的不快情绪是阻止此类行为产生的内部因素。

从上述文献可以看出，大班幼儿对于"偷拿"这一行为，不论从道德判断还是从所有权认知，都已经达到能够正确认识的水平。只有在对这类行为有约束力的道德情绪体验方面，幼儿还处于不成熟阶段。因此，当幼儿对非道德、非亲社会行为产生愉快的情绪时，将严重干扰他们正确的道德判断和选择利他的亲社会行为。

### "偷拿"过程中涵涵会经历的情绪体验及其可能带来的隐忧

从案例描述中，我们发现，涵涵是个留守儿童，在家、在幼儿园都是被忽视的幼儿。而全班小朋友都有的勾线笔，她却没有。我们可以设想，涵涵看到玮玮用彩色勾线笔画出了美丽的图画，受到老师和小朋友的夸奖，她是多么羡慕。在涵涵看来，要是有玮玮那样的勾线笔，她也能画出漂亮的图画，得到大家的关注和赞赏。但是她的家庭条件不可能满足她的愿望，能得到梦寐以求的勾线笔的最快捷的手段就是"偷拿"。

依据这个年龄的幼儿应有的道德判断和对所有权的认知水平，涵涵应该知道"偷拿"人家的东西是不对的，是"坏人"才做的事。但是她成功"偷拿"的第一支笔带给她极大的愉快情绪体验，直接干扰了她对这件事的正确的道德判断，于是才有了第二次、第三次……。当教师和全班小朋友大张旗鼓地追查这件事时，尤其是小朋友谈论警察能抓到偷东西的"坏人"时，涵涵才被事情的严重后果吓坏了。哭声表明她体验到了恐惧、焦虑的负性情绪，但是当时全班的追查氛围使她几乎不可能从道德层面去反思这件事，只想着逃脱惩罚，所以又出现了疑似说谎（我没拿）的行为。

汪老师曾提出疑问："是否还有必要查下去？查出是谁的意义何在？"现实中，我们可能曾经遇到过这样的案例：某些偷窃别人财物的成年人，其实他的经济条件并不差，他偷窃不完全是要占有这个物品，而只是"享受"偷窃过程带给他的刺激和得手后的极大快感。也就是说，他的偷窃动机是由快感驱动的。这种心理和行为的异常，很难说与成长时期教育的缺失没有关系。因此，幼儿园和家庭教育的缺失，会对幼儿未来的道德和亲社会行为的发展带来隐忧。

## 从"移情"入手，促进幼儿道德判断水平的提高与亲社会行为的养成

6岁幼儿开始逐步走出自我中心，能更好地关注、了解他人的情绪情感和需要，并能产生与之一致的情绪、情感体验，这就是移情能力。有研究显示，道德判断与移情共同推动亲社会行为的养成。如果"幼儿能较好地采择他人的情感反应和观点，因而能较好地产生移情唤醒，进而做出以消除他人痛苦为目的的亲社会行为来"。也就是说，"移情"有助于促进幼儿的道德情绪归因摆脱损人利己的结果定向，而向道德定向发展。

笔者认为，教师应从"移情"入手，通过以下三方面提高幼儿道德判断水平和养成亲社会行为。

### 以"移情"为关键要素，促进幼儿亲社会行为的养成

根据专家的研究和建议，如果幼儿在偷拿别人东西的前后，能够充分想象体验到他人对自己的物品的喜爱和丢失后的伤心（而不是聚焦在自己得手后的极大快感），他将会依据已有的道德认知和所有权认知进行正确的道德

判断，自觉选择亲社会行为。

因此，在结合日常生活的教育中，教师要注意支持幼儿对亲社会行为产生由衷愉快、赞赏的情绪体验，对非亲社会行为产生否定、厌恶的情绪。特别帮助幼儿学会站在他人角度理解他人的情绪情感、需要和观点。这样，当幼儿自己的需要和他人的需要产生冲突时，能站在他人角度体会他人的需要和情绪情感，以正确的道德判断约束自己。

### 🖊 教师的冷静观察与适宜引导至关重要

"偷拿"事情发生后，对幼儿认知和情绪的正确研判会使我们保持冷静，细心观察，在不给幼儿贴道德标签、不对过失幼儿造成严重心理伤害的前提下，设想适宜的引导对策。

在已经造成了全班幼儿热烈关注的情形下，教师提出的"如果你们家丢了东西，怎么找也找不到，那该怎么办呢"这一引导语，其实难以帮助涵涵和在场所有小朋友产生与玮玮的伤心难过相一致的"移情"，反倒造成了这样的后果：涵涵没有机会重新做出正确的道德判断并选择亲社会行为，反而选择错上加错的非亲社会行为"说谎"来逃避惩罚；其他小朋友也只是兴奋于可以目睹警察抓坏人的精彩场面，也没机会经历调动道德认知去进一步明辨是非、选择亲社会行为的学习过程。致使教师也在困惑是否要"追查下去"。

如果教师采用下面的引导可能更能有效地解决问题。

"玮玮丢了东西他是什么心情？要是你，你会是什么心情？"

"当我们喜欢上其他小朋友的东西时，我们可以怎么做？绝对不能怎么做？"

"拿走玮玮勾线笔的小朋友可能只是太喜欢这些勾线笔了，其实他也知道这个东西不是自己的，是玮玮的，不和玮玮说一声就拿走了是非常错误的。可是大家这么一闹，他肯定害怕大家都不喜欢他所以不敢承认了。其实他只要改正了错误，小朋友照样会喜欢他。小朋友们快来帮他出出主意，他应该怎么做呢？"

在这三个引导语中，第一个促进幼儿产生"移情"，第二个再次明确应有的基本道德准则和所有权认知，这两个引导语旨在促进幼儿在移情与道德判断的共同作用下选择亲社会行为；第三个引导语在重申是非对错的前提下旨在帮助涵涵摆脱恐惧感，找到走出进退两难困境的办法，能直面这件事，改正错误。

### ✍ 家园共育，为每个幼儿提供爱与支持的成长环境

在汪老师与其他教师讨论这件事时，有些教师提到了"家庭教育"，这是一个很重要的建议。研究证实，幼儿的很多行为问题与家庭环境、家庭教育有着密切关系。涵涵是个留守儿童，父母的关爱和教育处于缺失状态，购买学具、得到关注和鼓励等合理需要往往得不到充分满足，同时她在幼儿园也属于不大被关注的幼儿，这样的成长环境会严重阻碍她的道德判断水平的提高和亲社会行为的养成。因此，幼儿园应该与她的家长沟通合作，共同为她提供充满关注、爱和支持的成长环境。

总之，教师应当深刻理解幼儿道德认知与道德情绪情感的发展水平和年龄特点，从"移情"入手，家园一致，共同促进幼儿道德判断水平的提高与亲社会行为的发展。

北京联合大学　廖贻

# 48

✉ **怎样才能既不抹杀幼儿的好奇心，
又强化他们的规则意识？**

老师：

　　您好！

　　我在工作中遇到了一个问题，希望得到专家的帮助和指导。

　　活动区时间幼儿都在专注地进行游戏，我也在观察着、适时指导着。这时只听耳边有人叫我："李老师快看，我有新发现。"一回头，我看到墩子在我身边呢，一副有重大发现的样子。他把我带到了科学区，拿起桌上的电路迷宫玩具给我看。我一看，天哪！好端端的电路迷宫现在已经面目全非了。刚要开口的我看到了墩子那一脸的兴奋，就没有说话。墩子高兴地对我说："李老师，我有新发现，你看这个迷宫的铁丝是软的，我可以给它变形呢。"说着便迫不及待地操作起来。"李老师，我可以让它并到一块，还可以把它拉直，还可以变成三角形呢。"他一边操作一边兴奋地讲解。"你真善于观察发现，你知道这铁丝是什么吗？""不知道。""为什么它会变形呢？""因为它很软。""哦，原来是这样，那你还能让玩具恢复原状吗？""能！"说着他便修了起来。可是尽管他想了很多的办法，玩具却再也不是原来的样子了。

　　这时候边上的琪琪说："老师，他都把玩具弄坏了，我们以后怎么玩呀？"月月也附和着说："我们都知道怎么玩这个玩具，可是墩子不听，自己在那儿乱玩。""老师应该让他赔玩具，因为弄坏了东西就要赔。""对，让他赔。"听着伙伴们的责问，墩子低着头，眼里噙着泪花，脸上的喜悦消失了，伴随而来的是失落和做错事的歉意。这可怎么办呢？如果我安慰"损坏玩具"的墩子，就会使幼儿认为班内的玩具怎么玩都可以，以后可能会有大量的玩具面临被"损坏"，规则意识会被冲淡；如果我支持指责墩子的小朋友，强化了规则，又会抹杀墩子的好奇心。

当幼儿的好奇心与规则意识的培养发生冲突时，如何做到既不抹杀幼儿的好奇心，又能够强化幼儿的规则意识呢？请专家给予解答。

李丽华

# 让幼儿在冲突事件中学习

亲爱的老师：

您好！

相信您的困惑，也是很多老师在教育实践过程中会遇到的问题。今天我们就这一问题展开分析与讨论。

我们知道，乐于探究是幼儿的天性，支持和培养幼儿的探究兴趣和热情是幼儿园科学领域教育的重要目标。与此同时，让幼儿懂得爱惜玩具和物品也是幼儿园社会领域教育的目标之一。然而，幼儿的探究又往往带有一定的试误性，探究中损坏物品的事情也时有发生。妥善处理好这些事件中的问题和矛盾特别重要，这也是在考量教师的专业能力和教育智慧。

记得丽莲·凯茨曾举过"三轮车事件"的例子，并告诫我们：专业的幼儿教师在遇到冲突事件时要考虑相互关联的三个问题：

1. 这件事对当事幼儿意味着什么（事件中当事幼儿的原有经验是什么）；

2. 参与幼儿（当事幼儿和旁观幼儿）从事件中能学到什么；

3. 教师如何应对（适当的教育策略）。

运用这种分析问题的思路，我们可以对"该不该赔"事件进行分析、思考和判断。

## 分析事件中当事幼儿的原有经验

我们要关注和分析这个事件对当事幼儿墩子来说意味着什么。墩子不同的原有经验和特点决定着教师不同的教育策略。以下是设想的三种不同情况。

情况一，墩子平时很少探究或很少玩类似的电路材料，那么保护幼儿这次的新尝试和探究热情至关重要。教师可以先肯定、鼓励、支持，给他提供适宜的材料让他继续活动，再把玩具修好或拿来新材料并提醒幼儿注意爱护。

情况二，墩子平时比较多地出现损坏玩具的现象，用简单的玩法玩复杂的玩具，常常把玩具弄坏。这时则需要关注墩子选择和使用玩具的情况，并在他每次选择玩具后、开始操作前，通过沟通及时给予善意而认真的提醒。了解他的意图，在支持他探究的同时让他明白怎样做不会损坏玩具。如果他的探究可以找到相同的材料，则建议他使用，如用其他电线而不是玩具上的电线进行造型活动。

情况三，墩子是因为不知道材料如何使用而弄坏了玩具，或者材料本身已经老化。此时，墩子没有任何过失。

总之，我们既要考虑到幼儿的原有经验、发展水平和需求，又要考虑到教育的目标和要求。

## 判断参与幼儿从事件中能学到什么

我们还需要考虑到事件中所有参与的幼儿（当事幼儿和旁观的同伴）能从中获得的学习与发展。教师要看到，其他旁观的参与幼儿最关注的是墩子把玩具搞坏了，他们最强烈的情绪是"不满意"，他们最大的诉求是"把玩具修好"。这时我们要知道，参与幼儿的情绪需要平复、诉求需要满足。

从这个事件中，其他旁观的参与幼儿能够获得而且需要获得以下三个方面的经验。

一要让幼儿感受到教师支持和鼓励每个人的探究。在这个事件中，我们首先要让因受到同伴指责而受挫了的墩子，感受到教师对他探究的鼓励，同时也要让其他幼儿感受到教师鼓励每个人的探究，他们可以大胆探究，不怕出错。不能让幼儿因此变得谨小慎微。

二要让幼儿知道每个人都应该爱护玩具。《指南》社会领域子领域二"社会适应"目标2"遵守基本的行为规范"中描述的5—6岁典型表现第2条提到，爱惜物品，用别人的东西时也知道爱护；教育建议第2条中也提到，幼儿损害别人的物品或公共物品时要及时制止并主动赔偿。这一要求是对5—6岁幼儿提出的，因此对大班幼儿来说要有这个意识，即玩具弄坏了要修理好，必要时应赔偿。但对于年龄小的幼儿要慎用赔偿，以免伤害幼儿的自尊心和自信心。

三要让幼儿懂得，同伴之间不仅要指出错误，更要互相帮助。因此，教师在承认玩具的确坏了的同时，要鼓励幼儿共同想办法补救和解决问题。如一起帮墩子找他想玩的电线，一起想办法修玩具。也要让幼儿看到墩子已经伤心失落了，引导大家一起安慰墩子，原谅他无心的过错，帮助他想一些补救的办法。

## 思考应该采取的适宜教育策略

教师对事件的处理方式也就是教师所采取的教育策略，体现了教师的教育观念和教育智慧。根据前面两个方面的分解，解决问题的思路和办法已经比较明确了。处理问题的方法要达到三个目的：一是维护幼儿的探究热情和新发现的成就感，让参与的幼儿（墩子和其他旁观者）知道老师是支持和鼓励他们探究的；二是要让参与的幼儿明白，电路迷宫玩具的电线不能扯断，否则就不能玩了，要爱护玩具；三是要避免让同伴指责探究中出了问题的幼儿，应维护幼儿的探究热情和自尊心，要让受挫的幼儿感受到老师和同伴的谅解、宽容与支持。也就是说让幼儿今后仍然乐于探究，知道要爱护玩具，有了错误仍然能得到同伴的关心和帮助。这是解决问题的原则和基本价值取向。

综合考虑墩子的原有经验和其他旁观同伴可能和应该获得的经验，教师可以采取相应的教育策略。

在第一种情况下，即墩子平时很少探究或很少玩类似的电路材料，教师首先要保护墩子的探究积极性，可以马上回应道："噢，真的坏了。放心吧，我们一定会努力把它修好的。"随即带墩子到另外的地方，避开其他小朋友，老师和墩子一起把玩具修好，边修边了解墩子是否有用电线继续进行造型的兴趣，如果有，在修好玩具后给墩子找来各种电线鼓励他继续进行造型活动。同时，还要告知刚才指责墩子的同伴玩具修好了，以消除幼儿的不满并维护墩子的形象。待墩子用电线进行了其他造型后，向同伴分享墩子的造型作品以树立他的自信心和成就感，保持他探究和创造的热情。

在第二种情况下，即墩子平时比较多地出现损坏玩具的现象，教师要重视对墩子爱护玩具的教育，但又不能伤害他的探究热情。可以马上回应道："噢，真的坏了，没办法玩电路迷宫了。我和墩子商量一下，相信会有办法解决的。"随即带墩子到另外的地方，先安抚墩子的情绪，肯定他的探究热情，但同时要明确告诉他把玩具弄坏了别人没办法玩了。再和他一起商量解决办法，如一起把玩具修好，或找能修好的人帮忙，如果实在修不好，可以请他从家里拿类似的玩具补偿。出现这样的情况老师也要反思自己的责任，没有在墩子刚刚选择这个玩具时及时了解他的意图，引导和鼓励他用铁丝或其他材料造型。所以教师也可以向幼儿承认自己的疏忽，自己想办法赔偿玩具。在这种情况下，既要消除幼儿的不满还要维护墩子的形象。教师事后要向幼儿告知解决问题的办法，特别是不能忘记和同伴分享墩子的造型作品，使其得到自信和同伴的尊重。

在第三种情况下，墩子是因为不知道材料如何使用而弄坏了玩具，或者材料本身已经老化，此时，墩子没有任何过失。我们需要调整自己的教育策略，每次在投放新材料时就对材料进行介绍并提出规则要求，如玩具叫什么、怎么玩，鼓励大家创新玩法但要爱护玩具；也可以告知幼儿玩具的价格，这既是数学学习也能让幼儿重视玩具。如果因为材料老化玩具坏了，教师要直接告诉幼儿事实，让墩子迅速从困境中解脱出来，给墩子找到他需要的材料，鼓励和支持他的探究和造型活动，并适时分享和展示他的作品。

总之，"让幼儿共赢"是处理问题的原则。作为专业的幼儿教师，我们要把事件对每个幼儿的教育价值最大化，使每个幼儿都获得积极的情感经验，尽可能地将负面影响降至最低，当然没有负面影响最好。教师还要特别注意，在提供任何新材料时，增加介绍环节，使幼儿了解必要的规则。高结构的、较贵的材料，要介绍材料的特点、玩法，鼓励幼儿探索创造性的玩法；低结构的易得的材料则鼓励幼儿自由探究和使用。还要特别关注那些首次接触材料、对材料不熟悉的幼儿，给他们以适当的支持和引导。要避免将个体的不适宜行为公之于众。让我们共同努力，用我们的真诚爱心和教育智慧促进幼儿的良好发展。

中国教育科学研究院　　刘占兰

# 49

## ✉ 怎样帮助幼儿合理使用自己的"小聪明"？

老师：

　　您好！

　　我喜欢观察幼儿做游戏，当他们遇到困难的时候，我也总能积极引导。可是，最近碰到的一个问题，却让我不知从何下手。

　　一天户外活动时，幼儿5人一组，开心地玩着扔沙包的游戏。我在旁边静静地观察。突然，我发现嘉鸿那组的幼儿都没有扔沙包，而是聚在一起。他们究竟在干什么？带着好奇，我走近了他们。

　　嘉鸿俨然是一个大领导，手拿沙包，正忙着指挥其他四个小朋友玩"手心手背"的游戏。只见嘉鸿拉着佳雨的手，说："佳雨赢了，排第二。你们几个再来猜手心手背！"原来，他们正在用"手心手背"的游戏决定排队的顺序，以保证公平性。很快，有3个幼儿都"竞争"排上了队。最后，只剩下初寒一个小朋友了。我想，他应该排在最后了。就在我琢磨的时候，只听嘉鸿对初寒说："我们来手心手背，手心就赢。这样谁排第一就公平了吧！"原来，第一的位置至今还空缺！

　　只见两个幼儿迅速把小手藏到背后，又都迅速伸出手心。就在那个时候，嘉鸿果断地说："我是手心，我排第一。"然后转身排在了队伍的第一个，留下了初寒傻傻地站在那里。我知道，他一定不明白自己输在哪里，同样是手心，怎么自己就排最后一个？

　　眼看局势已定，游戏即将开始，我不得不站出来了。我把嘉鸿手里的沙包接了过来，说："两个人都是手心，你怎么判断你赢，初寒输呢？"嘉鸿撇了撇小嘴，说："那好吧，我们重新来猜。"可想而知，两个人再玩"手心手背"的游戏，肯定是决不了胜负的。于是，我点拨道："还可以用什么办法呢？""那我们就玩石头剪刀布吧！嘉鸿提议道。我点点头。于是，这两个幼儿又迅速把小手藏在了背后，嘉鸿出的是石头，初寒是剪刀。这回，嘉鸿脖子伸得老长，格外神气地站在了队伍的最前面，初寒也愉快地排在了队伍的最后。

　　扔沙包的游戏终于开始了，我也放心地到别的组去观察指导了。可没想到，当我再次回到嘉鸿这一组时，发现他们又在玩"手心手背"的游戏，嘉鸿仍然拿着沙包在指挥。我又一次纳闷了。一番询问，原来嘉鸿扔了5次后（这也是嘉鸿自己制定的规则），她便对其他4个幼儿说："我们应该重新排队。"此刻，我终于明白了嘉鸿貌似公平之下藏着的那份"私心"：她想一直独霸沙包，可又不愿直接违反规则，便想出了这么一个办法。于是，我再次干涉道："嘉鸿，你玩好后，接下来应该是谁玩？"佳雨着急地说："是我。"嘉鸿只得把沙包递给佳雨。我便站在远处观察起这组幼儿。第四个幼儿玩好后，嘉鸿见我跑远了，立刻把沙包夺了过去，再次组织小组同伴玩"手心手背"的游戏。初寒想理论，可嘉鸿根本不理睬，他只能急慌慌地跑来向我告状。嘉鸿看见情况不妙，连忙大声喊道："初寒，轮到你了，快来呀！"初寒应声跑回了队伍，游戏又继续下去。

　　《纲要》一再强调，社会领域的教育具有潜移默化的特点。可是，反思自己与嘉鸿的交往方式，更多的是干涉与强迫。也难怪嘉鸿并没有十分主动、愉快地接受我的建议。那么我该采用什么样的方法，既可以润物细无声地引领嘉鸿主动用公平的方法来制定游戏规则，又可以让她自发地遵守规则呢？此外，嘉鸿身上所表现出来的这份私心，是否属于年龄特征的一种表现，需要我们进行重点引导吗？我又可以开展哪些活动有效地帮助幼儿正确地使用自己的"小聪明"，促进幼儿心理健康成长，让孔融让梨的精神在幼儿教育阶段得以传承？希望得到专家的指点。

黄贤

# 教育要兼顾幼儿的年龄特征和个性特征

亲爱的老师：

　　您好！

　　读了您的来信，感觉您是一个善于反思与学习的老师。您不仅反思自己在实践中的做法，而且时刻拿《纲要》来对照自己的教育行为，这是十分值得肯定的。下面我想就您来信中提出的问题谈一下自己的看法。

## 关于幼儿的年龄特征

　　您通过细致观察娓娓道来了一个真实的教育案例，故事的主人公就是嘉鸿。嘉鸿身上所表现出的行为反映了她这个年龄阶段特有的年龄特征。所有的儿童都喜欢游戏，他们本能地倾向于争取游戏的权利和机会，尤其是当他们遇到自己喜欢的游戏时，总想玩得时间长一些。这个年龄阶段还有一个年龄特征，那就是自我中心性，他们总是认为自己是世界独一无二的中心，由此，他们很少顾及别人的需要、感受和立场。

　　但教育的主张是，教育不能做儿童发展的"尾巴"，而是要走在儿童发展的前边。随着幼儿年龄的增长，社会向他们提出了适合他们年龄的社会性教育任务，这些任务可以集中概括为《纲要》中规定的社会教育目标，比如，乐意与人交往，学习互助、合作和分享，有同情心，理解并遵守日常生活中基本的社会行为准则，爱父母长辈、老师和同伴，爱集体，爱家乡，爱祖国；等等。针对幼儿的自我中心性，教育主张要帮助他们去自我中心化，即在发展过程中引导幼儿逐渐区分并协调好自我内部之间、自我与外在环境之间的关系。在教育的影响下，幼儿逐渐知道了应该学会分享、学会合作、学会遵守一定的规则。但是知道并不等于能做到，在喜爱游戏和自我中心性的强大内驱力的驱动下，幼儿想多玩的动机占了上风，但是也不能不顾及规则吧，于是出现了嘉鸿"藏在公平里的'私心'"的情景。我相信，这是一个在成千上万个幼儿园每天都会上演的镜头，因为这就是真实的幼儿，这就是年龄特征。

## 关于幼儿的个性特征

您可能同时会产生这样一个疑问：如果是年龄特征，为什么其他幼儿就没有嘉鸿那样的表现呢？这正是嘉鸿个性特征的体现。每个幼儿都是年龄特征和个性特征的混合体。毫无疑问，嘉鸿是一名初见"指挥者"端倪的幼儿。（幼儿期是幼儿个性发生、发展的时期，他们的发展还没有定型，我们只能说具有了某种个性的萌芽或个性倾向性）美国学者杰·D.贝尔把人的个性分成6种类型：指挥者、攻讦者、遁世者、悦人者、表现者、进取者。个性心理学家认为个性并无好坏之分，只是每一种个性的人都有其独有的特征。比如，"指挥者"的个性特征是：喜欢控制他所身处的环境，领导他所从属的任何组织，并以有规律的、有条不紊的方式生活。再比如，"遁世者"的个性特征是：躲避失败，远离麻烦；依赖于别人的领导，极少有什么自信，偏爱稳定和有惯例可循的工作；极少冒险，给自己制定的目标很低。"悦人者"的个性特征是：心理需要很明确，那就是使他人喜欢和满意自己；通过向他人表示友善、宽容、赞许来寻求承认；偏爱在和气的基础上与人打交道。每种个性类型在人群中都占有一定的比例，而且某种类型的人可能倾向于喜欢与这一种类型而不喜欢与另一种类型的人交往。比如，"指挥者"可能更喜欢与"遁世者"和"悦人者"打交道，因为后两者更容易受领导而不易与"指挥者"发生冲突；但是，"指挥者"可能不喜欢与"攻讦者"和"表现者"打交道，因为后两者不喜欢被领导，从而易于与"指挥者"发生冲突。

可以猜想一下，嘉鸿组也许就是几种个性类型的组合体，因而虽然存在着显而易见的不公平，他们却能乐此不疲地游戏下去。想想初寒，他或许就是一个有"遁世者"或"悦人者"倾向的幼儿吧，否则，当嘉鸿明显用不公平的办法决定胜负后，他怎么就没有提出反对意见呢？有"遁世者"和"悦人者"倾向的幼儿虽然也具备年龄特征，但他们遁世和悦人的动机是行为的主导动机，因而表现出的行为掩盖了他们的年龄特征。相反，嘉鸿"指挥者"的个性倾向性"加剧"了她的年龄特征表现，使得她的行为在人群中凸显出来。

## 教育要兼顾幼儿的年龄特征和个性特征

幼儿园肩负着幼儿社会性教育的任务，而幼儿又存在着突出的年龄特征和个性特征。可以看出，儿童的本性和教育的要求之间是一对鲜明的矛盾，幼儿希望事事都按自己的要求来，而教育则要求他在一定的时候、一定的地点克制自己的需求，服从一定的社会规则，以最大限度满足每个人的要求和利益。那么如何解决这一对矛盾，促进幼儿的发展呢？

社会领域的教育离不开知、情、意、行，其中"情"是最为关键的因素。只有通过增强幼儿的情感体验，才能加强幼儿的社会认知，从而真正改善幼儿的社会行为。因此，要想让幼儿克服自我中心性，最好的办法是让他在自己的真实生活中通过尝试错误的办法去实践、体验、感悟，从而找出合适的行为方式。比如，当嘉鸿说出"我是手心，我排第一"这一不合理的决定时，一般是会遭到同伴的反对的。文中所描述的嘉鸿不合理决定后的情景，一般是不常见的。这也许是嘉鸿经常这样做，导致了其他幼儿已经习以为常；也许是其他4个幼儿多为"遁世者"或"悦人者"倾向的幼儿，他们已经习惯了服从和被领导。相信大多数幼儿在这种情景下，由于游戏内驱力的驱使，都会提出"同样是手心，怎么自己就排最后一个"的质疑，这就迫使嘉鸿重新找出解决问题的办法，从而使游戏顺利开展下去。好在这时候作为教师的您"挺身而出"，代表其他幼儿提出了质疑，成为挑战嘉鸿不公平行为的角色。教师这时的行为是适宜的，抓住了对嘉鸿进行公平教育的有利时机，会给嘉鸿留下深刻的印象。

　　同时您也可以注意观察一下，嘉鸿组的4个幼儿若真是如我前边所分析的那样，多为有"遁世者"或"悦人者"倾向的幼儿，建议您以后不妨把其他类型的幼儿调换到这组来，这样就会给嘉鸿更多的学习机会。幼儿通常是通过尝试错误来学习正确的行为的，当他们的行为遭遇反抗时，他们才会想办法去调整和修正自己的行为。

　　还有一种方法，那就是嘉鸿也遇到了有"指挥者"倾向的幼儿，她的利益可能就会受到威胁，这时她才有可能转换看待问题的视角，设身处地地站在别人的立场上看待问题。我们把这种方法称为"反面经验体验法"。有时候这种方法比正面经验体验给幼儿留下的印象更深刻。这里需要强调一下，相比起教师的直接干预，幼儿真实的生活经历、同伴之间不同类型的互动对他的教育意义更大，也更能真正触动他的心理和行为。

　　对嘉鸿的教育，我们还可以利用她的个性特征。杰·D.贝尔指出，"指挥者"还有一个鲜明的个性特征，那就是：喜欢有条理的、秩序井然的工作环境，具有较强的规则意识和自律能力。我们再回顾一下嘉鸿的行为：当您要求嘉鸿选用其他办法来决定谁排第一时，她同意了并按公平的方法"竞争上岗"。嘉鸿起初"撇了撇小嘴"，我不认为她是不服气，而仅仅是急于游戏的年龄特征和个性特征在"作祟"。我们看到，嘉鸿一直在组织其他幼儿按规则在行事（虽然这些规则也是嘉鸿自己制定的，虽然有些规则不尽合理）。所有这一切都说明，嘉鸿的规则意识还是比较强的，她知道应该遵守规则，因此也没有公然违背规则，而是用自己的"小聪明"在规则的"掩护"下满足着自己的游戏需求。正像您所做的那样，我们可以直接指出嘉鸿所制定的规则的不合理性，引导她建立并遵守公平合理的规则。对于这类有"指挥者"倾向的幼儿，教育的重点不在于培养规则意识，而是让他们通过真实的生活经历真正体会到别人的立场、需要和利益。只有当幼儿的去自我中心化真正发生后，他才有可能主动做出分享、合作等行为。

　　总之，对于嘉鸿这样具有"指挥者"倾向的幼儿，一方面我们要引导其关注同伴的感受、需要和利益等，遵守公平的规则；另一方面，也要注意强化其特长，增强其组织能力。也许20多年后一个具有卓越领导能力的人才就会由此诞生呢！

以上是我对嘉鸿行为的解读和些许教育建议，个人意见，仅供参考。

北京教育科学研究院　刘丽

# 50

## ✉ 这样的奖励有价值吗？

老师：

　　您好！

　　去年，我带了一个新中班。开学没多久，我就发现班里幼儿的语言表达能力不是很强，有些幼儿不会说完整话，有些幼儿吐字不是很清晰，还有些幼儿不敢大胆、自信地回答问题。为了提高幼儿的语言表达能力，我把班级特色定为图画书阅读。图画书因其具有文学性、生活性、教育性、趣味性等特点，成为最适合幼儿阅读的图书。用图画书开展阅读活动，有利于培养幼儿的阅读兴趣，养成良好的阅读习惯，促进其口语能力的发展。我在图书区为幼儿准备了丰富、适宜的图书，幼儿很喜欢在区域活动中翻看、交谈和讲述，我也经常和他们一起看图书、讲故事。这种师幼共读活动丰富了幼儿的情感和阅读经验，提高了他们的语言表达能力。同时，在区域活动中我指导幼儿玩"打电话"游戏，开展角色表演活动，引导幼儿把听过的故事进行分角色表演，促进幼儿同伴间的沟通与交流，从而使他们逐渐想说、敢说、喜欢说。

　　经过一个学期的学习，我发现幼儿的阅读能力、表达能力都有了明显的提高。学期末，为了提高幼儿对语言的感受能力、表达能力，展示幼儿的学习成果，我在班级中开展了讲故事比赛，希望给全体幼儿提供一个大胆讲述的平台，营造一个想说、敢说、喜欢说、有机会说的氛围。

　　为了使此次活动顺利进行，在活动进行前，我先和家长进行了沟通。在家园联系栏以温馨提示的形式把此次活动的目的、意义向家长介绍清楚；同时，我把幼儿讲故事的要求也以打印稿的形式清晰地呈现给家长，使家长能够针对幼儿的具体情况进行一些有针对性的指导，如故事内容的选择，幼儿的语言表达、肢体动作、声音的清晰与洪亮、仪表台风等方面。家长们都非常支持和配合这项工作，更希望自己的孩子在比赛中拿出最佳的状态取得最好的成绩。但我并没有向幼儿及家长透露活动后要发奖状的消息。

为了给幼儿创造同等的表现机会，我请每个幼儿都进行讲述，给他们提供展示自我的平台。在活动过程中，有些幼儿不仅吐字清晰，还非常有感情；有些幼儿很自信，很大方。看到幼儿的进步我特别高兴。但轮到牛牛讲述时，他低着头，一个劲儿摆手。牛牛是一个有些腼腆的幼儿，平时不大爱说话，而且父母宠得不得了。下午幼儿都讲完了，我请他最后一个讲述，可是他却哭了起来。牛牛突如其来的举动，让我和小朋友都很奇怪。我走到牛牛身边，轻声问他："宝贝，怎么了？和老师说说好吗？"牛牛一把鼻涕一把泪地说："我，我，我不想讲故事。"听到幼儿含着委屈的话语，我才知道幼儿心里的焦虑与压力。我想，牛牛可能还没有准备好吧，于是也没有强求他。我安慰牛牛说："好，等你准备好了，再给小朋友们讲故事吧。"就这样，牛牛失去了这次展示的机会。

为了鼓励幼儿讲故事的积极性，提高他们讲故事的兴趣，激发他们继续努力，我针对幼儿讲故事的实际情况，为他们每人都发了一张奖状。奖项是根据幼儿在比赛中的具体表现来设置的，如"讲故事小能手"是全能奖，奖励声音洪亮、吐字清晰、表达流畅、声情并茂的幼儿；"最佳表演奖"是单项奖，奖给仪态大方、肢体动作形象、表演惟妙惟肖的幼儿；"口齿伶俐奖"奖给语言清晰、表述流利的幼儿。幼儿拿到奖状后，都非常兴奋。牛牛因为没有参加这次讲故事活动，我没有给他发奖状，只是和他解释了原因。但当他看到其他幼儿拿到鲜艳的奖状时，还是表现出很失落的样子。我耐心地安慰了牛牛，并鼓励他以后准备好了，可以随时讲故事给小朋友听。

第二天早上，牛牛爸爸把牛牛送到班里后，神秘兮兮地塞给我一张奖状，偷偷地说："老师，昨天牛牛回家说小朋友们都有奖状他没有，特别不高兴，这不，我特意给牛牛买了一张奖状，请您今天写好了发给他，他就高兴了。"听完家长的这番话，我左右为难。如果家长联合老师以这种欺骗的方式奖励牛牛，其他幼儿会认为老师不公平；而拒绝牛牛爸爸，又怕引起误解和质疑。真不知如何是好。

我左思右想，还是违背了自己的初衷，违心地把奖状偷偷发给了牛牛。虽然我没有当着全班幼儿的面，是单独发给牛牛的，但牛牛还是很高兴。而我心里却很自责，也很不是滋味。因为我知道这张奖状对牛牛是没有任何价值的，他本不该得到这张奖状。我对牛牛说："过几天准备好故事，你再来给小朋友讲吧，他们都很期待呢。"牛牛使劲儿地点点头说："嗯，好。"看到牛牛信心满满的样子，我似乎又有了一些安慰。然后，我和牛牛爸爸进行了单独沟通，和他耐心解释了开展讲故事比赛的意义，说明奖状只是外在的激励形式，让幼儿参与到活动中、锻炼胆量和自信、提高语言表达能力才是根本目的。牛牛爸爸也有些不好意思了，一个劲儿地说："下不为例。"

虽然这件事情看似平息了，可我的心里却久久不能平静。想想以前，每次发小礼物奖励幼儿良好行为的时候，如果有小朋友没有得到小礼物，离园时家长也会带幼儿再找到老师拿一个小礼物，然后和幼儿心满意足地回家。甚至早晨来园幼儿情绪不好、有哭闹现象时，家长们也会以讨要小礼物的形式来安慰幼儿。可能家长认为小礼物也不是很贵重的东西，多一个少一个无所谓，而幼儿只要得到小礼物就会很开心，所以家长会不顾及小礼物的获得方式。但小礼物的意义在于奖励小朋友，如果讨要就可以轻易得到的话，幼儿也会很不珍惜，更不会通过自身的努力去争取老师的奖励。这样的情况使我很忧虑，也很困惑。

有时候在这种"两难的情形"下，我也不得不采取"息事宁人"的做法，满足家长和幼儿的需求。但无疑"治标不治本"，而且助长了幼儿和家长继续讨要小礼物的行为，使"小礼物"的奖励方式异化，流于形式。

如何有效利用小礼物，使小礼物的奖励价值得以体现呢？如何改变家长和幼儿讨要小礼物的情况呢？如何用更好的评价和激励办法促进幼儿的成长呢？恳请专家支着，谢谢！

张乃艳

# 让奖励更有价值

亲爱的老师：

您好！

仔细阅读了您的来信，透过条理清晰、叙述清楚的文字，感觉您是一位工作认真、关爱幼儿、勤于反思的老师。因为新接班级没多久，您就注意到了班上幼儿在语言发展方面的情况，为此您做了一个学期的努力，期待幼儿在期末的讲故事比赛中能各显身手。虽然信中没有明示，但我想您一定是希望每个幼儿都能获奖，没想到一个"不愿意讲故事"的牛牛，让"讨要小礼物"的情形再次上演，由此引发了您的困扰和思考。

您在提高幼儿语言表达能力方面所做的尝试，以及用小礼物奖励幼儿的经历也引发了我的一些思考，咱们来讨论一下吧！

## 哪些方法对提高幼儿语言表达能力有帮助

我们先来说一说和奖励无关的话题。您在开学不久就发现了幼儿语言表达能力不强的情况，并列举了有些幼儿"不会说完整话""吐字不是很清晰""不敢大胆、自信地回答问题"等具体表现，我揣测您信中的含义，您是把这些当作"问题"来看待的吗？我们来看看《北京市贯彻〈幼儿园教育指导纲要（试行）〉实施细则》中，对中班幼儿语言发展特点的描述吧，"4—5岁幼儿基本上能够发清楚大部分语音，能够听懂日常生活中的一般句子和一段话的意思。他们掌握词汇的数量和种类迅速增加。在使用简单句的基础上，其语言逐渐连贯起来。"由此看来，您班上幼儿的种种表现多是年龄特点所致，不一定都是问题。认清这一点可以使我们更加客观地看待幼儿的种种表现，更有目的地基于幼儿的已有经验和发展需要施以适宜的影响和支持。

您所采取的图画书教学、师幼共读、通话游戏和角色表演等都是非常好的培养、发展和提高幼儿表达能力的途径和方法，而且经过一个学期的努力，您也欣喜地看到了幼儿的变化和进步。在这里我想再向您推荐一些其他的做法。

## 为幼儿创造说话的机会

您一定注意过，幼儿只要凑在一起就会说个不停，似乎有说不尽的话题，这是幼儿的特点。反观一下，幼儿在幼儿园自由交谈的机会多吗？时间充分吗？而和小伙伴相互说一说见闻、趣事，争论一下动画片中的人物情节，是他们乐此不疲的事，也是发展幼儿倾听和表达能力最自然的途径之一。因此，试着调整一下一日生活的组织形式和方法，多给幼儿一些"自由说话"的时间。因为语言表达能力是在运用的过程中逐渐发展和提高的，为幼儿创造说话的机会，幼儿才能在交谈中体验到语言交往的乐趣，才可能越来越"会说"。

## 关注个体语言发展现状

《指南》提出，每天有足够的时间与幼儿交谈，可见成人与幼儿的交流对幼儿语言发展的重要。很多时候我们了解、判断本班幼儿的语言发展现状，容易以偏概全，比如，班上有几个幼儿"能说会道"，有的老师就认为全班幼儿普遍"能说"；个别幼儿口齿不清，有的老师就感觉大部分幼儿需要纠正发音。然而，幼儿的语言发展存在差异，因此，建议您可以利用游戏、生活环节、过渡环节等进一步加强与幼儿个别化的交流，更清晰、准确地了解每个幼儿语言发展方面的特点，并依据《指南》中相应年龄幼儿的典型表现，有目的地引导幼儿逐渐接近本年龄段的发展需要。

## 注重提高亲子谈话质量

家庭对幼儿语言发展起着至关重要的作用，首先，可以通过各种与家长沟通的方式向家长们渗透，幼儿语言能力的强弱不仅是能讲故事、会背诗，重要的是能"听懂别人说的"和"说清自己想说的"，并且具有与年龄相应的文明语言习惯。其次，可以建议家长多跟幼儿谈些他感兴趣的事情，交谈中多专注倾听少打断纠正，并且给予积极的回应，引领幼儿充分表达。最后，建议家长多带幼儿外出参观、游玩，多样的经历会给幼儿的表达增加谈资，让幼儿"有的说"。

## 除了小礼物，还能用什么作为奖励

从您的来信中，我感觉发放小礼物是您经常使用的一种奖励幼儿良好行为的方法，但似乎经常不能让幼儿、家长都满意。因为没有得到礼物的小朋友会不开心，而家长也可能以"小礼物也不是很贵重的东西，多一个少一个无所谓"为由替幼儿讨要礼物。您在"两难的情形"下，也不得不采取"息事宁人"的做法，满足家长和幼儿的需求，透过文字我感受到了您的为难。

其实，不可否认物质奖励对于幼儿良好行为习惯等的养成有较强的促进作用，但正如您所经历和意识到的，幼儿看中的只是小礼物的外在奖励形式，家长们已经把小礼物作为哄幼儿听话的把戏，这时的小礼物已经失去我们想要通过物质奖励所要达到的目的了。除了引导幼儿和家长正确对待小礼物的得与失，您也可以试试让奖励的形式多样起来，比如以下几种方式。

### 多做一次值日生

中班幼儿随着自理能力的加强，他们也越来越喜欢在帮助别人做事的过程中体验独立完成任务的快乐，并在他人的赞许中获得积极的自我认知。做值日生是很多幼儿引以为豪的一件事情，试着把多做一次值日生奖给那些非常喜欢做这项活动的幼儿，可能比奖给他们一件小礼物更具激励作用。

### 请爸妈参观班级

一般情况下，家长只能在幼儿园规定的时间到园参加班级活动，而爸爸妈妈来幼儿园看自己游戏、上课、吃饭是幼儿感觉很开心和盼望的事情。试着把请爸妈来参观奖给那些爸妈工作忙、不能每天接送的幼儿，请他们的爸爸妈妈挑选合适的时间来班上看幼儿的活动，也不失为一个适宜的奖励。

### ✍ 优先选择权

给需要奖励的幼儿一次优先选择的权利吧！可以是优先选择活动区、优先使用新的彩色笔、优先选择新玩具……，让幼儿有一次小小的优越感和满足感，这种精神和行为上的奖励，会对幼儿良好行为的保持有促进作用。

### ✍ 商定奖励的内容

和幼儿商定奖励的内容，引导幼儿在合理的范围内选择自己喜欢和期待的事情作为奖励，也许是吃一次平时家长禁止但偶尔为之无妨的食物，如冰棍、快餐；也许是中午不睡午觉一次；对于小女孩，也许是冬天穿一次纱裙（当然要穿保暖内衣）……。总之，在确保幼儿健康安全的前提下，允许幼儿"放肆"一下。

需要强调的是，任何一种奖励都不应成为常态，且应在幼儿做好而不是拒绝做某件事情的时候。不论运用哪种奖励，都要注意不应使幼儿仅为了得到奖励而做事情。有些是幼儿本应做的事情就要注意奖励的频率和时机，甚至不用奖励。物质奖励和精神奖励相结合且适度使用，才能真正激发幼儿的内驱力。

## 牛牛为什么不愿讲故事

我们来看看牛牛小朋友吧。上午"轮到牛牛讲述时，他低着头，一个劲儿摆手"。下午又一把鼻涕一把泪地说："我，我，我不想讲故事。"这个有些腼腆，平时不大爱说话的幼儿心里的焦虑与压力溢于言表，似乎又含着委屈。您一方面没有强求幼儿讲故事，给了幼儿充分的尊重，一方面又碍于规则没有发给牛牛奖状。看到这里我特别想知道：牛牛为什么不愿讲故事呢？

您的信中对于牛牛不愿讲故事的原因没有描述，所以我想，如果老师能跟牛牛交流几句，也许能探明牛牛不愿讲故事的原因：是完全没有准备？还是不敢在大家面前讲话？是怕自己没有别人讲得好？还是家长给了什么样的压力？总之，如果及时了解幼儿的焦虑和担忧所在，就能找到应对的办法，帮助幼儿在这样一个全班参与的活动中不至于落单。还有，牛牛拿到奖品后，兑现了与老师"过几天准备好故事，再来给小朋友讲"的承诺了吗？我想，如果把牛牛爸爸准备的奖状等到牛牛真的准备好而且讲给大家听了之后再当着全班小朋友的面发给牛牛，是不是意义更大？

另外，像您开展的类似展示学习成果的活动，我建议形式可以多样一些，除了讲故事还可以尝试其他的内容，如说儿歌、猜谜语、说说自己喜欢的一本书、说说自己喜欢做的一件事等，让每个幼儿有选择自己喜欢且能够胜任的空间。在幼儿讲述的时候，对于确有困难的幼儿老师可以适当"帮腔"，帮助并支持每一个幼儿获得愉快表达的体验。如果可以选择的话，也许牛牛会大方地说个儿歌或讲讲自己心爱的玩具如何好玩。幼儿在获得内心的满足后，小奖品可能就不那么重要了。

## 如何面对家长的讨要

从您的来信中可以感觉到，部分家长对待"小礼物"的态度和行为让您很是纠结，左右为难之时似乎还没有找到适宜的应对方法。我想，除了前边所提到的运用多元化奖励引导幼儿获得内在激励外，对家长进行相关观念和做法的影响也是非常必要的。

### 认识统一

教师和家长在认识上的相对统一是运用激励策略引导幼儿健康发展的基础，要认识到，奖励是为了肯定和促使幼儿取得更大的进步，或将好行为延续以及逐渐养成好习惯而运用的一种激励方式，目的是激发幼儿内在的学习、行为的动机和积极性。但是物质奖励一定要适度，不能使幼儿把学习或好的行为仅同一朵红花、一个玩具联系起来。在这一点上，老师可能需要通过家长专题讨论会、个别约谈、推荐相关文章等方式，慢慢与家长沟通，逐渐达成一致。

### 策略相仿

在认识统一的基础上，幼儿园和家庭所运用的奖励方式如果能大致相同或者相互补充，那么奖励的作用就会更明显一些。比如这次的讲故事比赛，您可以根据幼儿讲故事的不同特点，按照讲故事小能手、最佳表演等分别给幼儿拍照，张贴在班级布告栏中展示给家长，让家长分享幼儿的成长，让幼儿在家长们的赞许声中获得精神上的满足，同时事先与家长做好沟通，请家长事后给幼儿适当的精神或物质的奖励，家园合力使这次活动从表达能力到情感态度都给幼儿带去收获及美好的记忆。

### 尝试变通

即使做了沟通与解释，有时也避免不了幼儿、家长"讨要礼物"的现象出现，这个时候，就需要变通了。第一，要"奖"得明白。在必须要"奖"的情况下，要向幼儿及家长明示为什么奖，说得越具体越好。第二，尝试"延迟奖励"。面对家长的讨要和幼儿的哭闹，可以"缓"一步，给幼儿调整和努力的机会，一旦有变化，马上就"奖"。第三，因人设奖。每个幼儿都是一个独特的个体，他们的特点和能力长项各不相同，如果我们能奖长避短，就能使每个幼儿更加自信地行走在成长的道路上。

总之，不论是幼儿园还是家庭，对幼儿要以精神奖励为主，物质奖励要在最适合的时机采用。给予幼儿更多的精神关注吧！让他们的内心丰盈充实起来，在老师、家长的陪伴下以健康向上、积极乐观的心态成长与发展，这样的奖励才更有价值。

北京市东城区教育科学研究院　马春杰

# 51

## 描写心理活动的图画书适合幼儿欣赏吗？

老师：

您好！

我是一名对语言教育活动情有独钟的一线教师。我深知，语言是交流思想、表达感情的一种工具，好的选材不仅能促进幼儿表达，还能激发认知冲突，让幼儿在思维的伴随下加深对作品的理解。

"大狮子的许多许多辫子"是我在中班时开展的一次故事教学活动，这个素材围绕一只大狮子改变发型后惊讶、害羞、欣喜的情绪变化，展开了一个充满意趣的故事《大狮子的许多许多辫子》。

针对我班幼儿语言发展的水平，为了更好地展现这个主要情节线索，我做了几个方面的准备：第一，我为幼儿准备了经过截图、特技处理的动态课件，将故事里动物的对话提前做成录音音效（如水牛、骆驼声音比较粗重，小马跳跃性强，山羊声音要颤抖些），以支持幼儿复述对白再现故事；第二，我设计了围绕主线讲述的立体操作故事盒，吸引幼儿把狮子的三种不同表情分别放在三个场景中，通过自主操作、组合、再现的方式呈现故事，以检验幼儿是否听懂、理解了故事，并为表达提供了支持；第三，对幼儿已有的发型经验进行了解的同时，设计了层层深入的提问。可没想到实际的活动中，幼儿对狮子的表情变化产生的关注远远不像我想象中那么热烈。活动后的反思让我意识到，如果设身处地地把自己当成狮子，会不会就有不一样的热烈气氛呢？当我再次尝试时，幼儿的激情仍没被点燃。

我很苦恼也十分困惑，活动中不仅没有看到以往活动里幼儿思维活跃和大胆表达的现象，而且修改后也仍不能激发幼儿主动学习的热情。难道是描写心理活动的图画书不适合这个年龄段的幼儿欣赏？是选材出了问题吗？将之前活动的素材与之比较，这个图画书最大的特点就是将心理活动的变化作为线索，通过实际的操作和对情节的讨论，幼儿明显可以理解到这些情绪变化。会不会用语言表达内心的变化对幼儿造成了难度？那么，用角色的内心变化做线索的优秀文学作品又应如何激发幼儿主动参与呢？希望得到专家的指点和帮助！

邓蕊

附：

### 中班故事教学活动：大狮子的许多许多辫子

**活动目标**

1. 倾听和理解故事《大狮子的许多许多辫子》，感受狮子惊讶、害羞、快乐的情绪变化。

2. 尝试讲出故事中感兴趣的部分。

**活动准备**

1. 物质准备：课件（配具有音效的对话），大、小图书各一本，狮子表情图片（大、小若干），可操作的背景卡若干。

2. 经验准备：日常生活中有更换发型的经历，欣赏过动物角色的故事。

**活动过程**

1. 采访小朋友换发型的感受，调动对发型的已有经验。

（1）指导语：今天的发型有什么改变？换了新发型有什么感觉？

重点：引导幼儿在观察伙伴发型变化的基础上，通过自身经历讲出换发型时的心情，为故事中的线索做铺垫。

（2）指导语：有一只狮子也梳了新发型，你猜他的心情怎样呢？

重点：鼓励幼儿大胆表达对故事情节的猜想。

（由于调动了幼儿对发型的经验，在引起共鸣的同时，幼儿用较为丰富的语言表达出对改变发型的看法）

2. 欣赏故事，初步理解故事内容。

（1）边播放课件边带领幼儿欣赏完整的故事。

（2）引导幼儿讨论故事中自己最喜欢的部分。

指导语：你最喜欢故事里的哪一段？

重点：鼓励幼儿用自己的语言讲出故事中喜欢的部分。

（这是个开放的提问，幼儿根据自己印象深刻的故事内容进行表达，有的"喜欢小兔子帮狮子梳头"，有的"喜欢狮子跑"，有的"喜欢动物之间的对话"，有的"喜欢最后大家都梳辫子"。由于在备课时考虑得细致，所以这个环节中幼儿关注的地方基本与预设的关注点一致，在帮助幼儿分享的同时梳理和提炼需要掌握的要点）

3. 分析故事中狮子情绪的变化，加深对故事的理解并尝试讲述。

（1）集体讨论狮子表情的变化。

指导语：狮子喜欢这个发型吗？你从哪里知道的？狮子一共出现了几次不同的表情，都是什么样的？我们来学一学。为什么狮子会有这样的表情，狮子心里是怎么想的？

重点：充分感受狮子表情的变化以及内心的变化。

（幼儿理解了狮子的表情变化，包括现场探讨了大狮子最后躲在洞里的孤独，让大家印象深刻。可在这个环节幼儿表达的热情不高，与设想的表现以及平时参与活动的激情很不一样，问题出在哪里？调整后，在这个环节我加入了"如果你是狮子，心里感觉怎样"，效果也不十分明显）

（2）幼儿操作材料并尝试用自己的语言或故事中的语言再现故事。

指导语：在什么情况下狮子出现这样的表情变化？

重点：摆表情图的重点——情节；讲的重点——使用故事中的语言。

（由于材料十分吸引幼儿，大家在操作环节比较投入，但请幼儿讲时，大家都按照自己对故事的理解和喜好，简单呈现故事，但讲时显得比较沉闷）

**活动延伸**

教师展示图画书《大狮子的许多许多辫子》，拓展幼儿对阅读的兴趣。

**故事梗概**（略有改编）

大狮子来到小兔子的家，发现小兔子头上梳着一条大辫子，可爱极了！小兔子说："大狮子呀，你的头发真乱啊！"大狮子说："是呀，真不好意思！"小兔子站在高高的梯子上说："那我来给你梳梳头吧。"大狮子坐在矮矮的凳子上说："好啊，谢谢你！"小兔子给大狮子梳头，梳着梳着，给他梳了许多许多辫子。大狮子一照镜子，吓了一跳："哇，你给我梳了这么多辫子啊，可我不是女孩呀！"头上有许多许多辫子，大狮子一点也不喜欢。"太难看啦，太难看啦！"大狮子用手捂住脑袋，逃出门去。大狮子跑过小马（陆续跑过水牛、山羊、骆驼）的身边，小马（水牛、山羊、骆驼）说："大狮子，你的头发好特别啊！""特别，特别难看吧？"大狮子反问。"好看，你的头发就像麻花一样，多可爱啊！"最后大狮子躲进山洞里，藏起来了。第二天，大狮子从山洞里出来了。他看见了小马、水牛、山羊、骆驼。小马把辫子梳在鬃毛上，水牛把辫子梳在尾巴上，山羊把辫子梳在胡子上，骆驼把辫子梳在驼峰上。大狮子看到大家，笑着说："哈哈，原来你们也梳辫子啦，真好玩啊！"

# 由《大狮子的许多许多辫子》带来的反思

亲爱的老师：

您好！

看了您的教学案例，活动中有思想有层次的引导式问题，勇于质疑并挑战自我的反思性问题，使这篇案例充满了创新、质疑、探索的精神气质。和您一样，初接触这一案例时，我除了感到童话故事文本的文学性稍差以外，也对幼儿对大狮子的情绪变化不感兴趣颇感疑惑。是您在反思中质疑的"难道是描写心理活动的图画书不适合这个年龄段的幼儿欣赏"，提醒我去查阅有关幼儿情绪认知的相关研究成果，试图从解读幼儿的经验水平和学习特点入手来思考与探讨这一问题。

让我们针对您所设计的引导性问题和反思性问题，循着分析幼儿、分析文本素材的思路，来反思这一教学案例。

## "狮子心里是怎么想的？"
## ——幼儿应具备的情绪认知水平与社会认知经验

我们先来分析一下《大狮子的许多许多辫子》这一故事的欣赏要点。我们知道，多数优秀的文学作品是以其有趣的情节、紧扣主题的清晰线索、文学戏剧冲突点的设置以及为此而做的巧妙铺垫，来吸引并打动读者的。《大狮子的许多许多辫子》也是这样。这一故事的戏剧冲突点是"惊讶"，因此，您将教学活动的首要目标确立为"感受狮子惊讶、害羞、快乐的情绪变化"，准确地抓住了这一故事的欣赏要点。如果在教学过程中能引起幼儿与大狮子产生"惊讶"共鸣的话，就能取得预想的教育效果。但无论是面对教师的精心设计、引导，还是主动反思后的调整，幼儿一直不"惊讶"，也就无法沉浸到故事所营造的特有的情感氛围中。

"惊讶",也就是心理学所指的"惊奇"这一情绪。心理学的相关研究告诉我们,惊奇情绪是一种基于信念的情绪,这里的"信念"指的是人们对客观情境的主观看法或认知评价,是理解客观事实和人类行为的中心。通俗地说就是人们的"想法""看法"等。当事物或情境表现出与人们原先的"以为""认为"反差过大时,"惊奇"才会产生。研究证明,4—5岁幼儿才逐渐理解"惊奇"这一情绪状态,但对他人情绪的理解及共鸣离不开自身的愿望与信念,而且幼儿虽然能够正确说出他人所持有的信念,却较难根据这一信念正确推测他人的愿望(想要还是不想要)。

结合故事情节,大狮子为什么会对自己的新发型感到"惊讶"呢?虽然"他"并没有明确说出自己认为什么样的发型好看,但通过"你给我梳了这么多辫子啊,可我不是女孩呀",以及后来大狮子看到全体小动物都梳了辫子后释然的情绪,我们可以读出"他"对"难看"发型的看法(信念):第一是大家比较少采用的"特别"(各色)发型,第二是男生梳了女生的发型。于是"他"开始时不想要这样的发型,尽管众多小动物当时就告诉"他"大辫子"多可爱啊"。但当第二天"他"发现自己的发型不再"特别""各色"时,"他"也就不再纠结于"男""女",欣然接受了自己的新发型。

按心理学研究的结果,中班(4—5岁)幼儿对理解大狮子的这一信念以及由此带来的情绪变化,是有着相当的难度的。这一年龄段的幼儿还处于以自己的信念和愿望推断他人的阶段。对于发型、衣着,他们会有自己喜欢和不喜欢的情感、想要和不想要的愿望,却并无性别成见以及让"会不会各色"这类的想法来束缚他们自由自在的思维与心灵,而且当今社会对于个人生活方式的态度是十分宽容和开放的,幼儿也很难有机会接触到有关发型的明确的男、女界限,以及"标新立异是难为情的"这一类几乎是二三十年前的社会观念。因此他们难以由己推人地理解大狮子为什么会有这么大的情绪反应,倒可能有点儿迷惑于狮子的"大惊小怪"。

让我们循着教师的提问,层层递进地分析幼儿在教师引导下的学习进程。"你猜他的心情怎样呢",引导幼儿对改变发型提出了自身的看法;"为什么狮子会有这样的表情",引导幼儿"明显可以理解到这些情绪变化"(其实这里的"理解到"更准确地说似乎应该是"识别到",即幼儿只是进行了情绪判断与识别)。但对于"狮子心里是怎么想的"这一真正指向个体信念的提问,幼儿则是"表达的热情不高""效果也不十分明显",说明幼儿并不能深刻地去理解故事中基于大狮子信念的看法。即使后来教师使用移情的方法再提出"如果你是大狮子,心里感觉怎样",他们仍然不能设身处地地去理解大狮子认为"标新立异、男扮女装是难看"的想法。于是幼儿无法和大狮子一样"惊讶",无法感悟由"惊讶"而营造的故事意境与效果,教师期待的"平时参与活动的热情"没有出现,幼儿复述故事时更是"简单呈现""没有更热烈的气氛""显得比较闷"。这些表现证明了"充分感受狮子表情的变化以及内心的变化"的教学目标基本上没有实现。

## "你最喜欢故事的哪一段?"
## ——该班幼儿喜欢的童话故事的特点

这一提问体现了鼓励幼儿个性化、自由欣赏故事的理念,幼儿的回答也为我们分析他们喜欢的故事类型提供了依据。他们有的"喜欢小兔子帮狮子梳头",有的"喜欢狮子跑",有的"喜欢动物之间对话",有的"喜欢最后大家都梳辫子"。可见,幼儿喜欢的故事显著呈现着对话重复与有趣、动作性强、大家都一样以及互相帮助等状态描述的特点。而教师作为第一目标提出"感受狮子惊讶、害羞、快乐的情绪变化",在故事文本中只以一个比较抽象的"吓了一跳"来交代作为戏剧冲突点的"惊讶",这怎么可能使"惊讶"产生异峰突起的文学效果,从而鼓动起幼儿的欣赏热情与兴趣呢?对比来看,故事中以"捂着脑袋,逃出门去""躲进""藏起来"等相对生动的动作描写了大狮子的"害羞",就使幼儿"现场探讨了大狮子最后躲在洞里的孤独,让大家印象深刻"。可见,能打动幼儿、让幼儿浸润其间的文学作品,必须充分运用有趣的对话、形象的动作以及能打动幼儿的状态描写这些文学手段,来巧妙地编织线索、铺垫情节并揭晓结局。

其实,教师对幼儿的故事欣赏特点与经验是心里有数的。案例中,您虽然将"感受情绪"作为了故事的首要目标，但却在教学的设计中使用多媒体技术重点描画了大狮子的一路狂奔以及与小动物的对话，"我为幼儿准备了经过截图、特技处理的动态课件，将故事里动物的对话提前做成录音音效"，果然幼儿对这一段是感兴趣的，他们喜欢的故事部分基本集中在这里。

## "描写心理活动的图画书不适合幼儿欣赏？"
## ——激发幼儿热情与主动参与的策略

难道描写"惊奇"这一基于信念的情绪与心理状态的童话故事真的不适合幼儿欣赏吗？还记得一本名为《兔子先生去散步》的图画书吗？它通过兔子在散步路上遇到的重重险情，以"标志"为线索，以"看见标志——形成个性化解释（看法或者信念）——意想不到的结果反馈"的情节铺垫方式，以滑落、跌倒、掉进、逃出等构成戏剧冲突点，最终以"哥俩好"这一幼儿喜欢的"在一起"（大团圆）的状态为结局，生动描画了与"惊奇"相关的惊讶、惊恐、惊喜等一系列情绪。对于"标志"，生活在当今社会的幼儿并不陌生，诸如交通标志、公共设施标志等，早已为幼儿初步形成"标志是便利人们生活、提醒人们小心的"这一信念打下了基础。曾有教师把这一图画书改编成童话故事，给中大班的幼儿欣赏，幼儿完全被故事吸引，跟着兔子先生不安、疑虑、惊恐、惊喜，较好地体验了相应的情绪变化，基本上取得了预期的教学效果。

如果把《大狮子的许多许多辫子》与《兔子先生去散步》相对比，我们不难看出，本案例中教学活动没有达到教学效果的重大原因之一就是选择教学资源（故事文本）的失误。根据中班幼儿的欣赏特点，教师选择的童话故事应具有以下文学特征：

语言表述，以生动有趣、充满机智、韵律感强、语音语调感强且重复较多的对话和大段的动作性叙事描述为主，描述场景时的语言要具有画面感、色彩感强的特征。

叙事情节，三段对比式的叙事方式较多，带有循环重复的元素，属于开放式的重复，情节在角色的行动与结果的对比中推进，使读者被故事情节牵引而深入地对比。

情感线索，较紧密地随故事结构展开，故事虽有悬念，但在幼儿可联想的心理空间内起伏，符合幼儿的心理承受力，还有的作品出现了心理活动描写。

主题表达，以惩恶扬善的基本伦理、正义战胜的昂扬基调为主，具体分为表达朋友情义、爱的主题和想象的世界、聪明机智、诚实等。

## "你从哪里知道的？"
## ——教育活动反思中对幼儿反应的具体描述

这一提问本来是老师问幼儿的，目的是引导幼儿注意欣赏文学作品的细节、描画手段、氛围与意境。但这一案例还留给我的深刻印象就是教师在教学过程中，在观察、记录幼儿的语言表达与参与状态的基础上进行的质疑与反思。正是教师对幼儿在学习过程中表现的具体记录，才使我们能从解读幼儿的经验、发展水平与学习特点入手，更加准确地锁定问题，正确归因并为找到解决策略提供有效路径。我在分析中不厌其烦地引用教师的原文，意在于此。

这一案例也有让我们感到些许遗憾的地方，在很关键的第三步"分析故事中狮子情绪的变化，加深对故事的理解并尝试讲述"，幼儿没有如教师期待的热烈讨论狮子的情绪变化，没有热情参与复述故事。这里教师应该呈现几条有代表性的幼儿的具体回答，以使我们能够循着幼儿的思想，进一步探讨、分析他们究竟是怎样看待狮子的"大惊小怪"的。

当教师把问向幼儿的"你从哪里看出来的？"也用于反问自己时，我们将会更深透地理解并遵循促进幼儿主动学习的策略——"研究幼儿、研究领域学科与教学资源、研究教育教学策略"，使幼儿园教育教学质量进一步提高，促进幼儿的健康成长与和谐发展。

北京联合大学　廖贻

# 52

✉ 怎样能让幼儿既享受阅读的乐趣，又不发生行为问题呢？

老师：

您好！

为了让幼儿感受文学作品的各种美好，满足幼儿喜欢听故事的愿望，从小班开始，我们在每天中午吃饭前安排了固定的"美好故事时间"，每次用大约5分钟的时间，讲一至两个故事或者一本图画书，遇到长的故事或者图书就连续讲两天。至于故事的选择，我会参考朋友圈里或其他阅读推广平台的推荐；也会参考家长的建议，比如说某个幼儿最近喜欢什么故事，我就把这个幼儿的书拿来进行全班分享；还有的是其他班级老师分享的。当然我会根据经验筛选其中适合幼儿的兴趣和年龄特点、幼儿也一定喜欢听的故事。

幼儿非常喜欢"美好故事时间"，每天都很期待这一刻的到来。

可是进入中班下学期以后，发生了意想不到的事，我不知道该用什么样的策略去回应。

那天，我给小朋友讲《小熊拔牙》的故事："拔呀拔呀，还是拔不动……"我讲得很兴奋，幼儿听得也完全投入了，正在这时，只听雷雷"哇"的一声大哭起来，"美好故事时间"立刻被打断了。雷雷边哭边跑过来向我告状："刘老师，豆豆咬我手了。"只见豆豆一脸的害怕表情，嘴里小声说："谁让你给我拔牙呢。"我立刻意识到是雷雷在听故事的过程中，自然而然地模仿起了故事里面的小兔大夫，把手伸进豆豆的嘴里，然后豆豆下意识地咬了他。

　　今天，我又遇到类似的事情，我给小朋友讲《乱挠痒痒的章鱼》："章鱼有八只可以弯曲缠绕的触手，他喜欢用它们去挠小鱼……"幼儿听得正投入的时候，只见坐在一起的天一和子晴两个人厮打了起来，虽然我没有问原因，但也判断出，一定是子晴在听故事里"章鱼乱挠痒痒"时，手自然而然去挠旁边的天一，然后两个人就厮打了起来的。

　　幼儿确实完全沉浸在故事情节中了，可能是动作思维的特点让他们不免对旁边的伙伴动起了手，行为问题就发生了，"美好故事时间"的现场出现了不和谐的声音。

　　在小班的时候并没有类似的事情发生，小班幼儿在听故事时就只是很自然地跟着做动作。为什么中班的幼儿会发生肢体冲突呢？我该如何引导呢？还请专家老师提供适宜的策略，既尊重幼儿的思维特点，又能解决幼儿的行为问题。

刘胤

# 让故事时间更美好

亲爱的老师：

您好！

您每天用固定的时间为幼儿读一个好听的故事，与幼儿共度"美好故事时间"，我相信幼儿一定非常期待并享受这段时间。好的图画书具有吸引幼儿的魔力，使幼儿不知不觉沉浸在故事的意境中并以角色自居，模仿角色动作来表达自己的理解和认同。但在这么美好的时刻，有的幼儿却做出了让小伙伴很不愉快的事来，比如豆豆等幼儿在教师讲故事时与同伴发生了肢体冲突。这些冲突也引发了我们的思考：教师要采用什么样的引导策略，才能既保证"故事时间"的美好顺畅，又引导同伴友好相处呢？但在讨论引导策略前，我们先要了解幼儿产生这一行为背后的原因。

## 从图画书阅读与幼儿心理两方面，分析幼儿的行为表现

由于您提到的引起幼儿冲突的事件恰好都发生在阅读图画故事书的时候，因此，我们着重从图画书阅读的角度来分析幼儿的心理与行为，并提出策略建议。

### 轻松愉快的阅读容易引发幼儿的情感共鸣和角色自居

幼儿阅读推广人彭懿曾指出，在图画书的世界里，应改变整个世界以强大的姿态迫使幼儿学习的传统教育目的，成人世界退后一步，让幼儿在一个相对宽松的世界里自己去摸索、发展。

您把"美好故事时间"每天固定安排在幼儿中午饭前的安静活动时间，每次讲一至两个故事或者一本图画书，目的"就是让幼儿感受文学作品的各

种美好，满足幼儿喜欢听故事的愿望"。可见，这一师幼共读的意图是纯粹的欣赏与享受文学的活动。这种不以功利性说教为目的的阅读是图画书的重要学习形式之一。在轻松愉快的共读过程中，幼儿最容易在潜移默化的熏陶中感悟到文学作品的语言美、画面美和意境美，并在审美的感动中产生强烈的情感共鸣，不知不觉沉浸在故事的意境中并以角色自居，体验角色自居所带来的身心愉悦。

### ✒ 打动幼儿的故事引发幼儿的动作模仿

美好的阅读还需要美好的图画书来支持。您选择图画书的依据是"适合幼儿""幼儿很喜欢听的故事"。而这样的故事大多都紧紧扣住某一年龄阶段幼儿或喜欢或头痛或担忧或恐惧的事情来展开情节，引起幼儿与故事的情感共鸣，也容易引发动作模仿，幼儿会模仿角色动作来表达自己的理解和认同。

从您选择的图画书《小熊拔牙》来看，这是一个经典图画书故事，讲的是小熊因为过量吃甜食且没有及时刷牙，牙齿坏掉引起疼痛不得不去拔牙的故事。其中吃糖是幼儿最喜欢的，刷牙是幼儿坚持不下来的最头痛的，牙疼是幼儿最担忧的，拔牙是幼儿最恐惧的，因此，这个故事特别能引起幼儿的心理和情感共鸣，"幼儿听得也完全投入"，雷雷甚至投入到以兔医生角色自居去给豆豆"拔牙"，才招致豆豆的肢体反抗。

《乱挠痒痒的章鱼》也是一本经典图画书。通过章鱼喜欢乱挠别人引起人家的反感继而闯下大祸（挠得珍珠妈妈丢掉了珍珠宝宝），后来它发挥自己所有的能力去救回珍珠宝宝，并醒悟到"我保证，以后我再也不挠你了"。您选择这本图画书的理由，除了这个故事确实很生动外，同时应该是针对"拔牙"引发同伴冲突的问题，想让幼儿在欣赏故事的过程中，通过潜移默化的影响，主动认识到"乱挠"别人是不受欢迎的行为。但故事情节太有趣，角色动作太生动，加上故事前一部分有些小鱼还很喜欢章鱼的"挠痒痒"，所以还等不及读到结尾章鱼的"醒悟"，子晴已经把自己想象成活泼可爱的章鱼去挠天一，又引发了纷争。

以上分析告诉我们，好听好看的图画书故事，会增加某些幼儿动作模仿的可能性，有时会给沉浸在故事听赏中的小伙伴带来困扰。

### ✒ 中班幼儿的社会心理发展水平带来的交往困扰

据您所说，在小班的时候并没有发现幼儿因为模仿故事里的人物动作发生争执，小班的时候只是老师讲，幼儿就自然跟着做动作。而案例中幼儿正是中班下学期（5岁左右）。

社会心理研究表明，中班是"友谊"发展的关键时期。幼儿渴望友谊，他们认为身体接触是亲近和友好的表示，但在现实生活中，由于缺乏适宜的交往策略经常导致不愉快的交往事件和冲突。在这一时期，当幼儿想交朋友但缺乏一定技巧时，行为上可能出现恶性循环。幼儿需要从成人处获得掌握特殊交友技能的帮助。

可见，5岁左右的幼儿既想和同伴建立友好的关系，又缺乏恰当把握动作分寸和选择多种适宜交往策略的能力，这才会导致中班幼儿在共读中比小班幼儿更多出现肢体冲突。

同时，轻松温馨的共读过程也激发了他们互相亲近的心理需求，故事中有趣的角色行为为他们用行动示好提供了模仿范本。

再者，幼儿感悟故事的表现也不同，有的是在心里回味，有的则外向地用动作表现，当某个幼儿进入角色并用动作表现时，他旁边的幼儿显然没有角色表现的心理准备，于是冲突就发生了。

以上的研究和分析，让我们清楚地看到，阅读时的同伴冲突不是偶然发生的，是幼儿社会心理发展到一定阶段会出现的普遍问题和学习需求，是需要教师的引导去促进他们的主动学习和发展的。

那么怎样的引导既保证幼儿享受阅读的乐趣，又能解决幼儿的行为问题呢？

## 在环境创设的层面，设计解决问题的基本策略

"美好故事时间"是幼儿和老师轻松共读与享受文学的时间，这一时间里弥漫着的纯粹和温馨的氛围是弥足珍贵的。虽然在这段时间里幼儿会发生

冲突，虽然教师投放了相应的图书想帮助幼儿，而他们一时却意识不到故事主题和不恰当行为有什么关系。此时教师仍应坚持成人世界退后让幼儿自己摸索、发展的原则，不能将"美好故事时间"简单、直接地变成集体教育活动时间。当幼儿读完了全部故事，经过他们的情感沉淀与心理感悟，相信他们就会有新的认知并选择更适宜的行为方式。

因此，教师主要可在环境创设层面，从以下三个方面入手，既保持"故事时间"的美好，又能帮助幼儿解决问题。

## 根据幼儿的兴趣、学习需求和问题选择图画书故事

有研究指出，一个游离于故事之外的幼儿，往往能够巧妙地找到一个"台阶"或"入口"，将自己"介入"图画故事之中，比如对象移入就是入口之一。幼儿在情感、兴趣移入的基础上，便将自我主体也移入进来，投身于故事世界中，以故事中的角色自居。因此，您以幼儿的兴趣并针对各年龄阶段的学习与发展需求作为选择图画书的依据是非常正确的，幼儿和教师共读的这些经典、优秀的图画书故事引起了他们的兴趣，激发了他们的想象，带动了他们的情感，于是他们将自己移入了故事，愿意接受故事所传递的真善美的主题和情感，主动选择并模仿良好的、被赞赏的行为。

## 投放相应的辅助材料，增设表演游戏区

针对幼儿容易因为模仿角色动作而发生肢体冲突的问题，教师可以投放一些手偶、布偶等玩具，让幼儿能在边阅读边想象的过程中，使用这些玩具、道具再现故事情节，这样既不打扰同伴，也有利于幼儿更深切感悟故事的主题和意境。

同时，教师可根据故事投放表演游戏区的材料，让幼儿可以到表演区去扮演故事中的角色，在投入角色的表演中满足情感需求。当两个或更多的幼儿都进入了角色情境中，那么"拔牙""挠痒痒"等动作，就不再被视为不受欢迎的骚扰动作，而成了戏剧表演的规定动作。这样的引导，既延伸了"美好故事时间"的美好，让幼儿在扮演中更深刻地感受、享受故事，还能带给他们二度创作的机会，在共读时间里发生肢体冲突的可能性就降低了。

### 以故事为话题设计集体教育活动，满足幼儿社会性学习需求

既然幼儿发生肢体冲突不是个别幼儿之间的问题，而是比较普遍的问题，教师还可以以故事为话题，在"美好故事时间"之外，精心设计集体教育活动，引导幼儿对哪些是受欢迎的行为进行讨论、判断和选择，这样更能有针对性地满足幼儿社会心理和行为的学习需求。

曾有一个教师，她带的是小班末期的小朋友。幼儿也是因为喜欢某个小伙伴就去摸别人，频频引发冲突。于是，教师就选用了一首歌曲《摸摸他》，组织了一次集体音乐游戏，让幼儿配合歌词摸摸自己的头发、鼻子、手臂等，然后再摸摸自己身边的小同伴。教师使用引导语"我喜欢××这样轻轻摸"，让幼儿知道亲近别人、向别人表示友好的动作"要领"是什么。幼儿感知并掌握适宜的交友技巧后，肢体冲突现象就大大减少。

综上所述，"美好故事时间"和经典的图画书提供了师幼轻松愉快共读共赏的阅读氛围，而幼儿发生的肢体冲突揭示了他们社会心理发展的阶段性问题与新的学习需求。教师应以环境创设为解决问题的基本策略，引导幼儿在欣赏优美文学作品的同时，促进同伴交往策略方面的学习与发展，让故事时间更美好。

北京联合大学　廖贻